Eberhard Michael Iba

Die Deutsche Märchenstraße

Bibliografische Information der Deutschen Nationalbibliothek
Die Deutsche Nationalbibliothek verzeichnet diese Publikation
in der Deutschen Nationalbibliografie; detaillierte bibliografische Daten
sind im Internet über http://dnb.d-nb.de abrufbar.

Copyright
© 2011 CW Niemeyer Buchverlage GmbH, Hameln
www.niemeyer-buch.de

Bildnachweis
siehe Seite 323ff.

Karte der Deutschen Märchenstraße
Mit freundlicher Genehmigung von: Deutsche Märchenstraße e. V., Kassel

Umschlag
Gestaltung: C. Riethmüller
Abbildungen: Paavo Blåfield, Hanauer Geschichtsverein 1844 e. V.

Herstellung und Gestaltung
Brigitte Mück und Rebecca Frankowitz

Druck und Verarbeitung
AALEXX Buchproduktion GmbH, Großburgwedel

ISBN
978-3-8271-9136-6

Printed in Germany. Alle Rechte vorbehalten

Internet: www.deutsche-maerchenstrasse.de

Eberhard Michael Iba

Die Deutsche Märchenstraße

Eine sagenhafte Reise vom Main zum Meer

Von Hanau bis nach Bremen/Bremerhaven

Märchen · Sagen · Legenden

Un grand merci
à Marie Elisabeth, ma femme

Inhaltsverzeichnis

Einleitung: Die Deutsche Märchenstraße 8
Die Brüder Grimm 14

Die Mitgliedsorte
der Deutschen Märchenstraße von Hanau bis Bremen/Bremerhaven

Hanau, Brüder-Grimm-Stadt 20
Steinau an der Straße, Brüder-Grimm-Stadt 26
Schlüchtern 31
Freiensteinau 37
Herbstein 40
Alsfeld 43
Marburg 50
Lahntal 60
Willingshausen 65
Schwalmstadt 68
Schrecksbach 75
Oberaula 78
Knüllwald 80
Homberg (Efze) 82
Fritzlar 87
Bad Wildungen 94
Waldeck 98
Wolfhagen 105
Schauenburg 110
Niedenstein 114
Gudensberg 118
Baunatal 123
Kassel 126
Nieste 138
Kaufungen 141
Helsa 144
Großalmerode 146
Hessisch Lichtenau 148
Bad Sooden-Allendorf 152

Witzenhausen	155
Heilbad Heiligenstadt	160
Ebergötzen	167
Bovenden	171
Hann. Münden	174
Immenhausen	180
Hofgeismar	183
Trendelburg	190
Oberweser	193
Wahlsburg	196
Fürstenberg	199
Polle	202
Bodenwerder	205
Hameln	213
Hessisch Oldendorf	222
Bad Oeynhausen	231
Nienburg (Weser)	236
Buxtehude	242
Freie Hansestadt Bremen	247
Seestadt Bremerhaven	256

Sagen – Legenden – Lieder

Die Teufelshöhle bei Steinau	30
Die Wilden Leute im Bernhardswald (Schlüchtern)	35
Der Hochzeiter aus Berfa (Alsfeld)	48
Die heilige Elisabeth in Marburg	56
Heinz von Lüder (Schwalmstadt)	73
Die Weiße Frau zu Homberg	86
Der heilige Bonifatius und die Donareiche bei Fritzlar	92
Burg Waldeck und die Zwerge vom Treustein	103
Die Hunde (Niedenstein)	116
Die Blaue Blume und der Hirt am Odenberg (Gudensberg)	121
Landgraf Moritz von Hessen (Kassel)	135
Auszug der Wichtel aus dem Burgberg bei Ermschwerd (Witzenhausen)	158

Inhaltsverzeichnis

Warum die Heiligenstädter die Möhrenkönige heißen	165
Schneider Böck fällt ins Wasser (Ebergötzen)	169
Der Doktor Eisenbart (Hann. Münden)	178
Der Würfelturm zu Hofgeismar	188
Des Baron Münchhausens Abenteuer auf der Reise nach Russland (Bodenwerder)	209
Die Kinder zu Hameln	219
Baxmann (Hessisch Oldendorf)	227
Ich bin die kleine Nienburgerin	240
Warum in Buxtehude die Hunde mit dem Schwanz bellen	246
Der Klabautermann (Bremerhaven)	262

Märchen

Der Wolf und die sieben jungen Geißlein – KHM 05	266
Rapunzel – KHM 12	269
Aschenputtel – KHM 21	273
Frau Holle – KHM 24	281
Rotkäppchen – KHM 26	285
Die Bremer Stadtmusikanten – KHM 27	288
Dornröschen – KHM 50	292
Sneewittchen – KHM 53	296
Der Hase und der Igel – KHM 187	306
Der Hütejunge und die Zauberin – Curtze	310

KHM = Kinder- und Hausmärchen

Über den Autor	315
Literaturverzeichnis	317
Bildnachweis	323
Alphabetisches Ortsregister	327

Übersichtskarte der Deutschen Märchenstraße am Ende des Buches

Die Deutsche Märchenstraße – Einladung zu einer Entdeckungsreise

Von Hanau bis Bremen schlängelt sich auf 600 km Länge die Deutsche Märchenstraße durch bewaldete Hügellandschaften und liebliche Flusstäler, mit malerischen Fachwerkorten, Burgen und Schlössern. Vom Geburtsort der Brüder Grimm bis zur Wahl-Heimat der Bremer Stadtmusikanten verbindet die Märchenstraße Orte und Landschaften, in denen ihre Märchen und Sagen verwurzelt und erlebbar sind, zu einem fabelhaften Reiseweg vom Main bis zum Meer.

Die Deutsche Märchenstraße ist weit über die Grenzen unseres Heimatlandes und Europa hinaus – vor allem in Amerika und Asien – zu einem Synonym für das romantische Bild Deutschlands geworden. Ihr positives Image wurzelt in den weltweit verbreiteten *Kinder- und Hausmärchen* der Brüder Grimm, die Deutsche Märchenstraße wurde mit ihnen zusammen zu einer Weltmarke.

Von der Idee zur Straße

Im historischen Rathaussaal der Brüder-Grimm-Stadt Steinau an der Straße erblickte die Deutsche Märchenstraße am 11. April 1975 das Licht der Welt. Neben der Freien Hansestadt Bremen und einigen Landkreisen traten 40 Städte und Gemeinden der *Arbeitsgemeinschaft Deutsche Märchenstraße* bei. Vorausgegangen war eine Eingebung des damaligen Hessischen Justizministers und vormaligen Landrats des Landkreises Kassel, Dr. Herbert Günther. Einige Jahre zuvor wurde ihm in einer weit entfernten Leningrader Volksbücherei ein zerlesenes Exemplar der *Kinder- und Hausmärchen* der Brüder Grimm wie ein wohlgehüteter Schatz präsentiert.

Für Dr. Gunther der Anstoß zur Überlegung, wie man die weltweit bekannten Grimm'schen Märchen als Werbung für Hessen, nicht zuletzt Geburts- und Heimatland der Grimms, einsetzen könnte.

Am 1. Januar 2007 wurde dann aus dieser Arbeitsgemeinschaft der Verein *Deutsche Märchenstraße e.V.* mit eigener Geschäftsstelle in Kassel, der Hauptstadt der Deutschen Märchenstraße. Der Verein zählt heute gut 60 Mitglieder.

1975 gab es in der Bundesrepublik bereits einige touristische Ferienrouten. Um im Wettbewerb mit beispielsweise der *Romantischen Straße* oder der *Deutschen Ferienstraße Ostsee–Alpen* bestehen zu können, bedurfte es eines überzeugenden Konzepts.

Touristisch überwogen in der Werbung bis Anfang der 70er-Jahre des letzten Jahrhunderts süddeutsche und rheinische Ziele. Die Deutsche Zentrale für Tourismus (DZT) unterstützte daher die Gründung einer *Märchenstraße* als Route vom Main bis zum Meer nach besten Kräften.

Der DZT lag einmal daran, über eine attraktive touristische Straße, die bis dato weniger bekannten Städte in Hessen und an der Weser in den touristischen Fokus zu rücken. Zum anderen erkannte man in der Märchenstraße eine vorteilhafte Ergänzung zur *Romantischen Straße*.

Heute werden viele ausländische Reisegruppen über beide Routen geführt und lernen so den Süden und Norden Deutschlands kennen.

Ein zeitloses Konzept

Literarisch sollte die Deutsche Märchenstraße in erster Linie Jacob und Wilhelm Grimm gewidmet werden. Daran sollte sich die Streckenführung orientieren und die Lebensstationen der Brüder Grimm verknüpfen:

Hanau	der Geburtsort
Steinau an der Straße	Ort der Jugendzeit
Marburg	Studienort und Wiege der Deutschen Romantik
Kassel	Ort der Märchen- und Sagensammlung und ersten wissenschaftlichen Erfolge
Göttingen	Professur und Patrioten *(Göttinger Sieben)*

Berlin, der letzte Wohnort und Ruhestätte der Brüder Grimm, konnte leider aufgrund der Teilung Deutschlands nicht berücksichtigt werden. – Doch heute gibt es Überlegungen und Gespräche, die in diese Richtung zielen.

Soweit möglich wurden schon bei der Gründung Wohnorte und Wirkungsstätten der Frauen und Männer einbezogen, die den Brüdern Grimm bei ihrer Arbeit zur Seite standen. So die *Knallhütte* bei Kassel, die Geburtsstätte der *Märchenfrau* Dorothea Viehmann. Friederike Mannel aus der Schwalm gehörte zu den Märchenbeiträgerinnen wie wahrscheinlich die Tochter des Bremer Bürgermeisters Smidt.

Das heutige Schauenburg als Wohnort des Wachtmeisters Krause, der den Brüdern das eine oder andere Märchen über-

Einleitung 11

brachte und dafür abgelegte Beinkleider bekam. Fritzlar als Schulort der Bettina von Arnim und viele weitere.

Obwohl sich Märchen nicht *lokalisieren* lassen, wies ihnen das Volk in der Blütezeit der Romantik gewisse Schauplätze zu. Ganz selbstverständlich muss die Deutsche Märchenstraße auch zu diesen Szenarien führen. Zumindest in die Regionen, aus denen nachgewiesenermaßen Grimm'sche Märchen stammen. Eine reiche Fundgrube war das Kinzigtal, die Heimat der Brüder Grimm. *Rotkäppchen* ist im Trachtenland der Schwalm zu Hause. *Frau Holle* schüttelte ihre Betten auf dem Hohen Meißner im Werraland, und die Bremer Stadtmusikanten machten sich von einem Weser-Landstrich auf den Weg nach Bremen.

Ein ganz besonderer Ort ist das weltweit bekannte *Dornröschenschloss Sababurg*. Hier, mitten im Reinhardswald, in der Nordspitze Hessens, ist bereits 1974 die Gründung der Märchenstraße verabredet und der Öffentlichkeit vorgestellt worden. Und hier gibt Dornröschen mit seinem Prinzen regelmäßig Audienzen, um Gäste aus aller Welt im Herzen der Deutschen Märchenstraße willkommen zu heißen, in der *GrimmHeimat NordHessen*.

In dieser Region zwischen Weser und Schwalm, Edersee und Werratal wird das Erbe von Jacob und Wilhelm Grimm sowie ihres

Malerbruders Ludwig Emil in mehr als zwanzig Mitgliedsorten der Deutschen Märchenstraße in Wert gesetzt, in wachsender Kooperation mit den Akteuren der jungen, regionalen Dachmarke GrimmHeimat NordHessen.

Neben den Märchen steht die nach Ort und Zeit des Geschehens festbestimmte Sage. Die Brüder Grimm haben Hunderte von Sagen aus allen deutschen Landschaften gesammelt und als *Deutsche Sagen* publiziert.

So gab es in der Gründungsperiode keinen Dissens, als einige Mitglieder der Arbeitsgemeinschaft auch die Einbeziehung von bekannteren Sagen, Schwänken und wahrhaftigen Begebenheiten forderten. Auf diese Weise kam der grimme *Doktor Eisenbart* ebenso wie *Münchhausen* und Wilhelm Buschs *Max und Moritz* an die Deutsche Märchenstraße. Die Sage vom *Rattenfänger* und mit ihr die Rattenfängerstadt Hameln kamen später hinzu, nachdem dem Namen *Deutsche Märchenstraße* der Dreiklang *Märchen • Sagen • Legenden* beigegeben worden war.

Abwechslungsreich wird der Reiseweg der Deutschen Märchenstraße vom Main bis zum Meer durch die Vielzahl der fachwerkbunten Städtchen Hessens und des Weserberglandes. Alsfeld, Homberg, die Dom- und Kaiserstadt Fritzlar, Hann. Münden, das romantische Bad Sooden-Allendorf und Nienburg an der Weser sollen als Beispiele genügen.

Einleitung

Dazwischen stehen historische und architektonische Glanzlichter, wie die Anmut des weserländischen Bad Oeynhausens. Mit großen und kleinen Geschichten warten die Hase und Igel-Stadt Buxtehude und Gudensberg mit seinem *Trommler* auf. Großartiger Schlusspunkt der Märchenstraße sind dann das hanseatische Bremen und die Seestadt Bremerhaven mit den *Bremer Stadtmusikanten*, dem *Klabautermann* und dem *Auswandererhaus*.

Die Deutsche Märchenstraße ist immer eine Reise wert. Dieser Band will Sie auf diesen märchenhaften Reiseweg mitnehmen, ob als Lesebuch daheim in Gedanken oder Reiseführer für unterwegs auf der Straße.

Alle Mitgliedsorte werden ausführlich mit ihren Sehenswürdigkeiten beschrieben. Und vielleicht das Schönste: Eine Auswahl von Märchen, Sagen und Legenden – mit zauberhaften Illustrationen von Markus Lefrançois und Fotos von Paavo Blåfield – finden Sie auch in diesem Band.

Für diese gelungene und einladende Mischung aus Lesebuch und Reiseführer danken wir dem Autor, Herrn Eberhard Michael Iba, der die Märchenstraße seit ihrer Gründung forschend, schreibend und beratend begleitet, sowie dem Verlag und allen Mitwirkenden sehr herzlich.

Sie, liebe Leserinnen und Leser, heißen wir herzlich willkommen im Buch und an der Deutschen Märchenstraße!

Kassel, im März 2011

Uwe Schmidt
Landrat des Landkreises Kassel
Vorsitzender der
Deutschen Märchenstraße

Benjamin Schäfer
Geschäftsführer
der Deutschen Märchenstraße

Deutsche Märchenstraße e.V.
Kurfürstenstr. 9
34117 Kassel
www.deutsche-maerchenstrasse.de

Die Brüder Grimm

Mit dem Namen der Brüder Grimm verbindet sich weltweit die Erinnerung an ihre *Kinder- und Hausmärchen,* gleichwohl waren Jacob und Wilhelm Grimm sehr viel mehr als nur Sammler von Märchen und Sagen. Die Brüder Grimm sind die Begründer der germanischen Altertumswissenschaften, der germanischen Sprachwissenschaft und der deutschen Philologie. Sie waren Per-

Die Brüder Grimm heute: Denkmal und Darsteller in Kassel

sönlichkeiten von hohem geistigen Rang, die auf den Gebieten Literatur, Sprachwissenschaft, Volkskunde, Geschichte, Religion und Recht forschten und etwa ein Dutzend Sprachen beherrschten, u.a. Latein, Altgriechisch, Französisch, Provenzalisch, Spanisch, Englisch, Dänisch, Isländisch, Niederländisch, Schwedisch, Russisch. Ihre Arbeit strahlte weit über die Grenzen Deutschlands hinaus und führte in zahlreichen europäischen Ländern zur Beschäftigung mit der eigenen Sprache und Volksdichtung und zu regem internationalem wissenschaftlichem Gedankenaustausch.

Zusammen gaben die Brüder Grimm ihre berühmten *Kinder- und Hausmärchen, die Deutschen Sagen* sowie das *Deutsche*

Wörterbuch (bis Band 3) heraus; auch einzeln erschienen zahlreiche Werke: Von Jacob Grimm die *Deutsche Grammatik* und die *Deutsche Mythologie,* von Wilhelm Grimm die *Deutsche Heldensage* sowie die *Altdänischen Heldenlieder, Balladen und Märchen.*

Die Vorfahren der Brüder Grimm stammen mütterlicherseits aus Kassel und Umgebung, väterlicherseits lassen sie sich bis ins 16. Jahrhundert auf den südhessischen Raum um Hanau zurückverfolgen. Ihr Urgroßvater Friedrich Grimm d. Ä. (1672–1748) war Pfarrer in Hanau und Kircheninspektor. Ihr Großvater Friedrich Grimm d. J. (1707–1777) war als reformierter Pfarrer an der Katha-

Stefan Becker und Carlo Ghiradelli lesen Grimms Märchen

rinenkirche in Steinau tätig. Vater Philipp Wilhelm Grimm (1751–1796) und die Mutter Dorothea Grimm, geb. Zimmer (1755–1808), schenkten in nur dreizehnjähriger Ehe neun Kindern das Leben, von denen fünf Jungen und ein Mädchen heranwuchsen. Obwohl im Hause Grimm fünf Brüder aufgewachsen sind, werden nur Jacob und Wilhelm, die in ihrem Leben und ihrer Arbeit untrennbar verbunden waren, als *Brüder Grimm* bezeichnet.

Jacob Grimm wurde am 4. Januar 1785 in Hanau (am Paradeplatz, heute Freiheitsplatz 1) geboren. Dort erblickten auch seine Brüder Wilhelm (24.2.1786), Carl (24.4.1787), Ferdinand (18.12.1788) und Ludwig Emil (in der Langstraße, 14.3.1790) das Licht der Welt.

Brüder Grimm-Nationaldenkmal in Hanau

1791 zog die Familie Grimm von Hanau nach Steinau an der Straße, wo der Vater in seiner Geburtsstadt die angesehene Stelle eines Amtmannes (höchster Verwaltungsbeamter und Richter der ersten Instanz) für die Verwaltungs- und Gerichtsbezirke Steinau und Schlüchtern erhalten hatte. Die Grimms bezogen das Steinauer *Amtshaus*, ein stattliches, geräumiges Fachwerkgebäude mit Treppenturm, umgeben von Scheune, Ställen, Obst- und Gemüsegärten.

In Steinau, wo die Grimm-Schwester Charlotte, Lotte genannt, am 10.3.1793 geboren wurde, verlebten die Grimm-Kinder eine sorgenfreie, unbeschwerte und glückliche Kindheit, die durch den plötzlichen Tod des Vaters, er starb am 10.1.1796 an einer bösartigen Lungenentzündung, ein jähes Ende fand. Die materielle Situation der Familie verschlechterte sich hierdurch dramatisch; finanzielle Nöte sollten von nun an den weiteren Lebensweg der Grimms entscheidend bestimmen. In diesen schweren Zeiten wurde die Familie Grimm durch die am Kasseler Hof lebende Schwester der Mutter, Henriette Zimmer, finanziell unterstützt. Sie ermöglichte ihren Neffen Jacob und Wilhelm, die 1798 nach Kassel umzogen, den Besuch der dortigen höheren Schule sowie an

Brüder Grimm-Denkmal in Kassel

der Universität Marburg das Studium der Rechtswissenschaft, das sie bald um zahlreiche andere Wissensgebiete erweiterten. Im Jahre 1803 verließen die drei anderen Grimm-Brüder Steinau und siedelten ebenso nach Kassel über wie zwei Jahre später die Mutter mit ihrer Tochter Charlotte.

Die Studienjahre in Marburg (1802–05) gaben den Anstoß zur selbstständigen wissenschaftlichen Arbeit. Prägend für die Brüder Grimm war die Bekanntschaft mit dem jungen Professor Friedrich Carl von Savigny (1779–1861), dem Begründer der historischen Rechtsschule, der sie zu historisch-kritischen Denkmethoden anleitete. Durch dessen Schwager Clemens Brentano (1778–1842) wurden Jacob und Wilhelm Grimm schon sehr früh mit der Arbeitsweise des Sammelns und Publizierens literarischer und volkstümlicher Texte durch die Mitarbeit an der romantischen Sammlung alter deutscher Lieder *Des Knaben Wunderhorn* (Achim von Arnim und Clemens Brentano) vertraut. Diese Erfahrung sollte ihnen bei der Herausgabe ihrer *Kinder- und Hausmärchen* und anderer Werke von unschätzbarem Wert sein.

Zweifelsohne liegt der Schwerpunkt im Leben und Wirken der Brüder Grimm jedoch in den mehr als dreißig Jahren, die sie in

Jacob und Wilhelm Grimm alias Carlo Ghriadelli und Stefan Becker

Kassel verbrachten. Anfangs stellungslos oder nur kurzzeitig beschäftigt, fanden sie schließlich eine Anstellung als kurfürstliche Bibliothekare und entfalteten als Gelehrte eine umfangreiche wissenschaftliche Tätigkeit. Mit dem Tod der Mutter, am 27.5.1808, fielen in sehr jungen Jahren dem kränkelnden Wilhelm, vor allem aber Jacob Grimm als dem Ältesten die schwere Last zu, für die gesamte Familie zu sorgen. Ab dem Jahre 1806 begannen die Brüder Grimm, auf Anregung Brentanos, Märchen zu sammeln. Ihre Gewährsleute in Kassel waren die Familien Wild, Hassenpflug, die Geschwister Ramus, über die die Grimms Dorothea Viehmann aus Niederzwehren kennen lernten, im benachbarten Hoof der Dragonerwachtmeister Krause, in der Schwalm Friederike Mannel und Ferdinand Siebert sowie in Westfalen die miteinander verwandten Familien von Haxthausen und von Droste-Hülshoff.

1830 verließen die Brüder Grimm tief gekränkt die Residenzstadt Kassel, weil sie der Kurfürst bei der Beförderung in der Bibliothek übergangen hatte; sie wirkten von nun an als Professoren und Bibliothekare an der Universität Göttingen. Als der neue König von Hannover, Ernst August, im Jahre 1837 gesetzeswidrig die Ständeversammlung auflöste und die Landesverfassung für ungültig erklärte, unterzeichneten Jacob und Wilhelm Grimm, zusammen mit fünf weiteren bedeutenden Professoren, den *Protest der Göttinger Sieben,* in dem sie sich vehement gegen den Verfassungsbruch des Königs wandten. Daraufhin wurden sie ihres Amtes enthoben; die Brüder Grimm kehrten nach Kassel zurück, wo sie bei ihrem Bruder Ludwig Emil und dessen Familie Unterschlupf fanden. In Kassel beschäftigten sie sich mit den Vorarbeiten zum *Deutschen Wörterbuch;* zwei Jahre nach ihrem *Protest* waren sie noch immer ohne Amt.

Schließlich konnten Jacob und Wilhelm Grimm im Jahre 1840, inzwischen schon Mitte fünfzig, von Kassel nach Berlin ziehen, wo sie an der Universität gute Arbeitsbedingungen vorfanden und ein angemessenes Gehalt bekamen. Im Mittelpunkt ihrer wissenschaftlichen Tätigkeit in Berlin stand das *Deutsche Wörterbuch,* das den gesamten Wortschatz von Luther bis Goethe umfassen sollte. Über der gewaltigen Aufgabe (Generationen bedeutender Germanisten haben am *Deutschen Wörterbuch* gearbeitet, das 32 Bände umfasst und erst im Jahre 1961 beendet werden konnte) sind sie gestorben. Wilhelm am 16. Dezember 1859, ihm folgte Jacob am 20. September 1863. Ihre letzte Ruhestätte fanden beide auf dem Friedhof der Matthäus-Gemeinde in Berlin-Schöneberg.

Brüder-Grimm-Stadt Hanau

Die Brüder-Grimm-Stadt Hanau (rund 90.000 Einwohner, sechs Stadtteile), die in einem weiten Kessel an der Mündung der Kinzig in den Main liegt, ist der Geburtsort der Brüder Jacob und Wilhelm Grimm. Am Brüder Grimm-Nationaldenkmal vor dem historischen Neustädter Rathaus nimmt die Deutsche Märchenstraße ihren Ausgangspunkt. Sie führt entlang zauberhafter Orte und Landschaften bis an die Nordsee.

Doppelporträt von Ludwig Emil Grimm, 1843

Die Tafel markiert den Ausgangspunkt der Deutschen Märchenstraße

Eine ganze Reihe von Städten, die heute an der Deutschen Märchenstraße liegen, gehen auf die Gründung einer Burg zurück. Im Falle der Stadt Hanau war dies nicht anders. Vor 1143 muss die in einer Mainzer Urkunde erwähnte Hanauer Wasserburg angelegt worden sein, die im Jahre 1168 in den Besitz der Herren von Dorfelden, den späteren Herren und Grafen von Hanau, gelangte. 1303 verlieh König Albrecht I. (1298–1308) dem Herren Ulrich I.

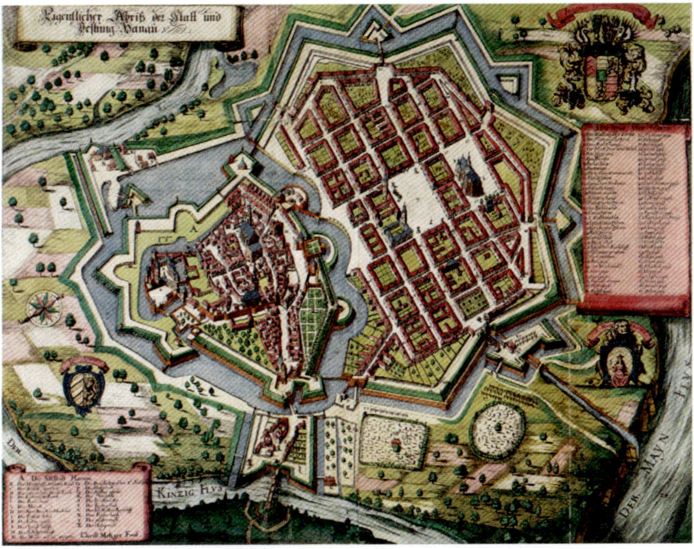

von Hanau (1280–1306) für die um die Burg entstandene dörfliche Niederlassung die Stadt- und Marktrechte. Ab 1436 war die Stadt ständige Residenz der Grafen von Hanau, deren bedeutendster Vertreter, Graf Philipp Ludwig II. von Hanau-Münzenberg (1580–1612), in der Hanauer Kapitulation vom Jahre 1597 reformierten flämischen und wallonischen Glaubensflüchtlingen aus den Spanischen Niederlanden, dem heutigen Belgien und den Niederlanden, das Recht zur Gründung einer Neustadt gewährte.

Mit Hilfe der vertriebenen Handwerker und Kaufleute entwickelte sich Hanau zu einer blühenden Gewerbestadt. 1661 erfolgte die Gründung der ersten deutschen Fayencemanufaktur, und Hanau stieg zu einem bedeutenden Zentrum der Textilindustrie und der Goldschmiedekunst auf. Nach dem Aussterben des Hanauer Grafenhauses kam die Stadt mit der

Historischer Stich von Hanau, 1735

Geburtshaus der Brüder Grimm (Fotografie um 1910)

Das Deutsche Goldschmiedehaus (1537–38 als Altstädter Rathaus errichtet)

Grafschaft Hanau-Münzenberg 1736 aufgrund eines Erbvertrages an die Landgrafen von Hessen-Kassel.

Im 19. Jahrhundert entwickelte sich die Stadt zu einem Industriestandort und einem Eisenbahnknotenpunkt.

Die Märchen-, Sagensammler und Begründer der Germanistik Jacob (1785–1863) und Wilhelm Grimm (1786–1859) sowie ihre Brüder Carl Friedrich (1787–1852), Ferdinand Philipp (1788–1845), der ebenfalls Sagen gesammelt hat, sowie der Maler und Zeichner Ludwig Emil Grimm (1790–1863) wurden in Hanau geboren. Hier verbrachten auch die Grimm'schen Märchenerzählerinnen Jeanette und Marie Hassenpflug (1788–1856) ihre Kinderjahre, die für die Kinder- und Hausmärchen so bekannte Märchen wie Brüderchen und Schwesterchen, König Drosselbart oder Die Wassernixe beitrugen. In der Hanauer Neustadt war ihr Vater Johannes Hassenpflug (1755–1834) als Stadtschultheiß tätig; 1798 wurde er in die Residenzstadt Kassel berufen, wo er bis zum Regierungspräsidenten aufstieg.

Die Sehenswürdigkeiten der Stadt Hanau liegen verstreut; im Krieg größtenteils zerstört, konnten sie nur teilweise wieder aufgebaut werden, einige befinden sich in Vororten. So ist es nicht verwunderlich, dass die Besuchswege länger sind als bei den meisten anderen Orten der Deutschen Märchenstraße.

Sehenswert in der heimeligen Altstadt von Hanau-Steinheim am Main sind reizvolle Fachwerkhäuser aus dem 15.–16. Jahrhundert, Adelshöfe, die Stadtkirche St. Johann Baptist (14.–15. Jahrhundert) mit Grabdenkmälern aus der Renaissance-Zeit (u. a. von Hutten), das Steinheimer Schloss (Museum: Archäologie und Heimatgeschichte) mit mächtigem Bergfried (um 1430) sowie Teile der Stadtbefestigung mit dem Maintor.

In der Hanauer Innenstadt wurden wieder aufgebaut: Die Marienkirche (hier war der Urgroßvater der Grimms, Friedrich Grimm d. Ä., dreiundvierzig Jahre als Pfarrer und Inspektor der reformierten Kirchengemeinde der Grafschaft Hanau-Münzenberg tätig) mit pracht-

Westlich der Altstadt, im Stadtteil Kesselstadt, befindet sich das nach französischem Vorbild in den Jahren 1701–12 erbaute stattliche Schloss Philippsruhe mit dem mächtigen, reich verzierten Schlosstor

Wallonisch-Niederländische Kirche (um 1850)

Auf der gegenüberliegenden Seite Szenen aus den beliebten Brüder Grimm-Märchenfestspielen

vollem Chor und Resten spätgotischer Glasmalerei, das benachbarte Deutsche Goldschmiedehaus (1537–38 als Altstädter Rathaus errichtet), das Neustädter Rathaus (1725–33), vor dem das Brüder Grimm-Nationaldenkmal von 1896 steht, und die Wallonisch-Niederländische Kirche (1600–08), eine reformierte Doppelkirche, bestehend aus der größeren zwölfeckigen wallonischen Rundkirche (Ruine: Mahnmal an die Zerstörung Hanaus am 19.3.1945) und der kleineren achteckigen Rundkirche für die niederländischen Gründer der Hanauer Neustadt.

Im Stadtteil Kesselstadt, befindet sich das nach französischem Vorbild in den Jahren 1701–12 erbaute stattliche Schloss Philippsruhe. Die hufeisenförmige Anlage von Julius Ludwig Rothweil (1676–1750) beherbergt das Historische Museum Hanau (u. a. mit Papiertheatermuseum, interessanter Grimm-Sammlung,

Abteilungen über den in Hanau geborenen Komponisten Paul Hindemith, 1895–1963, und den jüdischen Hanauer Maler Moritz Daniel Oppenheim, 1800–80).

In den Sommermonaten werden im benachbarten Amphitheater die beim Publikum beliebten Brüder Grimm-Märchenfestspiele veranstaltet.

Im Stadtteil Wilhelmsbad befindet sich im Staatspark die ehemalige Kuranlage Wilhelmsbad, einst landgräfliche Sommerresidenz (erbaut unter Erbprinz Wilhelm von Hessen 1777–82 von Ludwig von Cancrin), eine langgereihte Gruppe von sieben Einzelgebäuden (im Arkadenbau: Hessisches Puppenmuseum).

Nach englischem Vorbild wurde dort, ebenfalls von Cancrin, eine künstliche Burgruine (1779–81) auf einer kleinen Insel errichtet. Ferner sind ein Karussell und das Comoedienhaus, ein barockes Scheunentheater, erhalten.

Sehenswert

Ausgangspunkt der Deutschen Märchenstraße: Brüder Grimm-Nationaldenkmal am Neustädter Rathaus, Marienkirche, Wallonisch-Niederländische Kirche, Deutsches Goldschmiedehaus, Frankfurter Tor (18. Jh.), Schloss Philippsruhe: Im Amphitheater Brüder Grimm-Märchenfestspiele (von Mai–Juli).
In Wilhelmsbad: Kuranlage, Englischer Landschaftspark mit künstlicher Burgruine, Hessisches Puppenmuseum.
In Steinheim: Heimelige Altstadt, Museum Schloss Steinheim (Regionalmuseum für Vor- und Frühgeschichte).
In Klein-Auheim: Wildpark Alte Fasanerie mit Hessischem Forstmuseum.
In Großauheim: Museum für Kunst- und Technikgeschichte mit Sammlungen August Gaul und August Peukert.
In Mittelbuchen: Heimatmuseum.
Weitere Informationen: www.hanau.de

Brüder-Grimm-Stadt Steinau an der Straße

Die 11.000 Einwohner zählende Brüder-Grimm-Stadt Steinau mit ihren elf Stadtteilen liegt im oberen Kinzigtal zwischen Spessart, Rhön und Vogelsberg an der alten Handelsstraße von Frankfurt nach Leipzig, woher auch ihr Beiname an der Straße rührt.

Schloss, Katharinenkirche und das Brüder Grimm-Haus bilden noch immer das Zentrum des historischen Städtchens Steinau, so wie zu Zeiten der Brüder Grimm vor über zweihundert Jahren.

Um 900 gehörte Steinau zum Stift Fulda, das zum Schutz des Handels vermutlich eine Burg errichten ließ. 1272 kamen Burg und das dazugehörige Territorium als Heiratsgut an den

Das 1562 erbaute Amtshaus, heute Brüder Grimm-Haus Steinau, beherbergt ein Museum zum Leben und Werk der Brüder Grimm

In der Luftaufnahme kann man die rundförmige Anordnung der Stadt gut erkennen

Grafen Ulrich I. von Hanau (1280–1306). König Rudolf I. von Habsburg (1273–1291) verlieh Steinau im Jahre 1290 Stadtrechte. Durch die günstige Lage an der Kinzigstraße blühte die Stadt im Mittelalter auf. Im 15. und 16. Jahrhundert war sie Mittelpunkt der Obergrafschaft Hanau und zeitweise Nebenresidenz der Grafen von Hanau.

In Steinau verbrachten Jacob, Wilhelm sowie ihre Brüder Carl, Ferdinand und Ludwig Emil Grimm ihre Jugendzeit. Hier bekleidete ihr Vater Philipp Wilhelm Grimm (1751–1796) bis zu seinem plötzlichen Tod im Januar 1796 die angesehene Stelle des Amtmannes. In Steinau wurde die einzige Schwester der Grimms, Charlotte (1793–1833), Lotte genannt, geboren. Schon der Großvater Friedrich Grimm d. J. hatte in dem Städtchen an der Kinzig, wo vierzehn Träger des Namens Grimm beerdigt sind, fast fünfzig Jahre als reformierter Pfarrer an der Katharinenkirche gewirkt.

Das 1562 erbaute Amtshaus (heute Brüder Grimm-Haus) ist das einstige Wohnhaus der Familie Grimm. Der Rechteckbau mit Fachwerkobergeschoss beherbergt eine renommierte, umfangreiche Ausstellung zum Leben und Werk der Brüder Grimm.

In luftiger Höhe genießt auch die Jugend den Blick auf die Stadt und die beiden Gotteshäuser Katharinenkirche (oben) und Reinhardskirche

Das Marionettentheater „Die Holzköppe" bietet von Januar bis Dezember ein wechselndes Programm

Dem Brüder Grimm-Haus gegenüber befindet sich in der ehemaligen Amtshofscheune das Museum Steinau. Es zeigt eine Ausstellung über die Bedeutung und Entwicklung Steinaus als eine Station an der Handelsstraße Frankfurt-Leipzig (Teil der Via regia), als Verwaltungssitz sowie als Töpferstandort und ist bundesweit das einzige Museum zu diesem Thema.

Das Steinauer Renaissance-Schloss (1528–55) der Hanauer Grafen ist aus einer frühmittelalterlichen Wehrburg entstanden. Es handelt sich um eine malerische, von einem tiefen Trockengraben umzogene Schlossanlage mit Bergfried (41 m). Sehenswert ist, neben dem Schlossmuseum, die kleine Grimm-Sammlung und im ehemaligen Marstall das Marionettentheater „Die Holzköppe", in dem hauptsächlich Märchen der Brüder Grimm aufgeführt werden. Dem Marionettentheater gegenüber befinden sich die Katharinenkirche (1481–1511), das Rathaus (1561–62), die Reformierte Schule sowie

*Gegenüberliegende Seite:
Das Renaissance-Schloss
(1528–55) der
Hanauer Grafen*

Reinhardskirche (1724–31)

der Märchenbrunnen, der aus Anlass des 200. Geburtstages der Brüder Grimm im Jahre 1985 errichtet wurde. Bei einem Rundgang durch Steinau verdienen ferner Beachtung: Die Reinhardskirche (1724–31), das Hutten'sche Hospital, die Alte Kellerei, der Stadtborn, einst Lieblingsplatz der Grimm-Kinder, sowie auf dem Friedhof die Welsbergkapelle. Die Grabplatte des Großvaters der Brüder Grimm findet man in der Katharinenkirche.

Etwa zwei Kilometer nördlich von Steinau liegt die Teufelshöhle, eine Tropfsteinhöhle, die in Ferdinand Grimms Sage „Die Teufelskaute" genannt wird. Südlich der Stadt befindet sich ein Erlebnispark für Familien sowie der Kletterwald Steinau.

Sehenswert

Romantisches Brüder Grimm-Haus, Museum Steinau, Schloss mit Wehranlage, Marionettentheater im Marstall, Katharinenkirche, Rathaus, Reformierte Schule, Märchenbrunnen, Hutten'sches Hospital, Alte Kellerei, Reinhardskirche, Welsbergkapelle, Tropfsteinhöhle Teufelshöhle, Erlebnispark, Kletterwald.
Weitere Informationen: www.steinau.de

Die Teufelshöhle bei Steinau

(F. Grimm)

Zwischen der Stadt Steinau und dem Dorfe Kressenbach im Hanauischen befindet sich in einem dichten Wald ein unergründbar tiefes Loch, vom Volk die Teufelskaute (Teufelshöhle) genannt, worin der Teufel gehaust haben soll. Verirrte Menschen und Getier haben oftmals ihr Leben verlieren müssen, indem sie die vom Dickicht umwachsene Tiefe nicht gewahr geworden und plötzlich hinabgesunken sind, ohne je wieder heraufzukommen. Es soll sich einmal einer entschlossen haben, sich an einem großen Seil mit Licht hinabzulassen. Dieser kam endlich auf den Grund und fand an einem Raum drei verschlossene Türen von Eisen; er versuchte sie zu öffnen, bekam aber mit Gewalt nur eine, die in der Mitte, auf. Alsbald hat ihm eine schreckliche Gestalt die Laterne ausgeblasen, worauf er mit Schrecken den Rückzug angetreten hat.

Schlüchtern

Auf dem rechten Ufer der Kinzig liegt im Bergwinkel zwischen Vogelsberg, Spessart und Rhön die rund 17.000 Einwohner zählende Stadt Schlüchtern mit ihren dreizehn Stadtteilen. Sie ist als Luftkurort seit 1966 staatlich anerkannt.

Schlüchtern verdankt seine Entstehung einem Benediktinerkloster, das wohl bis in die Anfänge des 8. Jahrhunderts zurückreicht. Im Jahre 993 wurde der Ort als *sluohderin* erstmals urkundlich erwähnt. 1316 nahmen die Hanauer Grafen zunächst den halben und ab 1377 den ganzen Ort in ihren Besitz. Sie waren es auch, die Schlüchtern zwischen 1550 und 1556 Stadtrechte verliehen. Nach dem Aussterben der Grafen von Hanau im Jahre 1736 kam Schlüchtern an Hessen-Kassel.

Von dem ehemaligen Kloster erhalten sind der frühkarolingische Westteil der Krypta (um 800), welche zu den ältesten sakralen Baudenkmälern in Deutschland gehört, die romanische Katharinenkapelle (um 1100) mit dem Grabmal des Abtes Petrus Lotichius (er führte 1543 in Schlüchtern die Reformation ein), die spätro-

Die Stadt Schlüchtern verdankt ihre Entstehung einem Benediktinerkloster; sie ist als Luftkurort seit 1966 staatlich anerkannt

Schmuckes Fachwerk in der Schmiedsgasse

Blick auf Teile der einstigen Klosteranlage

Oben: Barocke Lutherische Schule (1698)
Unten: Bergwinkel-Museum

manische Andreaskapelle (um 1200), die Huttenkapelle (Mitte des 14. Jahrhunderts) sowie der Westturm (um 1000) und der Ostturm (15. Jahrhundert) der einstigen Klosterkirche. Die Klostergebäude wurden größtenteils unter Abt Christian II. in der Zeit von 1501–21 neu errichtet.

Bei einem Stadtrundgang durch Schlüchtern sollte man beachten: Das im Renaissance-Stil erbaute Rathaus (1567–73), gut restaurierte Fachwerkhäuser wie etwa das Gasthaus Eckebäcker und die barocke Lutherische Schule (1698), die Stadtkirche St. Michael (um 1100 – Kirchenschiff 1838–40) sowie die ehemalige Synagoge (erbaut 1898 – heute Kulturhaus). Im Lauter'schen Schlösschen, einem 1440 von der Familie von Lauter errichteten adeligen Herrenhaus, ist das Bergwinkel-Museum untergebracht. Hier wird die Geschichte Schlüchterns und seiner Bürger auf anschauliche Weise erzählt. Weitere Schwerpunkte sind eine Grimm-Sammlung, die Maler Felix Muche-Ramholz und Georg Muche und eine Modelleisenbahn-

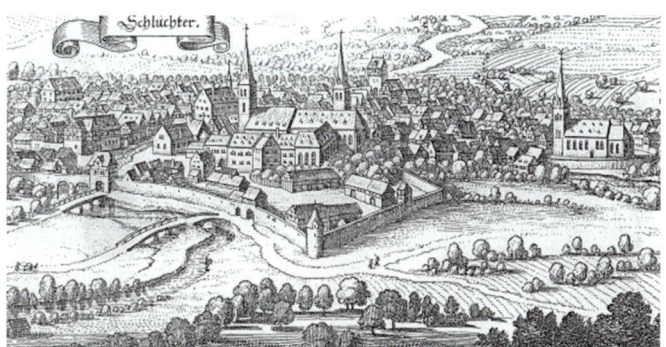

anlage. Im Garten des Lauter'schen Schlösschens spielten Jacob und Wilhelm Grimm mit den Kindern des Schlossbesitzers Stickel, wenn ihr Vater, Amtmann Philipp Wilhelm Grimm, sich dienstlich in Schlüchtern aufhielt und im Rathaus seine Sprechstunden abhielt. Ein getreues Bild jener Zeit zeichnet der Chronist des Bergwinkels und Verfasser zahlreicher Schriften über die Brüder Grimm Wilhelm Praesent (1896–1976) in seiner Erzählung *Amtmann Grimm besichtigt den Schlüchterner Markt anno 1792.*

Die auf einer Bergnase gelegene Burg Brandenstein (15./16. Jahrhundert) im Stadtteil Elm beherbergt zwei Privatmuseen der Familie von Brandenstein-Zeppelin: Das Holzgerätemuseum mit circa 800 Ausstellungstücken (Haushalts- und Gartengeräte) sowie die Siebold-Sammlung über den Japan-Forscher Philipp Franz von Siebold, einem Vorfahren des Burgherrn.

Zum Stadtteil Vollmerz gehören die sagenumwobene Ruine Burg Steckelberg, wo der bedeutende deutsche Humanist Ulrich von Hutten (1488–1523) geboren wurde und das im 16. Jahrhundert als Wohnsitz der Familie von

Kloster Schlüchtern, Merianstich 1646

Zum Stadtteil Vollmerz gehört die sagenumwobene Ruine Burg Steckelberg

Altes und neues Schloss Ramholz

Hutten angelegte (alte) Schloss Ramholz. Unmittelbar anschließend entstand von 1893–95 im Stil des Historismus das (neue) Schloss Ramholz, Stumm'sches Schloss genannt (Privatbesitz) mit seinen 101 Zimmern. Der weitläufige, circa 80 ha große Schlosspark ist für die Öffentlichkeit zugänglich. Er wurde nach den Ideen des Fürsten Pückler-Muskau als klassischer englischer Landschaftsgarten angelegt.

Sehenswert

Altstadt von Schlüchtern mit dem ehem. Benediktinerkloster, Stadtkirche St. Michael, Rathaus, Fachwerkhäuser, darunter Gasthaus Eckebäcker und Lutherische Schule, ehem. Synagoge, Lauter'sches Schlösschen (Bergwinkel-Museum).
In Elm: Burg Brandenstein mit Holzgerätemuseum und Siebold-Sammlung.
In Vollmerz: Burgruine Steckelberg, Schloss Ramholz (privat) mit Schlosspark (öffentlich).
Weitere Informationen: www.schluechtern.de

Die Wilden Leute im Bernhardswald

(K. Lyncker)

> Wir bitten darum, dass wir nie sterben, sondern immer in diesem Wald unser Wesen treiben dürfen

In alten Zeiten, als die Kinzig noch nicht zum Main floss, sondern sich da, wo jetzt Schlüchtern steht, in einem großen Sumpf verlor, kam eines Tages ein graues Männchen in diese Gegend und flehte in einigen Hütten um ein wenig Brot und Obdach für die Nacht. Aber die Leute prügelten das Männchen und jagten es unbarmherzig von ihren Türen. Da wandte es sich der Wildnis zu, kletterte über Stock und Stein und gelangte, als eben die Sonne unterging, in den Bernhardswald, wo damals riesengroße Männer mit ihren ebenso großen Frauen wohnten, welche Kinder hatten, so groß wie der größte Mensch.

Der kleine Fremdling fürchtete sich vor ihnen und wollte fliehen, doch die Riesen riefen ihn freundlich zurück, erquickten ihn mit Speise und Trank und machten ihm auch ein Nachtlager vom dürrem Gras und Waldmoos zurecht. Die Nacht verging, und als der Morgen anbrach, machte sich das graue Männchen bereit, seine Wanderung fortzusetzen. Es dankte seinen Wirten und sprach: „Weil ihr wohltätig gegen mich gewesen seid, so habt ihr einen Wunsch frei. Wenn ich zu meinem Herrn komme, will ich ihn bitten, dass er euch den Wunsch gewährt." Und der älteste der Riesen sagte: „Wir bitten darum, dass wir nie sterben, sondern immer in diesem Wald unser Wesen treiben dürfen." Da sprach das Männchen: „Ich kann euch sagen, dass euch euer Wunsch gewährt werden wird. Solange ihr diesen Berg nicht verlasst, werdet ihr leben und nicht sterben."

So leben denn die Wilden Leute noch immer im Bernhardswald und haben ihre Häuser dort, wo gewaltige Steinmassen hernieder starren, die werden die Wilden Häuser genannt. Dort essen die Wilden Männer täglich am Wilden Tisch, und ihre großen, schönen Frauen steigen in den Mondnächten auf in die Lüfte. Ihre Kinder schützen die Kinder der Menschen, wenn sie im Wald Beeren suchen. Die Wilden Männer sind am vergnügtesten, wenn der Sturmwind tobt und der Blitz aus den Wolken fährt. Dann gehen sie hoch oben über die Berge und rütteln an den Wipfeln der Bäume. Aber sie freuen sich auch, wenn die Aronspflanze gedeiht und wenn sie zwischen den Schachtelhalmen dahergehen können. Sie unterstützen gern die, welche ihnen begegnen und Heilung gegen Krankheit suchen. Sie zeigen ihnen heilkräftige Kräuter und helfen Verirrten auf den rechten Weg und sind nur gegen böse Menschen feindlich gesinnt, die sie zuweilen mit Ohrfeigen begrüßen.

Der Wilde Tisch (Felsformation), um den sich die Sage rankt

Freiensteinau

Die Gemeinde Freiensteinau im Naturpark Hoher Vogelsberg mit ihren elf Ortsteilen hat circa 3.300 Einwohner. Zentraler Punkt für den Fremdenverkehr in Freiensteinau ist der Ortsteil Nieder-Moos.

In einer Urkunde aus dem Jahre 930 wurde der Ort *mosah* erwähnt, mit dem aller Wahrscheinlichkeit nach Moos gemeint ist. Um 1400 erwarben die Herren von Eisenbach, die 1428 ausstarben und an deren Stelle die Riedesel aus Melsungen traten, die Gerichte Freiensteinau und Moos. Im 15.–17. Jahrhundert kam es um die Vorherrschaft des Vogelsberggebietes zu erbitterten Kämpfen zwischen den Fürstäbten von Fulda, den hessischen Landgrafen und den Riedesel Freiherren zu Eisenbach. In den Verträgen von 1684 mit Fulda sowie 1713 mit Hessen-Darmstadt konnten die Riedesel ihren Besitzstand weitgehend wahren. 1806 kam Freiensteinau an Hessen, als Napoleon den gesamten Vogelsbergraum in das Großherzogtum Hessen einverleibte.

Anziehungspunkt für Erholungssuchende ist unter anderem der Campingplatz am Nieder-Moser See. Auf der gegenüberliegenden Seite des Campingplatzes befindet sich der Vulkanpark mit seinen Attraktionen, die zum Verweilen einladen

Pfarrkirche von Freiensteinau (links) und die Kirche von Nieder-Moos

Weithin gut sichtbar auf einer Anhöhe liegen die 1721–24 neu errichtete Pfarrkirche von Freiensteinau (mit sehenswerten barocken Grabsteinen auf dem Friedhof) und der Riedeselsche Amtshof aus dem Jahre 1689. Erhalten sind mehrere Fachwerkhäuser hessisch-thüringischer Art sowie vor dem Pfarrhof ein steinerner Ziehbrunnen von 1688.

Die Kirche von Nieder-Moos wurde in den Jahren 1784–90 von Johann Georg Linck aus Brückenau erbaut. Als ein besonders wertvolles

Riedeselscher Amtshof mit dem steinernen Ziehbrunnen

Freiensteinau

Als ein besonders wertvolles Stück birgt die Kirche in Nieder-Moos die reich ornamentierte Rokoko-Orgel

Stück birgt sie die reich ornamentierte Rokoko-Orgel (1790–91) von Johann-Markus Oestreich, die wegen ihrer Klangreinheit (Lurenregister) weithin durch die Nieder-Mooser Orgelkonzerte bekannt ist.

Anziehungspunkte für Erholungssuchende sind das Urlaubszentrum am Nieder-Mooser See sowie der nicht weit von hier gelegene und von Naturfreunden gern besuchte Ober-Mooser See, der Rodebachteich und der Reichloser Teich.

Sehenswert

Kirchen in Freiensteinau und Nieder-Moos mit Rokoko-Orgel, Riedeselscher Amtshof, Ziehbrunnen.
Urlaubszentrum Mooser Seen, Naturpark Hoher Vogelsberg.
Weitere Informationen: www.freiensteinau.de

Herbstein

Die als Luftkurort und Heilbad anerkannte Stadt Herbstein liegt in 450 m Höhe auf dem Nordostabhang des Vogelsberges im Naturpark Hoher Vogelsberg. Mit ihren sieben Stadtteilen hat Herbstein knapp 5.000 Einwohner.

Im Stadtteil Altenschlirf wurde der Pfarrer Theodor Bindewald (1829–80) geboren, der eine stattliche Anzahl von Volkssagen im Vogelsberg (Oberhessisches Sagenbuch) gesammelt und herausgegeben hat.

Aus dem 13. Jahrhundert stammen die restaurierten Teile der einstigen Stadtbefestigung

Herbstein wurde in der zweiten Hälfte des 10. Jahrhunderts zuerst als *heribrahteshusun* erwähnt, als dem Kloster Fulda Ländereien in einer Schenkungsurkunde übereignet wurden. Um 1260 legte Abt Heinrich IV. von Fulda eine Burg und Wehranlage an, und Herbstein wurde Stützpunkt und Eckpfeiler der Westflanke der Abtei Fulda. Herbstein, das im Jahre 1262 erst-

Kreuzkapelle (1854)

Eulenturm

mals urkundlich als Stadt bezeichnet wurde, gehörte über Jahrhunderte zur Abtei Fulda. Nach der Auflösung der Fürstabtei Fulda im Jahre 1802 war die Stadt von 1802–06 im Besitz des Prinzen Wilhelm von Nassau-Oranien. Von 1806–10 gehörte Herbstein zum Großherzogtum Frankfurt und war französisch. Im November des Jahres 1810 fiel es an Hessen-Darmstadt.

Während des 30-jährigen Krieges wurde Herbstein belagert und beschossen, wodurch die Burg und Teile der Ringmauer zerstört wurden. Zwei Großbrände, der erste 1540, der zweite 1907, vernichteten große Teile der Stadt, doch blieb die mittelalterliche Grundstruktur der Stadt mit ihren ringförmig um die katholische Kirche angelegten Straßen erhalten.

Aus dem 13. Jahrhundert stammen die restaurierten Teile der einstigen Stadtbefestigung mit drei Wehrtürmen und das unterirdische Gewölbe der ehemaligen Burg. Um 1400 wurde die Stadtpfarrkirche, eine spätgotische Hallenkirche mit überhöhtem Mittelschiff, errichtet. In ihrem Innern birgt sie wertvolle spätgotische Wandmalereien, eine gotische Pieta (um 1460), eine Reihe holzgeschnitzter Figuren,

Der viel befahrene Vulkanradweg mit Herbstein im Hintergrund

Die Fachwerkhäuser von Herbstein entstanden im 16.–20. Jahrhundert

Die Stadtpfarrkirche birgt den Heiligen Jakobus

einen Taufstein (16. Jahrhundert) sowie eine barocke Kanzel. Die Fachwerkhäuser von Herbstein entstanden im 16.–20. Jahrhundert. Ein Meisterwerk der Zimmermannskunst ist das nach dem Großbrand von 1907 neu errichtete Fachwerkrathaus direkt am Marktplatz.

Sehenswert im Stadtteil Stockhausen sind die romanisierte Pfarrkirche von 1845–49 sowie das Schloss (erbaut zwischen 1790–1807) mit dem barocken Schlosspark.

Weithin bekannt sind die traditionsreiche Herbsteiner Fastnacht (*Foeselt* genannt) und die Straße der Ehe, eine Birkenallee am Kurpark, die von Brautpaaren der Stadt gepflanzt wird.

Sehenswert

Kath. Stadtpfarrkirche, ev. Kirche (19. Jh.), Stadtbefestigung mit Wehrtürmen, unterirdisches Gewölbe der ehemaligen Burg, Fachwerkhäuser (u. a. Rathaus, Apotheke), Fastnacht- und Statt-Museum (Emigrationsbewegung, Apothekenzimmer u. a.), Kreuzkapelle, Herbsteiner Lebensspirale (Meditationsweg), Straße der Ehe.
In Stockhausen: Kirche, Schloss mit Barockpark.
Naturpark Hoher Vogelsberg.
Weitere Informationen: www.herbstein.de

Alsfeld

*Das malerische
Alsfelder Rathaus
ist eines der schönsten
deutschen Rathäuser*

*Das Regionalmuseum ist
immer einen Besuch wert*

Die Stadt Alsfeld in Oberhessen mit ihren rund 17.100 Einwohnern und sechzehn Stadtteilen wird von den Ausläufern des Vogelsberges und des Knülls umgeben. Das malerische Stadtbild von Alsfeld gehört mit zu den schönsten an der Deutschen Märchenstraße. Alsfeld ist quasi das Tor zum Rotkäppchen-Land.

Als karolingischer Hofsitz im 8.–9. Jahrhundert gegründet, wurde Alsfeld von den Landgrafen von Thüringen ausgebaut und erhielt 1222 Stadtrechte. 1247 ging Alsfeld in hessischen Besitz über und entwickelte sich vom

Ein idyllisches Plätzchen ist der Grabbrunnen mit seinem alten Brunnenbecken

14.–16. Jahrhundert dank seiner günstigen Lage an der wichtigen Verbindungsstraße durch die kurzen Hessen (Frankfurt-Thüringen) zu einer wohlhabenden Stadt. Im 14. Jahrhundert war Alsfeld zeitweise Residenz des Landgrafen Hermann des Gelehrten von Hessen. Seit dem hessischen Bruderkrieg im Jahre 1469 zwischen Oberhessen und Niederhessen verlor die Stadt ihre Bedeutung.

Auch der 30-jährige Krieg traf Alsfeld hart. Bei der Erbteilung von 1567 fiel die Stadt an Hessen-Marburg; im Jahre 1604 kam sie an Hessen-Darmstadt.

Mehrfach mit Preisen für den Erhalt denkmalgeschützter Gebäude ausgezeichnet, präsentiert sich Alsfeld heute als eine Stadt, in der man, wie in kaum einer anderen in Deutschland, die Entwicklung des Fachwerkbaus vom 14.–19. Jahrhundert verfolgen kann.

Alsfeld wurde mehrfach für den Erhalt denkmalgeschützter Gebäude mit Preisen ausgezeichnet (u. a. 1975 vom Europarat als Europäische Modellstadt für Denkmalschutz)

- Mainzer Gasse, Rossmarkt, Untere Fulder Gasse, Grabbrunnen, Untergasse, Hersfelder Str., Kirchplatz, Obergasse, Rittergasse.

In der Blütezeit Alsfelds entstanden die Bauwerke, die das Bild der mittelalterlichen Stadt entscheidend prägen:

- Das von 1512–16 erbaute malerische Alsfelder Rathaus, eines der schönsten deutschen Rathäuser (Fachwerkaufbau von 1514 durch Baumeister Johann) mit sehenswertem Ratssaal und Standesamtszimmer.
- Die Apotheke (in Konstruktion als auch im Fachwerk mit dem Rathaus verwandt).
- Das Hochzeitshaus, 1564–71 von Baumeister Meurer im Renaissancestil errichtet.
- Das Weinhaus von 1538 mit seinem gotischen Treppengiebel.
- Die Walpurgiskirche (13.–15. Jahrhundert), eine geräumige Hallenkirche mit alten Wandgemälden und spätgotischem Schnitzaltar.
- Die Dreifaltigkeitskirche (ehemalige Kirche des Augustinerordens) aus dem 14. Jahrhundert.

Das Alsfelder Märchenhaus, ein im Jahre 1628 erbautes heimeliges Fachwerkhaus, entführt Jung und Alt in das Reich der Märchen und Sagen

Das bedeutendste Fachwerkhaus Alsfelds ist das Neurath-Haus aus dem Jahre 1688 in der Rittergasse mit reicher Renaissancehaustür. In unmittelbarer Nähe befindet sich das Minnigerode-Haus, ein barocker Steinbau aus dem Jahre 1687, heute Sitz des Regionalmuseums mit umfangreichen Sammlungen (stadtgeschichtliche Sammlung, Vorgeschichte, Trachten usw.). Besonders erwähnenswert sind auch das prächtige, um 1515 erbaute, Bücking-Haus und das Stumpf-Haus aus dem Jahre 1609.

Das Alsfelder Märchenhaus, ein im Jahre 1628 erbautes heimeliges Fachwerkhaus, entführt Jung und Alt in das Reich der Märchen und Sagen. Die Räume sind märchenhaft gestaltet; im Erzählraum hält eine professionelle Märchenerzählerin ihre Zuhörer in Bann. Eine größere Sammlung von historischen Puppenstuben befindet sich im zweiten Stock.

Ein idyllisches Plätzchen ist der Grabbrunnen mit seinem alten Brunnenbecken. Der Sage nach werden hier vom Klapperstorch die neugeborenen Kinder geholt.

Im Stadtteil Altenburg liegt über dem Ufer der Schwalm die Altenburg, welche Mitte des 18. Jahrhunderts schlossartig erneuert wurde. Die Schlosskirche mit ihrem charakteristischen Turm entstand etwa zur gleichen Zeit (1748–50).

Sehr zu empfehlen ist ein Ausflug in das nur sechs Kilometer entfernte Städtchen Romrod. Das Ortsbild wird beherrscht von schmucken Fachwerkhäusern, der Pfarrkirche (1677–90) mit reizvollem Inventar sowie dem Schloss. Diese malerische Schloss-Anlage (13.–19. Jahrhundert) beherbergt die DenkmalAkademie der deutschen Stiftung Denkmalschutz (Weiterbildungsangebote zur Denkmalpflege in Theorie und Praxis) sowie ein Schlosshotel.

Leonhardsturm

Sehenswert

Malerische Innenstadt mit baugeschichtlich bedeutendem Rathaus, zahlreichen Fachwerkhäusern (14.–19. Jh.), Weinhaus, Hochzeitshaus, Walpurgiskirche, Dreifaltigkeitskirche, Reste der Stadtmauer mit Leonhardsturm, Regionalmuseum: Minnigerode-Haus und Neurath-Haus, Alsfelder Märchenhaus mit Puppenstubenetage, gotische Friedhofskapelle.
In Altenburg: Schloss und Schlosskirche.
Romrod: Weiträumige Schlossanlage mit Schlosshotel und Restaurant, Schlosskirche, Fachwerkhäuser, Kulturhaus in der ehemaligen Synagoge.
Weitere Informationen: www.alsfeld.de

Der Hochzeiter aus Berfa

(J. H. Schwalm)

> Ich blase, ich blase die Haare weg, die Haare der Katz' von hinten hinweg

Ein Bursche aus Berfa war am Heiraten und hatte eine Braut, die er oft besuchte. Das geschah einst auch auf Walpurgisabend, als sich seine Zukünftige gerade zurechtmachte, den Hexentanzplatz auf dem Bechtelsberg (bei Alsfeld-Berfa) zu besuchen. Sie bestrich sich mit einer Salbe und sagte das Sprüchlein dazu: „Ich schmiere mich mit Hexenfieder und stoß' an keiner Ecke wider." Sofort ging's zum Schornstein hinauf und dann zum Bechtelsberg. Das Hexlein hatte aber in der großen Eile das Glas mit der Hexensalbe stehen gelassen. Der erstaunte Bräutigam bestrich sich nun ebenfalls mit der Zaubersalbe, sagte aber, weil er's im Schreck nicht genau gehört hatte: „Ich schmiere mich mit Hexenfieder und stoß' an alle Ecken wider." Nun fuhr auch er zum Schornstein hinauf, aber er rumpelte sich an alle Ecken und Enden und kam nur mit vieler Mühe endlich auf dem Bechtelsberg bei den Hexen an. Hier wurde er sogleich zum Musikanten angenommen und sollte zum Hexentanz aufspielen. Sein Instrument war eine schöne neue Trompete, auf der er blasen musste: „Ich blase, ich blase die Haare weg, die Haare der Katz' von hinten hinweg!"

Als endlich der Tanz zu Ende ging, erhielt er die Trompete als Geschenk und noch einen Ranzen voll Kreppeln (Berliner Pfannkuchen) dazu. Sein Reitpferd aber war ein dreibeiniger Ziegenbock. Beim Reiten auf dem Bock durfte er nichts denken und nichts sprechen. So kam er vor ein großes Wasser. „Ach, wenn ich erst über das Wasser wäre", dachte er da. In demselben Augenblick tat der Ziegenbock einen kirchturmhohen Sprung, und unser Reiter lag, unsanft abgesetzt, am andern Ufer. Sein Reitpferd aber war auf und davon. Unterdessen hatte er Hunger bekommen. Er öffnete seinen Ranzen, um sich an den geschenkten Kreppeln zu laben, aber, Prosit Mahlzeit!, im Ranzen lag Pferdemist anstatt der Kreppeln. Statt der Trompete steckte eine verendete Katze darin, welcher er die Haare fortgeblasen hatte. Nun trat er erschrocken und traurig zu Fuß den Weg nach Hause an. Kaum lag er jedoch im Bett, fingen die Möbel an, in der Kammer herumzufahren, wobei er sich heftig den Kopf an den Wänden stieß. Unwillig rief er aus: „Fahre, wer da fahren mag, ich fahre nicht mehr mit!" Da stand das seltsame Fuhrwerk still, und der Hexenzauber hatte ein Ende.

Ich schmiere mich mit Hexenfieder und stoß' an alle Ecken wider

Marburg

Studienort der Brüder Grimm

Eindrucksvoll erhebt sich auf einem Buntsandsteinfelsen über der Lahn die alte Universitätsstadt Marburg, die mit ihren sechzehn Stadtteilen fast 86.000 Einwohner zählt.

Schon von weitem ist das hoch aufragende Marburger Landgrafenschloss zu sehen, mit dessen Erbauung neueren Forschungen zufolge bereits im 9.–10. Jahrhundert begonnen wurde. Ob das hessische Grafengeschlecht der Gisonen (vgl. Gudensberg) oder die Herren von Gleiberg die Marburger Höhenburg errichteten, ist umstritten. Jedenfalls wurde sie zur Sicherung der Lahnfurt im Zuge der niederhessischen Straße Köln–Leipzig, einer wichtigen Handels- und Verkehrsstraße, erbaut. 1122 gelangte der gisonische Besitz durch Erbschaft an die Landgrafen von Thüringen; um 1140 entstand eine Marktsiedlung unterhalb der Burg, und Anfang des 13. Jahrhunderts bekam Marburg Stadtrechte.

Schon von weitem ist das hoch aufragende Marburger Landgrafenschloss zu sehen

Entscheidend für den Aufschwung der Stadt war der Umstand, dass Elisabeth (1207–31), die verwitwete Landgräfin von Thüringen, nach dem unerwarteten Ableben ihres Gatten, Landgraf Ludwig IV. von Thüringen (gest. 1227), nach Marburg übersiedelte. Hier widmete sich Elisabeth, um die sich eine Fülle von Legenden ranken, in dem von ihr gestifteten Hospital der Pflege von Kranken und Armen. Nach ihrem frühen Tod im Jahre 1231 wurde sie schon vier Jahre später heilig gesprochen und ihr vom Deutschen Orden gepflegtes Grab zu einem Wallfahrtsmittelpunkt in Deutschland. Elisabeths Tochter, Sophie von Brabant, wählte bei der Trennung Hessens von Thüringen nach dem thüringisch-hessischen Erbfolgekrieg (1247–64) Marburg zu ihrem Sitz, und die Stadt wurde Residenz der hessischen Landgrafen.

Die Elisabethkirche wurde 1235–83 über dem Grab der heiligen Elisabeth erbaut und war im Mittelalter eine der bedeutendsten Wallfahrtsstätten Deutschlands

Im Jahre 1526 führte Landgraf Philipp der Großmütige von Hessen (1504–67) die Reformation ein und gründete 1527 in Marburg die erste protestantische Universität der Welt. 1529 fand auf dem landgräflichen Schloss das in der Kirchengeschichte so bedeutsame, aber letztendlich erfolglose Marburger Religionsgespräch zwischen den Reformatoren Luther und Zwingli statt. Mit Ludwig IV. von Hessen starb 1604 der letzte in Marburg residierende Landgraf. Nach dem Marburger Erbschaftsstreit kam die Stadt 1648 an Hessen-Kassel.

Über dem Grab der heiligen Elisabeth wurde ab 1235 mit dem Bau der Elisabethkirche, dem ersten (neben der Liebfrauenkirche in Trier) rein gotischen Sakralbauwerk in Deutschland, begonnen. Die Gesamtweihe der kunstgeschichtlich so bedeutenden Kirche erfolgte 1283, doch wurden die Türme erst in der 1. Hälfte des 14. Jahrhunderts fertiggestellt. Im

Statue der heiligen Elisabeth

Im Jahre 1526 gründete Landgraf Philipp die erste protestantische Universität der Welt

Grimm Gedenktafel in der Barfüßerstraße 35

Innern der wohlproportionierten Hallenkirche befinden sich sehr bedeutende Glasmalereien aus dem 13. und 14. Jahrhundert. Zur Ausstattung gehören der prächtige, 1290 geweihte Hochaltar mit der in Stein geschlagenen Retabelwand, das Mausoleum der hl. Elisabeth mit steinernem Baldachin (um 1280), zahlreiche Grabmäler der thüringisch-hessischen Landgrafen und in der Sakristei der mit Edelsteinen besetzte Schrein der hl. Elisabeth, ein Meisterwerk deutscher Goldschmiedekunst des 13. Jahrhunderts. Die Elisabethkirche besaß einen von Mauern umschlossenen Ordensbereich, der durch Tore von der Stadt abgetrennt war. Von den ehemaligen Gebäuden des Deutschen Ordens (jetzt Universitätsinstitute) sind das Herrenhaus (13. Jahrhundert), das Brüderhaus (13. Jahrhundert, Umbauten im 16. Jahrhundert), das Komturhaus (15. Jahrhundert) und der Fruchtspeicher (1515 als Backhaus errichtet – hier Mineralogisches Museum) erhalten.

Am Berghang westlich der Elisabethkirche liegt die 1270 geweihte St. Michaelskapelle, Michelchen genannt. St. Marien, unweit der Ritterstraße, ist die älteste Stadtpfarrkirche Marburgs. Die dreischiffige gotische Hallenkirche mit Chor und Turm, in deren Innern der steinerne Altaraufsatz von 1626 und Doppelwandgräber hessischer Landgrafen besondere Erwähnung verdienen, wurde ab 1297 erbaut. Die ehemalige Dominikanerkirche (1300–20) dient seit 1527 als Universitätskirche; die einstigen Klostergebäude wichen im 19. Jahrhundert dem neugotischen Bau der Alten Universität (1872–91) von Carl Schäfer. Die Kirche St. Johannes Evangelist, die sogenannte Kugelkirche (Kanzel und Taufstein neugotisch), entstand von 1485–1520.

Die lutherische Pfarrkirche St. Marien ist nicht nur bekannt für den schiefen Turm, sondern auch für ihre einmalige Orgel

In der malerischen Marburger Altstadt sind zahlreiche Fachwerkhäuser aus dem 16.–19. Jahrhundert (Markt, Marktgasse, Wettergasse, Reitgasse, Barfüßerstraße, Steinweg) sowie einige Steinbauten (Steinernes Haus 1319–23, Hochzeitshaus 1527–30) erhalten. Das häufig fotografierte Marburger Rathaus, an der südlichen Schmalseite des Marktes, wurde Anfang des 16. Jahrhunderts erbaut, der wirkungsvolle Giebelaufsatz des Treppenturmes wurde 1581–82 errichtet.

Mehr als tausend Jahre Geschichte lassen sich am Marburger Landgrafenschloss ablesen, das zu den frühesten Höhenburgen in Deutschland gehört. Die weitläufige Schlossanlage war einst Burg, Residenz und Festung. Einer der größten profanen Innenräume deutscher Gotik ist der um 1300 entstandene Fürstensaal. Die zweigeschossige Schlosskapelle im Südflügel des Schlosses wurde 1288 geweiht; sie steht kunsthistorisch in der Nachfolge der Sainte Chapelle in Paris. Bemerkenswert sind das sechs Meter hohe Christophorus-Bild (um 1300), Reste alter Wandmalereien und das Fußbodenmosaik (um 1300). Im 15. und 16. Jahr-

Die sogenannte Kugelkirche entstand von 1485–1520

Fachwerkbauten und Steinhäuser prägen das Bild der Marburger Altstadt

Das Marburger Rathaus ist ein beliebtes Fotomotiv

Kunst am Marktplatz

hundert wurde das Schloss grundlegend umgebaut; das Universitätsmuseum für Kulturgeschichte befindet sich im Wilhelmsbau von 1492–98.

Eine wichtige Station auf dem Lebensweg von Jacob und Wilhelm Grimm war die Marburger Universität, an der die Brüder Grimm bei dem nur wenige Jahre älteren Professor Friedrich Carl von Savigny (1779–1861), dem Begründer der historischen Rechtsschule, Rechtswissenschaften studierten und durch Clemens Brentano sowie Achim von Arnim und seine Frau Bettina, geb. Brentano, wesentliche Anstöße zur Beschäftigung mit der Poesie des Volkes (Lieder, Märchen und Sagen) erhielten. In Marburg entstand der erste Band der so bedeutenden Volksliedersammlung *Des Knaben Wunderhorn* von Brentano und von Arnim.

Wer in Marburg *auf den Spuren der Brüder Grimm* wandeln möchte, für den gibt es hier einiges zu entdecken: Die Alte Universität, Studienort der Brüder Grimm, den Forsthof in der Ritterstraße, Wohnort von Professor Savigny, sowie das Haus der Romantik (Markt 16). Bleistiftzeichnung des Grimm-Bruders Ludwig Emil

Grimm (vgl. Kassel) befinden sich im Universitätsmuseum für Bildende Kunst.

In Marburg geboren wurde der Maler Otto Ubbelohde (1867–1922, vgl. Lahntal); Marburg und das Marburger Land sind Schauplatz des Großteils der Motive, die man in Ubbelohdes sehr populären Illustrationen der Grimm'schen *Kinder- und Hausmärchen* sowie ihren *Deutschen Sagen* findet.

Zu empfehlen ist ein Besuch im bereits 1235 urkundlich erwähnten Marburger Stadtteil Weidenhausen mit seinen schmucken Fachwerkhäusern, die teilweise mit prächtigen Holzschnitzereien verziert sind.

Links: Kanone im unterirdisch angelegten Geschützstand

Rechts: Im Marburger Haus der Romantik befindet sich der „Rote Salon"

Sehenswert

Malerisches Stadtbild: Landgrafenschloss mit Fürstensaal, Schlosskapelle und Kasematten, Elisabethkirche, ehemalige Gebäude des Deutschen Ordens, St. Michaelskapelle, St. Marienkirche, Kugelkirche, Alte Universität, Universitätskirche, Rathaus, reizvolle Fachwerkbauten und Steinhäuser, Haus der Romantik, Stadtteil Weidenhausen.

Museen: Universitätsmuseum für Bildende Kunst, Mineralogisches Museum, Museum Anatomicum, Völkerkundliche und Religionskundliche Sammlung der Philipps-Universität.

Weitere Informationen: www.marburg.de

Die heilige Elisabeth in Marburg

(P. Zaunert)

> Ich hab es euch doch gesagt, dass wir die Menschen fröhlich machen müssen

Als Landgraf Ludwig IV. von Thüringen 1227 auf einem Kreuzzug in das Heilige Land gestorben war, da vergaßen seine Räte und Edlen ihre Treue und Eide, die sie dem frommen Fürsten geschworen hatten, und rieten dem Landgrafen Heinrich, dass er die Lande behalten und seines Bruders Frau mit ihren Kindern daraus vertreiben solle.

Der Fürst war jung und ließ sich dazu überreden, und die Edlen verstießen Elisabeth von der Wartburg und von allem ihrem Gut. Als aber die Gebeine des Landgrafen Ludwig nach Hause gebracht und begraben waren, schlossen sich die Herren und Ritter, welche diese zurückgeführt hatten, dem jungen Landgrafen Heinrich an. Rudolf von Vargula der Schenk jedoch, prangerte in einer scharfen Rede das Unrecht, welches Elisabeth widerfahren war, an, sodass Landgraf Heinrich bitterlich weinte und ihm sein Verhalten leid tat. Er nahm Elisabeth wieder freundlich auf und tat ihr alles erdenklich Gute.

Elisabeth jedoch entsagte aller Welt, Eltern, Kindern und Freunden. Als der Landgraf Heinrich sah, dass sie sich ganz Gott ergab und nicht bei ihm bleiben wollte, da gab er ihr ihre Morgengabe und eine gute Summe Geldes. So zog sie aus Thüringen und folgte Meister Konrad von Marburg, den ihr der Papst als Seelsorger bestellt hatte, nach Hessen. Als sie aber nach Marburg kam, konnte sie dort keine bequeme Wohnung bekommen, weil etliche Edle, die dort Gewalt hatten, ihr missgünstig waren.

Schrein der heiligen Elisabeth

Andere dagegen erzählen, es sei ihr in Marburg so viele Ehre erwiesen worden, dass sie es nicht habe ertragen können. Darum zog sie in ein Dorf, nahe bei der Stadt, das hieß Wehrda. Da kam sie in einen wüsten Hof; das Dach und die Wände des Hauses waren zerbrochen. Ihre Lagerstätte musste sie unter einer Treppe nehmen, und Elisabeth litt viel Ungemach von Rauch, Hitze, Regen und Wind. Derweil wurde ihr zu Marburg eine kleine Wohnung aus Lehm und Holz hergerichtet, in die sie mit ihrem Gesinde in großer Geduld und Demut einzog. Dort gab es eine kleine Kirche mit einem Konvent, darin wohnten drei oder vier Barfüßerbrüder. Bei diesem Klösterchen baute Elisabeth ein Spital für arme, kranke Leute und empfing von ihrem Beichtvater Konrad ein graues Kleid. In dem Spital diente sie mit Fleiß den armen Kranken, badete sie, bettete sie und tat auch an den Aussätzigen und Unreinen alle Werke der Barmherzigkeit.

Als sie einst die Kranken speiste und wusch, sprach sie zu ihren Dienstmägden: „Oh, wie wohl ist uns, dass wir unsern Herrn Jesus waschen, baden, speisen und tränken!" Da antwortete eine von ihnen: „Euch ist wohl, aber ob den andern wohl dabei ist, das weiß ich nicht."

Eines Tages kam eine arme Frau, um Almosen zu erbitten, ins Spital und brachte ihr Kind mit, das war taub und stumm. Sie setzte es nieder und ging heraus, um etwas zu erledigen. Indessen kam Elisabeth und sah das arme Kind da allein sitzen. Sie beugte sich zu ihm und sprach: „Lieb Kind, wer hat dich hergebracht?" Und da das Kind nicht antwortete, bat sie es sehr, zu antworten und sprach: „Gutes Kind, nun antworte mir im Namen unseres Herrn Jesus Christus." Da öffnete Gott des Kindes Mund, und es sprach: „Meine Mutter hat mich hergebracht." Da wurde die Mutter gerufen und Elisabeth ging hinaus. Als die Mutter kam und ihr Kind reden hörte, wunderte sie sich über alle Maßen und sprach: „Wer hat dir die Sprache gegeben?" Da antwortete das Kind: „Eine gute Frau ist gekommen und fragte, wer mich hergebracht hätte, und bat mich im Namen Jesu, dass ich ihr Antwort gäbe." Da nahm die Frau ihr Kind, ging heim und lobte Gott den Herrn.

Die fromme und wohltätige Elisabeth wollte all ihr Geld, das sie besaß, Gott geben und ließ im Umkreis von zwölf Meilen um Marburg verkünden, dass, wer Almosen empfangen wollte, nach Marburg auf einen bestimmten Tag kommen sollte, den sie zu diesem Zweck festlegen würde.

Da kamen die Lahmen, die Blinden, die Gebrechlichen und die Armen von allen Enden, und es wurden viele starke Männer bestellt, die das Volk ordneten, dass jeder sein Almosen bekäme. Wer von seinem Platz aufstünde oder andere hindere oder aus Gier das Almosen zweimal nehme wolle, dem würde man sein Haar zur Schande abscheren. Als alles wohlgeordnet war, da stand Elisabeth mitten unter ihnen und ließ an diesem Tag fünfhundert Mark im Namen Gottes an alle verteilen. Als nun die Almosen ausgegeben waren, blieben viele Lahme und Kranke vor den Zäunen, und wo sie sonst noch sein mochten, liegen, und es wurde Abend. Als Elisabeth das vernahm, versammelte sie alle und ließ ihnen ein großes Feuer machen und gab ihnen Brot. Vielen ließ sie die Füße waschen und salben. Da fing den armen Leuten an, wohl zu werden, und sie begannen zu singen. Als Elisabeth das hörte, sprach sie: „Ich hab es euch doch gesagt, dass wir die Menschen fröhlich machen müssen!"

Das übrige Geld, das sie als Leibrente empfangen hatte, gab sie für die Kranken im Spital aus oder verteilte es weiterhin an arme Leute.

Die Ruine der Hospitalkapelle, letztes Zeugnis des von der heiligen Elisabeth gegründeten Spitals

Lahntal

Die Gemeinde Lahntal (7.300 Einwohner) mit ihren sieben Ortsteilen entstand im Zuge der hessischen Gebietsreform zwischen 1972–77. Sie liegt an der oberen Lahn, etwa sieben Kilometer nordwestlich von Marburg.

Das Otto Ubbelohde-Haus in Goßfelden ist das einstige Atelierhaus des Malers Otto Ubbelohde

Goßfelden wurde bereits um 850 in einer Schenkungsurkunde an das Kloster Fulda erwähnt. Der Ort war über Jahrhunderte im Besitz des Deutschen Ordens in Marburg.

Wohl vor der Mitte des 13. Jahrhunderts wurde das Zisterzienserinnenkloster Caldern gegründet; 1250 wird es in einer Schenkungsurkunde der Landgräfin Sophie von Brabant genannt. Die spätromanische Pfarrkirche von Caldern (Kruzifix, 14. Jahrhundert, Orgel 1703) ist die ehemalige Klosterkirche; von den Klostergebäuden sind das ehemalige Refektorium (als Scheune genutzt) und Teile der Klostermauer erhalten.

Mittelpunkt von Sterzhausen ist die Kirche (im Chor Wandmalereien: 14. Jahrhundert) mit

ihrem weithin sichtbaren Wehrturm; ihr klassizistisches Kirchenschiff wurde 1836 erbaut.

Die Pfarrkirche von Goßfelden wurde 1749–52 nach Plänen von Giovanni Ghezzy errichtet. Hier wirkte der Pfarrer und Pädagoge Johann Heinrich Christian Bang (1774–1851). Ihn verband eine enge Freundschaft mit Professor Friedrich Carl von Savigny, der im Hause Bang verkehrte. Über Savigny fand der Marburger Romantikerkreis mit Achim von Arnim, den Geschwistern Brentano, Jacob und Wilhelm Grimm u.a. den Weg nach Goßfelden. Auch nachdem die Brüder Grimm Marburg verlassen hatten, riss der Kontakt zu Pfarrer Bang nicht ab. Er sammelte Sagen aus dem Marburger Raum, die Eingang in die *Deutschen Sagen* fanden.

Sehenswert in Goßfelden sind außer der Kirche, die alte, historische Brücke über die Lahn aus dem Jahre 1802 sowie, unweit der Lahn, vor allem das Otto Ubbelohde-Haus, das ein-

Mitte des 13. Jahrhunderts wurde das Zisterzienserinnenkloster Caldern gegründet

8 Auf den Spuren von Otto Ubbelohde

Dorfdächer
Öl auf Leinwand, 1921
Marburger Universitätsmuseum

Das Gemälde gibt die Sicht über die Häuser Goßfeldens hinweg zur Haardt hin wider, wie sie auch heute noch besteht. Der Fachwerkgiebel im Bild halbrechts ist »Mengels« Scheune (Seip), dahinter »Scheels« Wohn- und Gasthaus und links daneben die damalige Schule. Ganz im Hintergrund ist Isenbergs Hof.

Beachten Sie bitte auch
Sehen Sie sich gerne a

© Helge Neubauer, Grafikdesign, Marburg

belohde durch Goßfelden

Der Kirchplatz

Otto Ubbelohde hat sich oft auf dem Kirchplatz aufgehalten. Hier traf sich ein Jahrhundert vorher der Romantikerkreis um Friedrich Carl von Savigny, die Brüder Grimm, die Geschwister Brentano und Achim von Arnim wiederholt mit dem Goßfeldener Pfarrer Johann Heinrich Christian Bang.

Ubbelohde war sich dieser historischen Bedeutung des Ortes sehr bewusst, als er die Grimmschen Märchen illustrierte.

Federzeichnung zu dem Märchen
der Brüder Grimm »Die wahre Braut«,
um 1908
Landkreis Marburg-Biedenkopf

In der Märchenillustration schaut die Braut (vermutlich Hanna Ubbelohde) wartend auf den Bräutigam über eine Mauer in das Tal. Eine ähnliche Mauer umschließt auch den Kirchplatz in Goßfelden.

dere Seite der Tafel.
Kreuzigungsbild von Franz Frank (1947) in der Kirche an. Die Kirche ist geöffnet.

Auf dem 2010 neu geschaffenen Rundweg „Auf den Spuren von Otto Ubbelohde" durch Goßfelden kann man noch heute eine Reihe von Motiven wiedererkennen, die dieser in seinen Gemälden, Zeichnungen und Illustrationen festgehalten hat. Wie alle rund 20 Stationen, ist hier die Tafel 8 anschaulich und beeindruckend dargestellt

Von der Klosteranlage hat man einen weiten Blick über das Tal

stige Atelierhaus (erbaut 1900) des Malers Otto Ubbelohde (1867–1922). Hier ist sein Hauptwerk, nämlich Hunderte von Illustrationen zu den *Kinder- und Hausmärchen* und zu den *Deutschen Sagen* der Brüder Grimm, entstanden, aber auch viele Gemälde und Zeichnungen, unter anderem für Lieder- und Kinderbücher sowie Hessen-Kunstkalender.

Auf dem 2010 neu geschaffenen Rundweg *Auf den Spuren von Otto Ubbelohde* durch Goßfelden kann man noch heute eine Reihe von Motiven wiedererkennen, die dieser in seinen Gemälden, Zeichnungen und Illustrationen festgehalten hat.

Sehenswert

Die Kirchen in Lahntal-Caldern, und Lahntal-Sterzhausen.
In Goßfelden: Kirche, Otto Ubbelohde-Haus, Otto Ubbelohde-Rundweg, historische Lahnbrücke.
Bei Brungershausen: Wichtelhäuser Steine (Felsgruppe).
Weitere Informationen: www.lahntal.de

Willingshausen

Im Tal des Flüsschens Antreff, einem Nebenfluss der Schwalm, liegt die aus neun Ortsteilen bestehende Gemeinde Willingshausen. Verwaltungssitz der über 5.200 Einwohner zählenden Gemeinde ist Wasenberg.

Willingshausen ist weit über die Landesgrenzen als älteste Malerkolonie Deutschlands bekannt

Willingshausen wird erstmalig im Jahre 1106 urkundlich als *willichashuson* erwähnt. Es ist anzunehmen, dass in der Zeit der Bekehrung der Chatten zum Christentum Mönche und Vertreter des Erzbischofs von Mainz in Willingshausen eine Kapelle erbauten und sich niederließen, denn das Mainzer Rad findet man als Wappen noch heute über dem Eingang der Kirche von Willingshausen. Die Herren von Schwertzell sind seit dem 13. Jahrhundert in Willingshausen urkundlich nachweisbar. Mitte des 16. Jahrhunderts ließen sie für ihr Rittergut ein repräsentatives Schloss, das 1697 aufgestockt wurde, im Stil der Renaissance errichten.

Ihre Gründung als älteste Malerkolonie Europas (nach neueren Forschungen bereits im Jahre 1830) verdankt Willingshausen Gerhardt von Reutern (1794–1865). Dieser in der russi-

Die Schwälmer Tracht hat eine lange Traditon in Willingshausen. Hier ein Trachtenpaar zur 900-Jahr-Feier

schen Armee kämpfende baltendeutsche Offizier hatte in der Völkerschlacht bei Leipzig 1813 seinen rechten Arm verloren und kam 1814 zur Genesung nach Willingshausen, wo er im Schloss der Familie von Schwertzell wohnte. Er übte sich im Zeichnen mit der linken Hand und schuf, angeregt durch die Landschaft der Schwalm, ihrer Bewohner und ihrer Tracht, bedeutende Kunstwerke. Um 1820 machte von Reutern die Bekanntschaft des Grimm-Bruders Ludwig Emil Grimm (ab 1832 Professor an der Kasseler Kunstakademie), von dem er während seiner Aufenthalte in Willingshausen Mal- und Zeichenunterricht erhielt. Wilhelm Grimms Freundschaft zur Familie von Schwertzell geht auf Fritz von Schwertzell zurück, der mit Wilhelm in Kassel das Fridericianum besuchte und später auch in Marburg studierte. Auf Schloss Willingshausen waren die Grimms gern gesehene Gäste. Wilhelmine von Schwertzell, die Schwester von Fritz, hat auch Märchen gesammelt und stand in regem Briefwechsel mit Wilhelm Grimm (75 Briefe sind erhalten).

An die große Zeit von Willingshausen, als sich hier im 19. Jahrhundert und Anfang des 20. Jahrhunderts eine bedeutende Künstler-

Im Gerhardt-von-Reutern-Haus ist das Museum „Malerstübchen" untergebracht. Hier sind Gemälde und Fotografien aus der Blütezeit der Malerkolonie zu sehen. Unter fachkundiger Führung erfährt der Besucher Wissenswertes über die Malerkolonie und ihre Künstler

kolonie (Gerhardt von Reutern, Carl Bantzer, Jakob Fürchtegott Dielmann, Hermann Kätelhön, Ludwig Knaus, Wilhelm Thielmann, Hans von Volkmann u.a.) etablierte, erinnert das Malerstübchen im Gerhardt-von-Reutern-Haus, dem künstlerischen Mittelpunkt des Ortes. In der 2005 angebauten Kunsthalle finden wechselnde Ausstellungen statt. Ein seit 1996 bestehendes Stipendium und Kreativkurse knüpfen an die Künstlertradition an.

Die Pfarrkirche von Willingshausen mit ihrer eindrucksvollen klassizistischen Patronatsloge wurde 1511 erbaut und 1810 erneuert. Der Pädagoge und Grimm-Forscher Wilhelm Schoof (1876–1975) lebte in Willingshausen und hat auf dem Friedhof seine letzte Ruhestätte gefunden.

Sehenswert

Pfarrkirche, Schloss der Herren von Schwertzell (Privatbesitz), Malerstübchen, Kunsthalle (Gerhardt-von-Reutern-Haus), alte Dorfmühle, Hirtenhaus (16. Jh.)
Weitere Informationen: www.willingshausen.de

Schwalmstadt

Das Zentrum des Schwälmer Landes ist die zwischen Knüllgebirge und Kellerwald gelegene, über 18.000 Einwohner zählende, Stadt Schwalmstadt, die 1970 im durch den Zusammenschluss zweier traditionsreicher Städte mit elf Landgemeinden entstand.

Junge Schwälmerinnen gleichen in ihrer Tracht mit der roten Haube (Betzel) dem Rotkäppchen

Die Geschichte von Schwalmstadt ist weitgehend die der ehemaligen Städte Treysa und Ziegenhain. In der Schwalm bauten sich im 12. Jahrhundert die Grafen von Ziegenhain, Nachkommen der seit dem 9. Jahrhundert nachweisbaren Grafen von Reichenbach, ein geschlossenes Herrschaftsgebiet auf. Vom 12. bis zur Mitte des 15. Jahrhunderts gehörten die Grafen von Ziegenhain zu den mächtigsten Geschlechtern im hessischen Raum, bis mangels männlicher Erben die Grafschaft 1450 an die Landgrafen von Hessen fiel.

Sowohl Treysa als auch Ziegenhain erhielten im 13. Jahrhundert Stadtrechte. Um 1470 begannen die hessischen Landgrafen die Burg Ziegenhain zu einem Residenzschloss umzu-

gestalten. Von 1537–46 wurde Ziegenhain unter Landgraf Philipp von Hessen zu einer Wasserfestung ausgebaut. Der von zwei Wassergräben umzogene Wall und die schwer bestückten Eckbastionen bestimmen noch heute den Grundriss von Ziegenhain. So fest wie Ziegenhain war zweihundert Jahre lang sprichwörtlich für die Uneinnehmbarkeit dieser Festung. Der Baumeister und erste Festungskommandant von Ziegenhain, Heinz von Lüder, lebt wegen seiner unverbrüchlichen Treue zum hessischen Landgrafen in Sagen fort.

Treysa wurde bereits im 8. Jahrhundert als *treise* erstmals urkundlich erwähnt. Ab 1186 wurde unter dem Ziegenhainer Grafen Friedrich I. der Höhenrücken um die heutige Totenkirche und Burggasse planmäßig besiedelt. Am Knotenpunkt alter Fernhandelsstraßen gelegen, entwickelte sich Treysa im 13. und 14. Jahrhundert zu einem prosperierenden Handelsort. Schwere Rückschläge brachten der

Fast herzförmig sieht das unregelmäßige Viereck von Ziegenhain in dieser Luftaufnahme aus.
Auf dem Treysaer Marktplatz mit seinen Fachwerkhäusern und dem im 16. Jahrhundert wieder aufgebauten Rathaus steht das Johannismännchen, eine Brunnenfigur aus dem Jahre 1683

Treysa wurde bereits im 8. Jahrhundert erstmals urkundlich erwähnt. Ab 1186 wurde unter dem Ziegenhainer Grafen Friedrich I. der Höhenrücken um die heutige Totenkirche und Burggasse planmäßig besiedelt

30-jährige Krieg, in dessen Verlauf 217 von 460 Häusern eingeäschert wurden und 97 verfielen, sowie der 7-jährige Krieg.

Im Zuge der Aufnahme von französischen Glaubensflüchtlingen (vgl. Hofgeismar) durch Landgraf Karl von Hessen-Kassel, kamen 1701 zahlreiche Hugenotten nach Treysa, welche sich später im benachbarten Frankenhain ansiedelten.

Der Stadtteil Trutzhain geht auf ein 1939 angelegtes Kriegsgefangenenlager zurück. Erhalten geblieben sind die alten Baracken und die Struktur des Lagers, dessen prominentester Gefangener der spätere französische Staatspräsident François Mitterand (1916–96) war.

Auf dem Treysaer Marktplatz mit seinen Fachwerkhäusern und dem im 16. Jahrhundert wieder aufgebauten Rathaus steht das Johannismännchen, eine Brunnenfigur aus dem Jahre 1683 (ähnlich den Rolandfiguren anderenorts). In unmittelbarer Nähe befindet sich die Ruine der Totenkirche (12.–13. Jahrhundert) mit ihrem markanten Buttermilchturm, welcher der Sage nach während einer Belagerung mit Buttermilch bestrichen worden sein soll, um dem Feind zu zeigen, dass es in der Stadt noch genügend Vorräte gäbe. In der Altstadt von Treysa sollte man sich weiterhin zahlreiche Fachwerkhäuser (16.–18. Jahrhundert), die Hospitalskapelle (Ende 14. Jahrhundert), die zweischiffige Stadtkirche (prachtvolle Orgel, Grabsteine) sowie die in Teilen erhaltene Stadtmauer mit dem Hexenturm (15. Jahrhundert) anschauen.

In Ziegenhain sind malerische Fachwerkhäuser (u.a. Hotel Rosengarten, 1620, Hotel Landgraf, um 1800, die Häuser Muhlystr. 5 und 7) und der Paradeplatz mit dem ehemaligen Landgrafenschloss (15.–16. Jahrhundert – es dient seit 1842 als Strafanstalt) mit Wallgraben, dem Lüdertor, der Stadtkirche (1665–67), dem Dekanat (circa 1650), dem Treysaer Tor, dem Archiv und der Neuen Wache (1769 – Tourist-Info) besonders sehenswert. Im Steinernen Haus, einem früheren Burgmannsitz, der 1659–61 in eine dreiflügelige Hofanlage umgebaut wurde, hat das Museum der Schwalm sein Domizil. Es besitzt eine bedeutende Sammlung Schwälmer Trachten, Handwerkskunst und Hausrat.

Im Steinernen Haus, einem früheren Burgmannsitz, der 1659–61 in eine dreiflügelige Hofanlage umgebaut wurde, hat das Museum der Schwalm sein Domizil

Im alten Ortskern des Stadtteils Rommershausen, dessen Kirche um 1420 errichtet wurde, sind noch viele Fachwerkhäuser erhalten. Die kleine Renaissanceschloss-Anlage im Schatten einer großen Linde besteht aus drei reizvollen Einzelgebäuden (16.–17. Jahrhundert – Privatbesitz: Außenbesichtigung nur nach telefonischer Absprache).

Die Schwalm war eine Fundgrube für die Brüder Grimm. Junge Schwälmerinnen gleichen in ihrer Tracht mit der roten Haube (Betzel) dem Rotkäppchen. Friederike Mannel (1783–1833), die Tochter des Pfarrers Adam Mannel (1758–1834) aus Allendorf an der

In der Altstadt von Treysa sollte man sich die Hospitalskapelle und den Hexenturm aus dem 15. Jahrhundert ansehen

Landsburg, sammelte für die Grimms Märchen und Sagen. Von ihr stammen u.a. die Märchen *Die Goldkinder* und *Fundevogel*. Auf Vermittlung F. Mannels zeichnete in Treysa der Pfarramtskandidat Ferdinand Siebert (1791–1847) Märchen wie *Der Arme und der Reiche* oder *Vom klugen Schneiderlein* für die Brüder Grimm auf. Dem Volkserzähler und Ziegenhainer Schulrat Johann Heinrich Schwalm (1864–1946) verdanken wir eine ganze Reihe von Schwälmer Sagen *(Aus Sagas Schloss)*, die er aus mündlicher Überlieferung aufzeichnete.

Sehenswert

In Treysa: Fachwerkhäuser, Marktplatz mit Rathaus und Johannismännchen, Ruine der Totenkirche, Stadtkirche, Hospitalskapelle, Stadtmauer mit Hexenturm.
In Ziegenhain: Fachwerkhäuser, Paradeplatz mit Landgrafenschloss (nur Außenansicht, da Justizvollzugsanstalt), Wallgraben, Lüdertor, Stadtkirche, Dekanat, Treysaer Tor, Archiv, Neues Kornhaus, Museum der Schwalm im Steinernen Haus, ehem. Stadtherberge (Geburtshaus des Schwälmer Malers Carl Bantzer).
In Rommerhausen: Renaissance-Schlösschen, Kirche, Fachwerkhäuser.
Weitere Informationen: www.schwalm-touristik.de
www.schwalmstadt.de

Heinz von Lüder

(K. Lyncker)

Während Landgraf Philipp der Großmütige in des Kaisers Gefangenschaft war, überschwemmte Kriegsvolk seine Länder und schleifte ihm alle seine Festungen, nur Ziegenhain nicht. Darin lag des Landgrafen getreuer Hauptmann Heinz von Lüder, der sein Leben daran setzte, die Festung seinem Herrn zu erhalten.

Einst erschien Graf Reinhard von Solms als kaiserlicher Kriegskommissar vor Ziegenhain und forderte den Hauptmann auf, die Festung zu übergeben, wie der Landgraf dem Kaiser versprochen habe. Da antwortete Heinz von Lüder, ihm sei das nicht bekannt, und wenn auch wirklich ein Versprechen geschehen wäre, so sei es erzwungen und nicht freier Wille. Sein Herr habe als freier Reichsfürst ihm diese Feste anvertraut, der Kaiser möge den Landgrafen auf freien Fuß setzen, was der ihm dann befehle, dem wolle er getreulich nachkommen. Der Graf möge das, dem Kriegsgebrauch zuwider unternommene, allzu nahe Anrücken seiner Soldaten einstellen und sich nach Treysa zurückziehen oder er wolle ihm, wenn das nicht bald geschehe, den Weg mit den großen Kartaunen (schweren Geschützen) weisen.

Der Landgraf erlangte endlich seine Freiheit wieder, doch hatte er dem Kaiser versprechen müssen, den widerspenstigen Hauptmann von Ziegenhain unter dem Tore der Festung in Ketten aufhängen zu lassen. Der Kaiser hatte dazu einen Gesandten nach Ziegenhain geschickt, und der Landgraf, als er daselbst eingetroffen war, versammelte seinen Hof und seine Ritter-

Der Landgraf erlangte endlich seine Freiheit wieder, doch hatte er dem Kaiser versprechen müssen, den widerspenstigen Hauptmann von Ziegenhain unter dem Tore der Festung in Ketten aufhängen zu lassen

schaft um sich und ließ seinen Hauptmann kommen. Da nahm er eine goldene Kette, ließ ihn daran an eine Wand aufhängen, ohne ihm weh zu tun und gleich wieder abnehmen und verehrte ihm die Kette unter großen Lobsprüchen für seine Tapferkeit.

Zwar machte der kaiserliche Gesandte Einwendungen, aber der Landgraf erklärte kurz, dass er sein Wort, den Hauptmann aufhängen zu lassen, streng gehalten und es nie anders gemeint habe.

Schrecksbach

Die Gemeinde Schrecksbach an der Schwalm liegt im südlichen Teil des Schwalm-Eder-Kreises. Die aus sechs Ortsteilen bestehende Gemeinde hat über 3.300 Einwohner.

Die Kerngemeinde Schrecksbach wurde als *screggesbaha* in einer Urkunde Karls des Großen im Jahre 782 erstmals erwähnt, wobei sich später herausstellte, dass es sich um eine Fälschung handelte. Schrecksbach gehörte zur Grafschaft Ziegenhain und war Grenzdorf mit vier Adelshöfen. Im Jahre 1030 erhielt die Propstei Neuenburg bei Fulda Besitzungen im heutigen Schrecksbacher Ortsteil Schönberg, die im 13. Jahrhundert dem Kloster Haina überlassen wurden. Die erste Kirche auf dem steilen Berggipfel des Schönbergs wurde 1009 aus Holz errichtet. Die heutige Kapelle von Schönberg stammt aus dem 12. Jahrhundert; sie war ursprünglich Mutterkirche des Gerichts Röllshausen.

Das kleine Schloss mit Treppenturm in Schrecksbach wurde um 1561 von dem Adels-

Die romanische Kapelle auf dem winterlichen Schönberg erhebt sich weithin sichtbar auf einem steilen Bergkegel

Ev. Kirche Schrecksbach

Bemerkenswert sind die historischen Grabsteine auf dem alten Friedhof von Schönberg

geschlecht von Langenstein, genannt Guntzerodt, errichtet. Die Schrecksbacher Pfarrkirche, ein Saalbau mit eingestelltem Frontturm, stammt aus der Mitte des 18. Jahrhunderts.

Als Wahrzeichen des Ortsteils Schönberg erhebt sich malerisch, hoch oben auf dem Basaltkegel des Schönbergs, die kleine sagenumwobene romanische Kapelle, die bis zur Reformation als Wallfahrtskirche diente (1990–2009 umfangreiche Restaurierung). Bemerkenswert

Wahrzeichen des Ortsteils Schönberg ist die kleine sagenumwobene romanische Kapelle

sind die drei aus dem 15.–17. Jahrhundert stammenden Glocken und die historischen Grabsteine auf dem alten Friedhof.

Sehenswert in Röllshausen sind die barocke Pfarrkirche (erbaut 1724) und eine Reihe von Fachwerkhäusern aus dem 18.–19. Jahrhundert.

In Holzburg befindet sich in der ehemaligen Pfarrscheune aus dem Jahr 1728 das Dorfmuseum, das eine beachtliche Sammlung Schwälmer Trachten, Leinen- und Seidenstickereien enthält und die historischen Sammlungen des Schwälmer Heimatmuseums in Schwalmstadt ergänzt. Die in einem Wehrkirchhof des 15. Jahrhunderts gelegene Pfarrkirche mit ihrer frühklassizistischen Ausstattung wurde von 1789–90 errichtet.

Das Dorfmuseum in Holzburg beherbergt eine beachtliche Sammlung Schwälmer Trachten

Sehenswert

In Schönberg: Malerische Kapelle Schönberg mit bemerkenswerten alten Grabsteinen und Glocken.
In Schrecksbach: Ehemaliges Schlösschen, Kirche.
In Röllshausen: Kirche, Fachwerkhäuser.
In Holzburg: Dorfmuseum (Schwälmer Trachten), Kirche.
Weitere Informationen: www.schrecksbach.de

Oberaula

Die gotische Patronatskirche im Ortsteil Hausen

Am Südhang des Knüllgebirges liegt im Tal des vom Kollenberg kommenden Aula-Baches der Marktflecken Oberaula. Die Gemeinde mit ihren sechs Ortsteilen hat circa 3.300 Einwohner und ist als Luftkurort staatlich anerkannt.

Im Jahre 856 wurde Oberaula erstmals urkundlich erwähnt. 860 vermachte der Freie Ethil die Mark *ovilah* (Ort am Eulenwasser) dem Kloster Fulda, dessen Schirmvögte, die Grafen von Ziegenhain, die Gerichtsbarkeit ausübten. Seit 1400 war Oberaula Patronat der Erzbischöfe von Mainz, die 1463 den Hofmeister Hans von Dörnberg mit dem Ort belehnten.

Sitz der Freiherren von Dörnberg war das Talschloss im heutigen Oberaulaer Ortsteil Hausen, das im 30-jährigen Krieg durch die auf Seiten des Kaisers kämpfenden Bayern erobert und teilweise zerstört wurde. Die entstandenen Schäden ließ Johann Caspar von Dörnberg im 17. Jahrhundert beseitigen.

Das Rathaus von Oberaula

In der gotischen Kirche von Hausen befinden sich zahlreiche Grabdenkmäler der Freiherren von Dörnberg aus dem 16.–18. Jahrhundert. Von hohem malerischem Reiz ist die trutzig geschlossene Form der Schlossanlage der Herren von Dörnberg aus der Zeit der Renaissance.

Die Pfarrkirche in Oberaula mit ihrem gotischen Helm und den vier Ecktürmen wurde 1717 errichtet. In ihrem Innern birgt sie eine hübsche Orgel aus dem Jahre 1721. Die in Oberaula erhaltenen Fachwerkhäuser stammen aus dem 18. Jahrhundert.

In der Kirche von Oberaula befinden sich zahlreiche Grabdenkmäler

Sehenswert

In Oberaula: Kirche und Fachwerkhäuser.
In Hausen: Renaissance-Schloss (keine Besichtigung möglich), Kirche.
Weitere Informationen: www.oberaula.de

Knüllwald

Die 450 Jahre alte Knottenmühle in Rengshausen ist noch in Betrieb

Knüllwald ist eine aus sechzehn Ortsteilen bestehende großflächige ländliche Gemeinde mit knapp 5.000 Einwohnern. Sie liegt an den beiden Flüsschen Efze und Beise im nordhessischen Mittelgebirge Knüll.

Rengshausen im Beisetal, Wallenstein im Efzetal und Schellbach am Allmuthsberg sind die touristischen Vorzeigeorte der Gemeinde Knüllwald, deren Verwaltungssitz Remsfeld ist.

Die Burg Wallenstein wurde wahrscheinlich schon im 12. Jahrhundert erbaut. Um 1220 befand sich die Burg im Besitz des Grafen Albert I. von Schauenburg, der sich *waldinsteyn* (Wallenstein) nannte. Sein gleichnamiger Sohn Albert II. verkaufte die Hälfte des zur Burg Wallenstein gehörenden Besitztums an den Abt Werner von Hersfeld und baute sich die Burg Neuwallenstein, die später den Namen Neuenstein erhielt. Im 30-jährigen Krieg wurde die Burg Wallenstein 1637 zerstört und nicht wieder aufgebaut. Die Burgruine Wallenstein dient heute als romantische Kulisse für die alljährlich stattfindenden Ritterspiele. Von der Burg erhalten sind der spätgotische Rundturm und große Teile der inseitigen Ringmauer.

Die Burg Wallenstein wurde während des 30-jährigen Krieges zerstört

Die kleine Kirche von Schellbach mit ihrem in Fachwerk erhöhten Rechteckchor wurde um 1500 errichtet. In Ortsnähe befindet sich das Naturparkzentrum Wildpark Knüll (vgl. Homberg).

Wehrkirchhöfe, die im Mittelalter zum Zwecke der Selbstverteidigung angelegt wurden, gibt es in Berndshausen (Kirche 1729), Niederbeisheim (Kirche 1775), Oberbeisheim (Kirche 1720–25) und Remsfeld (auf „geheimnisvolle Weise" um 1500 errichtete Kirche mit Wandmalereien aus dem 16. Jahrhundert). Das Mauerwerk der sagenumwobenen Kirche von Rengshausen stammt noch aus dem 13. Jahrhundert.

Landtechnisches Museum in Völkershain

Entlang des Flüsschens Beise gab es einst sechsundzwanzig Mühlen, von denen heute noch zwölf namentlich existieren. Einige Mühlräder sind noch erhalten und in Betrieb, wie zum Beispiel das der 450 Jahre alten Knottenmühle in Rengshausen.

Auf zwei prämierten Wanderwegen lässt sich die außerordentlich reizvolle Mittelgebirgslandschaft vortrefflich erwandern. Besonders beeindruckend sind die Lochbachklamm zwischen Wallenstein und Hülsa sowie der Hutewald bei Rengshausen mit seinem knorrigen, alten verwachsenen Baumbestand.

Die knorrigen Bäume im Hutewald bilden mitunter interessante Strukturen

Sehenswert

Burgruine Wallenstein, Wehrkirchhöfe und Kirchen, Fachwerkhäuser, Knottenmühle, Naturdenkmäler Lochbachklamm und Hutewald.
Lebendiges Bienenmuseum Knüllwald in Niederbeisheim, Landtechnisches Museum in Völkershain.
Wildpark Knüll (u.a. Bären-, Wolfsanlage).
Weitere Informationen: www.knuelltouristik.de

Homberg (Efze)

Ein Blick auf den historischen Marktplatz

Die über 15.000 Einwohner zählende Kreisstadt Homberg liegt malerisch am Südhang eines steilen Basaltkegels im unteren Tal der Efze. Zur Stadt Homberg gehören insgesamt zwanzig Stadtteile.

Rentwig von Hohenberg wurde erstmals 1162 erwähnt, als erster historisch belegter Repräsentant der Burg Hohenberg, die hoch über dem Tal der Efze, zur Sicherung der Handelsstraße durch die langen Hessen (Frankfurt–Leipzig) erbaut wurde. Im 12. Jahrhundert war Homberg im Besitz der thüringischen und seit dem 13. Jahrhundert in den Händen der hessischen Landgrafen. Dokumente von 1231 beurkunden die Verleihung der Stadtrechte an Homberg. 1356 entstand die Freiheit (Unterstadt), sodass es eine Doppelstadt gab, die durch je einen eigenen Stadtmauerring mit Wehrtürmen voneinander getrennt war. 1536, anlässlich der Vereinigung der beiden Städte, entstand ein Durchgang durch die Stadtmauer, das sogenannte „Neue Tor".

Im Jahre 1526 berief Landgraf Philipp der Großmütige eine Synode nach Homberg ein,

Das Pförtchen von Homberg (Efze), ein ehemaliger Wehrgang und Aufgang zur Burg

Blick auf den restaurierten Dörnbergtempel, ein ehemaliges Gartenhaus auf den Resten eines ehemaligen Stadtmauerturmes

auf der in der Stadtkirche die Einführung der Reformation in Hessen beschlossen wurde.

Während des 30-jährigen Krieges wurde Homberg 1636 und 1640 bis auf wenige Häuser zerstört, die Burg wurde zur Ruine.

Unter Oberst Freiherr Wilhelm Caspar Ferdinand von Dörnberg kam es 1809, von Homberg aus, zu einem Aufstand gegen Jérôme Bonaparte (vgl. Baunatal). Zur Vorbereitung sollen sich die Verschwörer in einem Gartenhaus, dem heutigen Dörnberg-Tempel, der auf Resten des ehemaligen Bächtenturms der Stadtmauer steht, getroffen haben.

Homberg ist weit über die Grenzen Nordhessens als Fachwerkkleinod bekannt: Von besonderem Reiz ist der Marktplatz mit seinen zahlreichen historischen Bürgerhäusern (15.–19. Jahrhundert, u. a. Weißer Hof, Löwenhaus, Engelapotheke) und dem Rathaus. Das Gasthaus *Zur Krone*, erbaut 1480, ist neben dem *Riesen* in Miltenberg eines der ältesten Gasthäuser Deutschlands und zugleich auch eines der bedeutendsten Fachwerkbauten in Hessen. Weithin sichtbar ragt die hochgotische Marienkirche (Baubeginn Anfang des 14. Jahrhunderts) über die Dächer der Stadt. Das dreischiffige Gotteshaus ist eine der größten goti-

Weithin sichtbar ragt die hochgotische Marienkirche (Baubeginn Anfang des 14. Jahrhunderts) über die Dächer der Stadt

schen Hallenkirchen im hessischen Raum (im Innern zu beachten: Sieben Passionsreliefs aus Sandstein, reich dekorierter Orgelprospekt, 18. Jahrhundert, Grabsteine, 16.–18. Jahrhundert). Unterhalb des Kirchenplateaus befinden sich die mittelalterlichen Schirnen (ehemalige Verkaufsgewölbe).

Zusammen mit dem Schlossberg und der sagenumwobenen Burgruine Hohenberg (Sagengestalt: Die Weiße Frau) ergibt sich eines der markantesten Stadtbilder Nordhessens.

Weiterhin sehenswert sind das im Hochzeitshaus (16. Jahrhundert) untergebrachte Heimatmuseum (Ausstellung zur Geschichte der Stadt und des Handwerks, Modell der Altstadt vor der Zerstörung im 30-jährigen Krieg), das einstige freiadlige Damenstift Wallenstein (16. Jahrhundert), große Teile der Stadtmauer mit Pförtchen und Pulverturm, der Märchenbrunnen Brüderchen und Schwesterchen, ein Wasserlauf in der Altstadt, der Stadtpark Alter Friedhof, heute eine Parkanlage mit historischen Grabdenkmälern, sowie die Hohlebachmühle (15. Jahrhundert).

Um 1525 wurde in Homberg der Verfasser des ersten Reiseberichts über Brasilien Hans

Das Rathaus von Homberg

Staden geboren, der eine umfassende Darstellung des Lebens der brasilianischen Ureinwohner während der beginnenden Kolonisation gibt.

In Homberg lebte der bekannte hessische Heimatschriftsteller und Erzähler Heinrich Ruppel (1886–1974 – u.a. *Märchenstunde bei den Brüdern Grimm, Der Schelm im Volk*). Aus der Engelapotheke stammt der Grimm-Forscher Wilhelm Schoof (vgl. Willingshausen).

Der mächtige Chorturm der Pfarrkirche im Stadtteil Cassdorf wurde im 14. Jahrhundert erbaut; das schlichte Kirchenschiff entstand 1767. Die Fachwerkhäuser des Ortes wurden im 18. Jahrhundert errichtet.

Die kleine Kirche im Stadtteil Allmuthshausen im Knüll ist noch romanischen Ursprungs; 1781 wurde sie erneuert und nach Osten mit Fachwerk erweitert.

Im Naturzentrum Wildpark Knüll mit seinen rund 350 Tieren (40 Arten, u.a. Mufflons, Rot- und Damwild, Wildpferde, Luchse) ist die Bären- und Wolfs-Anlage eine ganz besondere Attraktion für Besucher.

Das Landgrafendenkmal

Sehenswert

Malerisches Stadtbild: Marienkirche (Baubeginn 14. Jh.), Rathaus, zahlreiche Fachwerkhäuser (u.a. Gasthaus Krone, Weißer Hof), ehem. Hospital, ehem. Damenstift Wallenstein, Märchenbrunnen, Stadtmauer, Dörnberg-Tempel, Heimatmuseum im Hochzeitshaus, Stadtpark Alter Friedhof, Hohlebachmühle, Feuerwehrmuseum, Burgmuseum und Mühlenmuseum, Burgruine Hohenburg auf dem sagenumwobenen Schlossberg.
In Allmuthshausen: Kirche, Naturzentrum Wildpark Knüll.
In Cassdorf: Pfarrkirche, Fachwerkhäuser.
Weitere Informationen: www.homberg-efze.de

Die Weiße Frau zu Homberg

(C. Heßler)

Die Stadt Homberg wurde einst belagert, und unter den Bürgern fanden sich sogar etliche, die es mit dem Feinde hielten. Auch der Türmer auf dem Schlossberg gehörte zu den Verrätern. Er konnte von seiner Wohnung aus die Bewegungen der Belagerer als Erster beobachten, und sein Amt erforderte es, dass er zu jeder Zeit der Stadt von einer drohenden Gefahr Kunde gab. In der Nacht aber, wo verabredetermaßen ein Sturm auf die Mauern von Homberg geschehen sollte und alles dazu vorbereitet war, unterließ der bestochene Türmer das Blasen mit dem Horn, und die Stadt wäre verloren gewesen, wenn nicht die Magd des Türmers durch ihren angstvollen Ruf die Bürger aus dem Schlaf geweckt hätte. Sie konnte zwar nur auf der einen Seite des Schlossturmes das Wächterhorn erschallen lassen, da die anderen drei Seiten vom Türmer verschlossen waren. Dieser stürzte die Magd, weil seine böse Absicht vereitelt worden war, in den einundzwanzig Klafter tiefen Schlossbrunnen, doch die Feinde mussten unverrichteter Dinge abziehen und Homberg war gerettet. Seit dieser Zeit erscheint alle sieben Jahre eine Weiße Frau auf dem Schloss.

Der Sage nach erscheint alle sieben Jahre eine Weiße Frau auf dem Schlossberg

Fritzlar

Spitzenhäuschen und Hochzeitshaus (Regionalmuseum)

Die an einem Steilhang beherrschend über der Eder gelegene Dom- und Kaiserstadt Fritzlar hat zusammen mit ihren zehn Stadtteilen circa 14.500 Einwohner.

Der von Papst Gregor II. mit der Germanenmission beauftragte Bonifatius kam auch nach Niederhessen, wo er im Jahre 723 bei Geismar, unweit von Fritzlar, die den Germanen heilige Donareiche fällte. Aus dem Holz der Eiche ließ er eine kleine, dem hl. Petrus geweihte, Kapelle erbauen und gründete 724 ein Benediktinerkloster. Im Jahre 774 verwüsteten heidnische Sachsen Fritzlar, dessen Bewohner sich in die Festung auf dem Büraberg zurückgezogen hatten. Wie alle von Bonifatius in Hessen gegründeten Klöster nahm Karl der Große (768–814) auch Fritzlar in königlichen Besitz und ließ hier eine Pfalz anlegen.

Unter Heinrich I., der in Fritzlar 919 zum König erhoben wurde, und seinen sächsischen Nachfolgern wurde Fritzlar eine bedeutende Stätte des Deutschen Reiches, wovon zahlreiche Besuche deutscher Könige und Kaiser in der Zeit vom 9.–12. Jahrhundert und große

Fritzlars große Vergangenheit spiegelt sich in den zahlreich erhaltenen historischen Gebäuden und den reichen Schätzen des Domes wider

Der Marktplatz mit seinen bedeutenden Fachwerkbauten präsentiert sich in einmaliger Geschlossenheit. Das Rathaus gilt als ältestes Amtshaus Deutschlands

Kirchenversammlungen zeugen. Der Glanz verlosch, als sich nach dem Aussterben des salischen Königshauses die Schwerpunkte der Macht auf andere Geschlechter und andere Gegenden des Reiches verlagerten. Noch unter Kaiser Heinrich IV. (1056–1106) ging Fritzlar aus königlichem Besitz in den Besitz der Mainzer Erzbischöfe über. Die Stadt war Jahrhunderte lang Zankapfel zwischen dem Erzbistum Mainz und den Landgrafen von Hessen-Kassel, die Fritzlar erst 1803 in ihren Besitz bringen konnten.

Fritzlar, noch heute von einer imposanten Stadtmauer mit zwölf Wehrtürmen umgeben, verfügt über ein malerisches mittelalterliches Stadtbild von einzigartiger Geschlossenheit.

Heiliggeistkapelle am Mühlgraben

Seine große Vergangenheit spiegelt sich in den zahlreich erhaltenen historischen Gebäuden und den reichen Schätzen des Domes wider. Der Fritzlarer Dom (11.–14. Jh.), eine dreischiffige romanisch-gotische Basilika mit teilweise barocker Innenausstattung und stilistisch schönen Krypten, birgt einen kostbaren Domschatz: Kaiser-Heinrich-Kreuz (1020), Scheibenreliquiar (12. Jahrhundert), Goldschmiedearbeiten (12.–14. Jahrhundert).

Das bereits 1109 urkundlich erwähnte Rathaus von Fritzlar, ab 1274 von Vogt und Rat der Stadt als Rathaus genutzt, gilt als ältestes Amtshaus Deutschlands. Dem Rathaus gegenüber befindet sich das älteste Fachwerkhaus der Stadt aus der Zeit um 1470. Der Marktplatz mit

Sehenswerte Kleinode begegnen dem Besucher auf dem Stadtrundgang

seinen bedeutenden Fachwerkbauten (u. a. dem Haus der Michaelsbruderschaft [1480], Marktplatz 4 an der Ostseite) und dem Renaissancebrunnen mit Ritterfigur Roland (1564), präsentiert sich in einmaliger Geschlossenheit. Nur wenige Schritte vom Marktplatz entfernt liegt das historische Hochzeitshaus aus dem 16. Jahrhundert. Im großen Saal des Erdgeschosses befinden sich die ur- und frühgeschichtlichen Sammlungen des Regionalmuseums und in den Obergeschossen die volkskundlich-historischen Abteilungen.

Zu beachten sind weiterhin die Minoritenkirche (Erstes Drittel 14. Jahrhundert von den Franziskanern als Klosterkirche erbaut), das Ursulinenkloster (gegründet 1147 als Hospital – die Romantikerin Bettina von Arnim, geborene Brentano, war Schülerin im Kloster), die von einer hohen barocken Mauer umgebene Fraumünsterkirche am östlichen Stadtrand, die Heiliggeistkapelle am Mühlgraben, der Deutschordenshof sowie die Stadtmauer mit ihren Türmen (der Graue Turm gilt als der höchste erhaltene Wachtturm Deutschlands).

Südwestlich von Fritzlar liegt im Stadtteil Ungedanken auf einer steil abfallenden Bergkuppe der Büraberg. Dort bestand in merowingisch-karolingischer Zeit eine Wehranlage (741 als *buriaburg* erwähnt). In deren Schutz gründete Bonifatius das Bistum Büraberg. Erhalten blieb die Bischofskirche St. Brigida aus dem 6. Jahrhundert. Nach jüngsten Untersuchungen enthält diese Kirche die ältesten nicht-römischen Mauerreste Deutschlands, heute Wallfahrts- und Totenkapelle.

Der Graue Turm gilt als der höchste erhaltene Wachtturm Deutschlands

Lohnenswert ist ein Ausflug in den Stadtteil Züschen zu dem aus dem 3. Jahrtausend v. Chr. stammenden Steinkammergrab, das zu den

Schloss Garvensburg und seine einladende Halle

bedeutendsten vorgeschichtlichen Bodendenkmälern Mitteleuropas gehört, mit Fachwerkhäusern aus dem 17.–19. Jahrhundert und der Pfarrkirche (1604–09) der einst selbstständigen Stadt Züschen sowie zur neoromantischen Garvensburg, ein wahres Märchenschloss (Hotel/Restaurant).

Die Garvensburg wurde 1894–98 von dem vermögenden Industriellen Wilhelm Garvens als Jagdschloss errichtet, wobei Teile der ehemaligen Züschener Burg der Herren von Meysenbug mit einbezogen wurden; Mobilar und Innenausstattung sind dem Renaissance-Stil nachempfunden.

Sehenswert

Malerische Altstadt: Dom mit Stiftsgebäude, Marktplatz mit Rolandsbrunnen, Fachwerkhäuser, Hochzeitshaus (Regionalmuseum), gotische Steinhäuser, Ursulinenkloster, Minoritenkirche, Deutschordenshof, Fraumünsterkirche, Stadtbefestigung mit zwölf Türmen.
In Ungedanken: Wallfahrtskirche St. Brigida und Bonifatius, Reste der mittelalterlichen Wehranlage.
In Züschen: Steinkammergrab, Fachwerkhäuser, Kirche, Schloss Garvensburg.
Weitere Informationen: www.fritzlar.de

Der heilige Bonifatius und die Donareiche bei Fritzlar

(F. Flaskamp / E. M. Iba / J. J. Winkelmann)

Bonifatius kam in das Land der Chatten, an den Grenzen zu den Sachsen, bekehrte und taufte viele Tausende. Als er dem Heiligen Vater in Rom einen Brief darüber sandte, lud dieser ihn nach Rom ein, erhob ihn zum Bischof und empfahl ihn auch dem Schutze des Herzogs Karl Martell. Mit Erlaubnis Karls, der damals über das Frankenreich herrschte, kehrte er in das Land der Chatten, den Vorfahren der Hessen, zurück.

Aber noch immer waren die wenigsten Chatten bekehrt; viele von ihnen opferten heimlich Bäumen und Quellen, andere taten dies ganz offen. Wieder andere trieben Seherei, Wahrsagen, schauten auf Zeichen und Vogelflug oder opferten den Göttern.

Bei Geismar stand an einer heiligen Quelle ein großer Eichenbaum, Donareiche genannt, der von alters her von den Heiden verehrt wurde. An einem stürmischen Herbsttag des Jahres 723 kam Bonifatius im Schutze von Bewaffneten aus der benachbarten Büraburg dorthin, um die Eiche zu fällen. Eine große Menschenmenge hatte sich versammelt: Die heidnischen Chatten, um Donar an ihrem Heiligtum zu ehren, die Christen, in der Hoffnung, dass Gott sich zeigen möge. Die Ungetauften überließen es der Macht ihres Gottes Donar, Bonifatius, den Frevler, mit dem Blitze zu zerschmettern, denn hiervon waren sie fest überzeugt. Ein Augenblick höchster Anspannung, dann tritt Bonifatius an den gewaltigen Baum,

Der heilige Bonifatius

dessen Krone vom Sturmwind fortwährend geschüttelt wird. Wuchtige Axthiebe von der einen, dann einige Schläge von der anderen Seite, und der Baumriese bricht unter gewaltigem Krachen zusammen und zerbirst in vier mächtige Stücke.

Als dies die Heiden sahen, da ward ihr Sinn umgewandelt, denn sie hatten miterleben müssen, wie ohnmächtig Donar gewesen war. Alsbald öffneten sie ihre Ohren und Herzen, priesen Gott und ließen sich taufen. Den Christen jedoch erschien die Tat als Bestätigung ihres Glaubens.

Aus dem Holz der Donareiche ließ Bonifatius eine Kapelle bauen, die er dem heiligen Petrus weihte. Die Kunde von dem Fall der Donareiche verbreitete sich rasch, und so kam es, dass bald das ganze Hessenland bekehrt wurde.

Bad Wildungen

Das von dem Flüsschen Wilde durchflossene hessische Heilbad Bad Wildungen liegt an den Ausläufern des Naturparkes Kellerwald-Edersee. Zusammen mit seinen zehn Stadtteilen hat Bad Wildungen etwa 17.500 Einwohner. Der Stadtteil Reinhardshausen ist, ebenso wie Bad Wildungen, ein staatlich anerkanntes Heilbad; der Stadtteil Bergfreiheit ein staatlich anerkannter Luftkurort.

Über Bad Wildungen thront das weitgehend von 1708–14 neu erbaute barocke Schloss Friedrichstein

Schon um 800 wird im Wildetal am Fuße des Burgbergs ein Dorf namens *villa wildungun* erwähnt, das sich aber nicht so recht entwickelte. Um 1200 wurde von dem Grafen Friedrich von Ziegenhain die Burgsiedlung Altwildungen gegründet, die bis 1247 den Landgrafen von Thüringen und seit 1263 den Grafen von Waldeck gehörte. Gegenüber von Altwildungen entstand auf einem Hügel der Ort Niederwildungen, dem 1242 die Stadtrechte verliehen wurden. Seit 1263 waren Burg, Altwildungen und Niederwildungen in Besitz der Grafen und späteren Fürsten von Waldeck.

Die Heilquellen von Niederwildungen sind seit dem 14. Jahrhundert bekannt; bereits im

15. Jahrhundert kamen die ersten Gäste, doch entwickelte sich der Kurbetrieb erst Ende des 19. Jahrhunderts. Die Stadt Niederwildungen wurde 1906 in Bad Wildungen umbenannt; erst 1940 erfolgte der Zusammenschluss mit Altwildungen, Reinhardshausen und Reitzenhagen.

Über Bad Wildungen thront, anstelle der mittelalterlichen Burg, das weitgehend von 1708–14 neu erbaute barocke Schloss Friedrichstein (Rundturm von 1550), in dem ein Jagd- und Waffen-Museum und eine Gesteinssammlung untergebracht sind. Im Innenhof des Schlosses findet im Sommer das internationale Festival Folk im Schloss statt.

Prägend für die Stadtsilhouette von Bad Wildungen ist der hohe Kirchturm der spätgotischen Stadtkirche (um 1300 bis Ende 15. Jahrhundert), die zu den schönsten hessischen Hallenkirchen gehört. In ihrem Innern birgt sie über dem kunstvollen Altar ein Kruzifix von 1518, einen zwölfeckigen Taufstein aus dem 14. Jahrhundert sowie drei bemerkenswerte Grabdenkmäler der Waldecker Grafen und Fürsten (17.–18. Jahrhundert), vor allem aber den kunsthistorisch so bedeutenden spätgotischen *Wildunger Altar* des Conrad von Soest, ein Kunstwerk der westfälischen Tafelmalerei

Prägend für die Stadtsilhouette von Bad Wildungen ist der hohe Kirchturm der spätgotischen Stadtkirche. In ihrem Innern birgt sie über dem kunstvollen spätgotischen Altar des Conrad von Soest ein Kruzifix von 1518

Der Fürstenhof (1911)

Prächtige Gebäude und Jugendstilvillen findet der Besucher rund um den Kurpark

von europäischem Rang (fertiggestellt 1403). Der malerischen Innenstadt geben zahlreiche stattliche Fachwerkhäuser aus dem 16.–18. Jahrhundert ihr Gepräge, beispielsweise in der Brunnenstr. 11–13 (um 1619) und 42 (1601), Lindenstr. 2 (1511) und 9 (1682 Sitz des Heimatmuseums), Münzstr. 7 (Hainaer Hof von 1564). Rund um die mehr als zwanzig Heilquellen wurden prächtige Kurgebäude (neoklassizistische Wandelhalle 1928–30, renoviert 2005–09) und Jugendstilvillen errichtet (Fachklinik *Fürstenhof*, ein schlossartiger Jugendstil-Bau von 1911). Ende des 20. Jahrhundert wurden der Bad Wildunger und der Kurpark von Reinhardshausen miteinander verbunden, wodurch mit 50 ha der größte Kurpark Europas entstand.

Im Stadtteil Bergfreiheit sollte man das alte Kupferbergwerk Bertsch besichtigen, wo das Grimm'sche Märchen *Schneewittchen und die sieben Zwerge* seinen Ursprung haben soll. Margarethe von Waldeck (1533–54), die wunderschöne Schwester des Grafen Samuel, der

das Bergwerk gründete, lebte hinter den *Sieben Bergen* am Spanischen Hof in Brüssel bei der verwitweten Königin Maria von Ungarn und Böhmen. Aufgrund einer Intrige am Hof soll sie im Alter von 20 Jahren vergiftet worden sein.

In seiner 1860 erschienenen Sammlung *Volksüberlieferungen aus dem Fürstentum Waldeck* hat Louis Curtze (vgl. Waldeck) vier Märchen aus Wildungen (u. a. *Der Wassermann, Vom süßen Brei*) sowie eine Reihe von Sagen aufgezeichnet.

Rund ums Jahr finden im liebevoll eingerichteten „Schneewittchenhaus" Führungen, Märchenabende für Kinder und Erwachsene oder Spiel- und Bastelnachmittage statt

Sehenswert

Stadtkirche mit dem kunsthistorisch bedeutenden Wildunger Altar, Schloss Friedrichstein (Jagd- und Waffenmuseum), Innenstadt mit zahlreichen Fachwerkhäusern (u. a. Heimatmuseum), Rathaus, Wehrturm Roter Hahn, Kurviertel mit Jugendstilhäusern und Kurgebäuden, 50 ha großer Kurpark (2006 Gelände der Hessischen Landesgartenschau).
In Bergfreiheit: Märchenumwobenes Bergwerk Bertsch und Schneewittchenhaus.
Naturpark und Nationalpark Kellerwald-Edersee.
Weitere Informationen: www.bad-wildungen.de

Waldeck

Die im Nordteil des Naturparks Kellerwald gelegene Stadt Waldeck grenzt in ihrem südlichen Bereich direkt an den Edersee, dem flächenmäßig zweitgrößten Stausee Deutschlands. Die heutige, über 7.300 Einwohner zählende Stadt Waldeck entstand zwischen 1971–74 im Rahmen der hessischen Gebietsreform durch den Zusammenschluss von drei Städten und sieben Gemeinden.

Die hoch über dem Edersee gelegene historische Burg Waldeck ist der Namensgeber der Stadt und der Region

Verwaltungssitz von Waldeck ist Sachsenhausen, das bereits 1246 durch Graf Adolf von Waldeck Stadtrechte erhielt. Etwa gleich alt ist der Stadtteil Freienhagen, der seinen Namen von dem Freigericht herleitet, das im Mittelalter unter der Femeiche (Femgericht=Freigericht) tagte. Freienhagen wurde erstmalig 1253 als Stadt bezeichnet.

Namensgeber der Stadt Waldeck und einer ganzen Region ist die malerische Burg Waldeck, die schon 1120 urkundlich erwähnt wurde. Im Jahre 1180 gelangte sie durch Ehe-

schließung an die Grafen von Schwalenberg, die sich seit 1189 Grafen von Waldeck nannten. Im frühen 13. Jahrhundert entstand, an die Burg anschließend, eine Siedlung, die zunächst den Namen *rhode* trug, später aber ebenfalls als Waldeck bezeichnet wurde. Schon 1128 wurde das Zisterzienserkloster Marienthal durch das Schwalenberger Grafengeschlecht im heutigen Stadtteil Netze gegründet.

Der Edersee ist flächenmäßig der zweitgößte Stausee in Deutschland. Er wird gespeist von dem Flüsschen Eder, das in die Fulda mündet

Im Laufe der Jahrhunderte vermochten die Waldecker Grafen ein kleines Herrschaftsgebiet aufzubauen. 1625 erwarben sie die Grafschaft Pyrmont hinzu; 1711 wurde Graf Friedrich Anton Ulrich zu Waldeck (1676–1728) vom Kaiser in den Reichsfürstenstand erhoben. Residenz und Verwaltungssitz war zunächst die Burg Waldeck, ab 1655 die Stadt Arolsen. 1807 traten die Fürsten dem Rheinbund und 1815 dem Deutschen Bund bei. Das Fürstentum Waldeck–Pyrmont war Teilstaat des Deutschen Reiches und der Weimarer Republik. Nach dem Ersten Weltkrieg wurde Waldeck im November 1918 Freistaat; 1922 kam der Landesteil Pyrmont an Preußen (Provinz Hannover), und 1929, nach einer Volksabstimmung, auch das Stammland Waldeck, das Teil der preußischen

Wahrzeichen der Stadt Waldeck ist die hoch über dem Edersee gelegene Burg mit einem grandiosen Ausblick

Der kunsthistorisch bedeutende Netzer Altar

Provinz Hessen–Nassau wurde. Seit dem Ende des Zweiten Weltkrieges gehört Waldeck zu Hessen.

Wahrzeichen der Stadt Waldeck ist die malerische, hoch über dem Edersee gelegene Burg (schlossartige Anlage mit Vorburg, Bergfried, Bastionen, großem Innenhof, Nordflügel, Treppenturm, 120 m tiefem Brunnen). Von der Terrasse und von dem noch aus dem 13. Jahrhundert stammenden runden Bergfried bietet sich ein herrlicher Rundblick. Die Mehrzahl der anderen Gebäudeteile wurde im 15. und 16. Jahrhundert errichtet.

Das kleine Stadtzentrum von Waldeck wird von der hoch gelegenen Stadtkirche (erbaut um 1300 bzw. 16. Jahrhundert) beherrscht; sie birgt einen wertvollen dreiteiligen, spätgotischen Marienaltar, den ältesten Schnitzaltar des Waldecker Landes. Die gepflegten Fachwerkhäuser in der Kernstadt Waldeck stammen aus dem 17.–19. Jahrhundert.

Im benachbarten Netze findet man in der ehemaligen Klosterkirche (romanischer Westturm, 12. Jahrhundert, zweischiffiges Langhaus 13.–14. Jahrhundert) nicht nur eine der ältesten Bronzeglocken Deutschlands (12. Jahrhundert), sondern auch den kunsthistorisch be-

Beachtung in Sachsenhausen verdient unter anderem das repräsentative Rathaus

deutenden *Netzer Altar* (um 1370), einen monumentalen gotischen Flügelaltar, der in dreizehn Bildern das Leben Christi darstellt. An der Südwand der Kirche befindet sich die Grabkapelle St. Nikolaus, jahrhundertelang Bestattungsort (1267–1690) für die Angehörigen des waldeckischen Grafenhauses.

Beachtung in Sachsenhausen verdienen die Stadtkirche St. Nikolaus von 1296 mit frühgotischer Ausmalung (13. Jahrhundert), das repräsentative Rathaus (erbaut 1817), eine ganze Reihe von Fachwerkhäusern (18.–19. Jahrhundert) und etwas außerhalb die Ruine der romanischen Klinger Kirche sowie die Warte, ein spätgotischer Rundturm. Bei Ober-Werbe befinden sich die Ruine des im 16. Jahrhundert aufgehobenen Benediktinerklosters St. Maria und das 1701 erbaute Jagdschloss Friedrichsthal (Privatbesitz).

Sehenswert in Freienhagen sind die einst als Wehrkirche dienende Kirche (13. Jahrhundert), die unter Denkmalschutz stehenden gepflegten Fachwerkhäuser sowie zwei nördlich des Ortes gelegene Wassermühlen: Die *Wattermühle* wurde 2008 mit dem Hessischen Denkmalschutzpreis ausgezeichnet.

Fast in Vergessenheit geraten ist, dass Waldeck auch eine Stadt mit Märchentradition ist. Der aus Korbach stammende Pädagoge und Historiker Louis F. C. Curtze (1807–70) hatte 1860 seine *Volksüberlieferungen aus dem Fürstentum Waldeck* in Arolsen veröffentlicht. In diesem 518 Seiten umfassenden Werk finden sich auf 274 Seiten siebenunddreißig Märchen und einhundertvierzig Sagen u.a. aus Korbach, Twiste, Bad Wildungen und Waldeck. Bei dreizehn Märchen (circa 100 Seiten) hat Curtze als Fundort die heute eingemeindeten Waldecker Stadtteile Alraft und Dehringhausen angegeben. Stellvertretend für den reichen Waldecker Märchenschatz wurde Curtzes schönes Märchen *Der Hütejunge und die Zauberin* (siehe Seite 310 ff.) in diesen Band über die Deutsche Märchenstraße aufgenommen.

Die schmucke Kapelle im „Märchendorf" Dehringshausen

Sehenswert

Sagenumwobene Burg Waldeck mit Burgmuseum: Heimelige schlossartige Anlage mit renommiertem Hotel/Restaurant und Schlossmuseum (Dauerausstellung Hinter Schloss und Riegel), Stadtkirche, Fachwerkhäuser. Edersee.
In Netze: Ehem. Klosterkirche mit bedeutendem Flügelaltar, Fachwerkhäuser.
In Sachsenhausen: Kirche, Rathaus, Fachwerkhäuser, Klinger Kirche, Warte.
In Ober-Werbe: Benediktinerkloster (Ruine), Jagdschloss Friedrichsthal (privat).
In Freienhagen: Kirche, Fachwerkhäuser, zwei Wassermühlen.
Weitere Informationen: www.waldeck.de

Burg Waldeck und die Zwerge vom Treustein

(E. M. Iba / O. Koenig)

Beim Aufgang zur Burg Waldeck, der alten Stammburg der Waldecker Grafen, sieht man direkt am Weg unter der Burg einen mächtigen Felsen, Treustein genannt, hervorragen.

Wohl ein Jahrtausend mag verflossen sein, seit ihr Erbauer mit den Hollen, dem Zwergenvolk, das tief im Innern des Burgfelsens und der Ederberge haust, einen Vertrag abschloss. Der Graf von Waldeck versprach Eck, dem mächtigen Herrscher der Ederzwerge, die Bergestiefen unter seiner Burg für alle Zeiten für die Zwerge zu sichern. Im Gegenzug verpflichtete sich der Herrscher der Zwerge, die Grundmauern der Burg so felsenfest erbauen und verfugen zu lassen, dass das Schloss niemals sinken und fallen kann. Zugleich gelobte Eck, in seinem Reiche nach Kräften alles Rechte zu hüten und alles Unrecht zu sühnen.

Der Aufgang zur Burg Waldeck

Der Eingang zum unterirdischen Zwergenreich liegt hinter dem großen Felsen, dem Treustein, von dem die Sage geht, dass er den letzten Burgherrn von Waldeck unter seiner Last und Masse begraben würde. Auf dem Treustein versammeln sich die Zwerge oftmals zur Mitternachtsstunde.

Beim Heimgang eines waldeckischen Grafen schlägt Eck mit seinem funkelnden Hammer aus Edergold auf den Felsen. Dann wird es im Nachtdunkel an allen Hügeln und Hängen der Eder lebendig. Zahllose Lichtchen, die die Zwerge anzünden, blitzen auf, wie Glühwürmchen, die im Funkenflug durch die Sommernächte schwärmen und schwirren. Weithin hellt dann der Schein der Lichtchen das dunkle Edertal. Die Gedächtnisfeier zu Ehren des Entschlafenen beginnt, eine wundersame Stunde im dunklen Schweigen der Nacht. Nur aus dem Tal herauf klingt leises Wellenrauschen. Lange, lange redet Eck zur lautlos lauschenden Schar. Wenn er am Ende ist, schwören die Zwerge ihrem neuen Herrn auf dem Treustein den Treueid, und nach dem Arolser Schlosse hingewandt, rufen sie alle:

> "Sei stets in edlem Streben
> Den Hohen Ahnen gleich,
> So wird, o Herr, dein Leben
> An Glück und Liebe reich."

Und wieder klingt dann Ecks Goldhammer dreimal auf den Felsen nieder. Die Lichtchen der Zwerge huschen auseinander. Eilig suchen sie danach die Bergestiefen, ihre Wohnungen, auf.

Auch eine Blume, die einen schwarzen Stängel, rote Blüten und goldene Blätter hat, hüten und hegen die Zwerge. Die Blume wächst in tiefer Waldeinsamkeit und wird unsichtbar, sowie eine Menschenhand sich nach ihr ausstreckt. Nur wenige haben sie gesehen, aber wer auch nur im Vorübergehen ihren Duft geatmet hat, den treibt Heimatsehnen sein Leben lang.

Wolfhagen

Die 13.000 Einwohner zählende Stadt Wolfhagen mit ihren zwölf Stadtteilen liegt auf einem langen Höhenrücken am Westrand des Naturparks Habichtswald.

Der Märchenbrunnen von Wolfhagen. Im Hintergrund ist die Kirche zu sehen

Gegen die mainzischen Burgen Weidelsburg und Naumburg gründete Landgraf Ludwig IV. von Thüringen um 1226 Burg und Stadt Wolfhagen (Stadtrechte 1264) auf dem Hagenberg, die er mit starken Mauern und Wehrtürmen umgab. Das 1302 vollständig befestigte Wolfhagen hielt in den Jahren 1318, 1336 und 1349 Angriffen stand, doch wurde es im 30-jährigen Krieg fast vollständig zerstört und erlitt im

Märchenhafte Stadtführung in Wolfhagen für Jung und Alt

7-jährigen Krieg größere Schäden. Die wüste landgräfliche Meierei Leckringhausen wurde ab 1701 von Wolfhagen aus mit vierzehn hugenottischen Familien besiedelt, die sich ihren Lebensunterhalt zumeist als Strumpfwirker verdienten. Zwischen 1768–74 entstand die Hugenottenkirche mit ihrem hohen schiefergedeckten Turm. 1778 gründete Landgraf Friedrich II. von Hessen-Kassel für französische Protestanten aus dem Raum Darmstadt die nach seiner Gemahlin Philippine von Branden-

Die Alte Wache und das Alte Rathaus von Wolfhagen

Der Märchenkeller

burg benannten drei Siedlungen Philippinenburg, -dorf und -thal.

Von der alten Wolfhager Stadtbefestigung sind einige wenige Reste sowie der Chattenturm erhalten. Umrahmt von malerischen Fachwerkhäusern des 17.–18. Jahrhunderts beherrscht die frühgotische St. Annenkirche (13. Jahrhundert) mit ihrem hoch aufragenden Westturm die Stadtsilhouette. Der Innenraum der stattlichen dreischiffigen Hallenkirche beeindruckt durch seine gelungene Ausmalung (Restaurierung 1958) in dem ursprünglichen Farbton hellgrau und rot sowie durch seine schöne Barock-Orgel (1725). Etwas unterhalb der Kirche befinden sich die Alte Wache, ein zweigeschossiges Fachwerkhaus von 1667, der Märchenbrunnen sowie das Alte Rathaus, ein langgestreckter Bau (1657–59) mit massivem Erdgeschoss und zwei Fachwerkobergeschos-

Einblick in das alte Hugenottenstübchen

sen; in Grimms Märchenkeller, dem historisches Gewölbekeller (1611) des Rathauses, finden u.a. Märchenlesungen und Trauungen statt. Der Malerbruder Ludwig Emil Grimm war im Jahre 1814 beim Advokaten (Rechtsanwalt) Kleinhans in der Teichstraße 16 einquartiert. Er zeichnete eine Reihe von Wolfhager Motiven, die man reproduziert im Märchenkeller bewundern kann.

Von der im 30-jährigen Krieg zerstörten Burg ist der sogenannte Landgrafenbau, im Jahre 1513 als Zehntscheuer erbaut, erhalten. Im renovierten Marstall (17. Jahrhundert) ist das Regionalmuseum mit seinen Sammlungen u.a. zur Geologie und Geschichte des Wolfhager Landes sowie zum Leben und Werk des Brasilienforschers Hans Staden untergebracht. Geht man in entgegensetzter Richtung durch die Schützenberger Straße, gelangt man an ihrem Ende zur Friedhofskapelle, einem schönen, 1337 geweihten gotischen Bau, einst Kapelle des Hospitals.

Nördlich der Wolfhager Altstadt liegt das 1442 von den Herren von Gudensberg errichtete und ab 1534 in den Formen der Weserrenaissance umgebaute Wasserschloss Elmarshausen (Privatbesitz). Der Stadtteil Viesebeck gefällt durch zahlreiche gepflegte Fachwerkhäuser aus dem 18. Jahrhundert z.T. mit Scheune und Stall sowie durch seine Kirche.

Die Hugenottenkirche in Leckringhausen

Vom Stadtteil Ippinghausen (Kirche 1772–73, Steinbrücke 1782) gelangt man zur größten Burgruine Nordhessens, der sagenumwobenen Weidelsburg. Die auf dem 492 m hohen Weidelsberg gelegenen Burgruine Weidelsburg, die auch Ludwig Emil Grimm gezeichnet hat, ist von einer Wehranlage umgeben; ihre beiden Wohntürme und die zwei

Vom Stadtteil Ippinghausen gelangt man zur größten Burgruine Nordhessens, der sagenumwobenen Weidelsburg

Tortürme der Ringmauer erheben sich majestätisch, weithin sichtbar über das Wolfhager Land.

Der *Märchenlandweg*, ein sagenhafter, circa 400 km langer Wanderweg, führt durch über 30 Orte in und um Kassel (Wolfhagen ist hierbei der westlichste Punkt) durch das Märchenland der Brüder Grimm. Lokale Sagen und Geschichten sowie Märchen und Sagen von Jacob und Wilhelm Grimm werden auf unterschiedlichste Art und Weise Besuchern nähergebracht: Durch Schautafeln, Skulpturen, Theaterstücke, Märchenerzähler, lebende Märchenfiguren, Märchenspeisen u.a.m.

Wegweiser entlang des Märchenlandweges

Sehenswert

Altstadt von Wolfhagen: St. Annenkirche, zahlreiche Fachwerkhäuser (17.–18. Jh.), darunter Alte Wache, Altes Rathaus mit Grimm-Keller, ehemalige Burg, im Marstall: Regionalmuseum Wolfhager Land.
Wasserschloss Elmarshausen (privat).
In Leckringhausen: Hugenottenkirche.
In Viesebeck: Fachwerkhäuser, Kirche.
In Ippinghausen: Kirche, sagenträchtige Burgruine Weidelsburg.
Märchenlandweg, Naturpark Habichtswald.
Weitere Informationen: www.wolfhagen.de

Schauenburg

Die Gemeinde Schauenburg trägt ihren Namen nach der auf der Passhöhe zwischen dem Habichtswald und den Langenbergen liegenden Burgruine Schauenburg. Die im Naturpark Habichtswald gelegene, über 10.000 Einwohner zählende Gemeinde Schauenburg wurde im Jahre 1972 durch den Zusammenschluss von fünf Ortschaften gebildet.

Blick auf den Burgberg

Wohl zwischen 600 und 800 entstand die Schauenburg als Wohn- und Fliehstätte; 1089 wurde die Burg *scouwenburg* erstmals urkundlich erwähnt. Im Mittelalter beherrschten die Grafen von Schauenburg das Gebiet um den Habichtswald und das Tal der Bauna. Sie waren Gerichtsherren in Ditmold (Kassel); ihnen gehörte ein Teil der Burgländereien des Gutshofes im heutigen Ortsteil Hoof. Die Schauenburger Grafen, die sehr unter den Kämpfen zwischen den Landgrafen von Thüringen-Hessen und den Mainzer Erzbischöfen zu leiden hatten, erwarben Anfang des 13. Jahrhunderts die Burg Wallenstein vom Stift Hersfeld und nannten sich bald nach ihr. Die Schauenburg wurde an das Erzbistum Mainz verkauft. 1332 erhielt die Familie von Dalwigk die Schauenburg als Lehen.

Die Freiherren von Dalwigk, deren Hauptlinie in Dalwigksthal im Waldeckischen residiert, gehören dem hessischen Uradel an. Die Schau-

Burgruine Schauenburg

enburger Linie verließ die Burg wohl schon im 14. Jahrhundert und bewohnte von da an ihren am Fuß des Burgberges gelegenen Gutshof, um den herum sich das Dorf Hoof entwickelte. Der bekannteste Dalwigk war Reinhard V. (um 1400–61), der Ungeborene, der durch Kaiserschnitt zur Welt gekommen war und sich als fehdefreudiger Ritter einen Namen machte. Bis ins 19. Jahrhundert hinein waren die Freiherren von Dalwigk Herren des Gerichts Schauenburg mit den Dörfern Breitenbach, Elmshagen, Großenhof und Hoof.

Kapelle in Elmshagen

Der Habichtswald war Jagdgebiet der Landgrafen von Hessen. Im 16. und 17. Jahrhundert hielten diese sich einige Male mit ihrem Gefolge in Elgershausen auf.

Schauenburg ist eine Gemeinde mit Märchen- und Sagentradition und ein gelungenes Beispiel, wie man diese Tradition auch in heutiger Zeit auf angemessene Weise pflegen kann:

Märchenwache mit Brunnen. Die Schrift ist spiegelverkehrt. Schaut man in das Wasser des Brunnens, lässt sich das Märchen lesen

Die Kirche von Breitenbach mit ihrem spätgotischen Chorturm stammt aus dem Mittelalter

Der aus Breitenbach stammende, offensichtlich verarmte Dragonerwachtmeister a. D. Johann Friedrich Krause (1747–1828) erbat sich von den Brüdern Grimm abgelegte Kleidungsstücke für einige Märchen, die er gesammelt und aufgeschrieben hatte.

Seine Märchen *Der alte Sultan*, *Die drei Schlangenblätter* u. a. fanden Eingang in die *Kinder- und Hausmärchen*. An Krause und die Grimm'sche Märchenerzählerin Marie Hassenpflug (vgl. Kassel), die 1814 in Hoof den dort ansässigen Hauptmann Friedrich von Dalwigk heiratete, wird in der Märchenwache in Breitenbach erinnert. Ein Nachfahre Krauses, der Zeichner und Grafiker Albert Schindehütte (*1939), war federführend, die ehemalige Feuerwache in einen Ort für Kulturveranstaltungen zu verwandeln. Mit großem Geschick gestaltete er diese mit Holzschnitten und Zeichnungen Grimm'scher Märchen in eine Märchenwache um.

Unweit von Hoof, dem Verwaltungssitz der Gemeinde, befindet sich auf dem Burgberg die Burgruine Schauenburg. In Hoof haben sich eine Reihe von gepflegten Fachwerkhäusern aus dem 17.–18. Jahrhundert erhalten; die Kirche ist ein Neubau aus dem 19. Jahrhundert mit geringen Resten des gotischen Vorgängerbaues. In ihrer Nähe steht die ehemalige Synagoge, ein Fachwerkbau.

Eine besondere Sehenswürdigkeit in Martinshagen mit seiner Pfarrkirche ist der Martinstein, ein wuchtiger Basaltfelsen

Die Kirche von Breitenbach mit ihrem spätgotischen Chorturm stammt aus dem Mittelalter; in Elmshagen hat sich eine Fachwerk-Kapelle mit romanischem Unterbau erhalten.

Sehenswert in Elgershausen sind der einstige Dorfgerichtsplatz (bereits 1123 erwähnt) mit einem uralten Steintisch unter einer Lindengruppe; nicht weit hiervon befindet sich die neugotische Kirche mit ihrem frühgotischen Westturm. Das reizvolle Pfarrhaus wurde 1767 aus Fachwerk errichtet.

Eine besondere Sehenswürdigkeit in Martinhagen mit seiner Pfarrkirche von 1767 (Kirchturm spätgotisch) ist der Martinstein, ein wuchtiger Basaltfelsen.

Sehenswert

In Hoof: Burgruine Schauenburg, Kirche, Fachwerkhäuser, u. a. die ehemalige Synagoge.
In Breitenbach: Kirche, Märchenwache, Judenfriedhof (historisch).
In Elmshagen: Fachwerkkapelle, Schandpfahl.
In Elgershausen: Ehemaliger Dorfgerichtsplatz, Pfarrkirche, Reste der alten Kirchhofsmauer, Pfarrhaus, Naturdenkmal Hirzstein.
In Martinhagen: Martinstein, Pfarrkirche, Martinsweiher.
Märchenlandweg, Naturpark Habichtswald
Weitere Informationen: www.gemeinde-schauenburg.de

Niedenstein

Das zusammen mit seinen vier Stadtteilen Ermetheis, Kirchberg, Metze und Wichdorf fast 6.000 Einwohner zählende Städtchen Niedenstein ist ein staatlich anerkannter Erholungsort. Niedenstein liegt in 306 m Höhe über dem Wiehofftal auf einer Bergnase des Niedensteiner Kopfes.

Niedenstein liegt in 306 m Höhe über dem Wiehofftal auf einer Bergnase des Niedensteiner Kopfes

Nydensteyne wurde in der ersten Hälfte des 13. Jahrhunderts von den Landgrafen von Thüringen gegründet und kam 1247 an die hessischen Landgrafen. Seit 1529 wurde Niedenstein als Stadt bezeichnet, deren Gewohnheiten und Rechte der Landesherr bei seinem Regierungsantritt regelmäßig bestätigte. In den Jahren 1553 und 1579 besagte eine Bestimmung, dass nur der Landgraf von Hessen Statuten, Ordnungen und Satzungen in der Stadt Niedenstein zu geben habe. 1647 verwüstete eine Feuersbrunst große Teile der Stadt.

Vor dem „Wichdorfer Tor" steht als Naturdenkmal eine tausendjährige Tanzlinde. In der Krone wurde früher ein Podium für die Musikanten errichtet, die aus luftiger Höhe für die Anwesenden „aufspielten". Vermutlich wurden unter der Linde auch Gerichtstage abgehalten

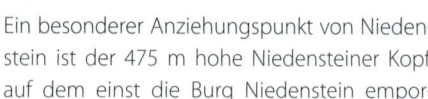

Ein besonderer Anziehungspunkt von Niedenstein ist der 475 m hohe Niedensteiner Kopf, auf dem einst die Burg Niedenstein empor-

Beliebte Sehenswürdigkeit: Die Altenburg

ragte. An gleicher Stelle steht heute der Hessenturm, von dessen Plattform sich ein herrliches Panorama auf die waldigen Höhen des Chattengaues bietet. Inmitten der Stadt liegt auf einer Anhöhe die 1777 als Saalbau neu errichtete Kirche von Niedenstein. Ein Naturdenkmal ganz besonderer Art ist die 1000-jährige Tanzlinde, unter der, wie der Name sagt, zum Tanz aufgespielt wurde und wo vermutlich auch Gerichtstage abgehalten wurden. Markante Wanderpunkte in der Umgebung sind die Altenburg, die größte prähistorische Ringwallanlage Nordhessens in der Art einer befestigten Bergstadt (15 n. Chr. zerstört), das Lautariusgrab, ein vorgeschichtliches Steinkammergrab, sowie das Naturschutzgebiet Wartberg.

Der Hessenturm auf dem Niedensteiner Kopf

Sehenswert

Hessenturm auf dem Niedensteiner Kopf, Kirche, Tanzlinde.
Altenburg, Lautariusgrab.
Naturschutzgebiet Wartberg.
Weitere Informationen: www.niedenstein.de

Die Hunde

(Karl Lyncker)

In der Gegend von Niedenstein wohnte in sehr alter Zeit ein reicher Edelmann, der fleißig auf die Jagd ging und daheim ein schönes, aber stolzes Weib hatte. An einem Morgen, da die Edelfrau allein zu Hause war, klopfte eine arme Frau, welche ein Kind auf dem Arm, ein anderes an der Hand hatte und ein drittes unter ihrem Herzen trug, an die Tür und bat um ein Almosen. „Packt euch!", rief die hartherzige Edelfrau. „Was braucht ihr armes Volk so viele Kinder zu haben, wenn ihr sie nicht ernähren könnt!" Die Frau wandte sich ab und sagte, indem sie ging: „Möchten Euch doch sieben auf einmal beschert werden!"

Wirklich kam die Edelfrau nicht lange hernach nieder und gebar sieben Knaben auf einmal. In der Angst ihres Herzens befahl sie ihrer Magd, sechs von den Jungen in einen Korb zu tun und ins Wasser zu tragen, ehe ihr Mann nach Hause käme. Wenn unterwegs jemand frage, so möge sie nur sagen, sie habe junge Hunde in dem Korb, welche ersäuft werden sollten, aber beileibe den Deckel nicht aufmachen. Die Magd tat, wie ihr befohlen war, allein das Schicksal wollte, dass der Erste, der ihr begegnete, der Edelmann sein musste, der eben von der Jagd heimkehrte. „Was trägst du in dem Korb?", fragte er, und die Magd erwiderte verlegen: „Junge Hunde, welche die Herrin mir befohlen hat, ins Wasser zu werfen." – „Lass mich die Hunde sehen", sagte der Edelmann. Mochte nun auch die Magd Ausreden machen und sich sträuben so viel sie wollte, es half ihr nichts, und sie musste endlich den Korb öffnen. Wie erstaunte der

Edelmann, als er statt der Hunde sechs gesunde Knaben erblickte, welche ihre Ärmchen nach ihm ausstreckten und ihn mit ihren großen blauen Augen bittend ansahen. Er zwang der Magd ihr Geheimnis ab und ließ sie schwören, dass sie daheim erzählen wolle, sie habe ihren Auftrag ausgerichtet; dann nahm er den Korb und ging ins nächste Dorf zum Pfarrer. „Wollt Ihr mir sechs junge Hunde taufen?", fragte er den frommen Mann. Dieser entsetzte sich ob solcher Zumutung und schickte den Edelmann wieder fort. So ging es ihm auch bei einem Zweiten. Der Dritte aber, zu dem er hinkam, war der Pfarrer zu Metze, und dem mochte eine Ahnung von der Sache gekommen sein, denn er erklärte sich bereit, die Hunde zu taufen. Die Knaben erhielten sämtlich den Beinamen „Hund", und dem Prediger zu Metze schenkte der Edelmann einen Zehnten, der noch heutigen Tages bei der Pfarre ist und der „Hundezehnten" heißt.

> Was braucht ihr armes Volk so viele Kinder zu haben, wenn ihr sie nicht ernähren könnt!

Die sechs Knaben gab der Edelmann einzeln in Pflege, sorgte aber dafür, dass sie stets ebenso gekleidet einhergingen, wie seine Frau den daheim behaltenen Siebenten kleidete. Als sie nun herangewachsen waren, berief er sie eines Tages allesamt auf sein Schloss. Die stolze Frau erschrak sehr bei ihrem Anblick, noch mehr aber als der Eheherr fragte, was wohl eine Mutter verdiene, die sechs solcher prächtigen Jungen ins Wasser werfen lasse. Doch fasste sie sich schnell und erwiderte keck: „Die verdient in ein Fass mit Nägeln gesteckt und einen Berg hinabgerollt zu werden." – „Nun wohl", sagte der Edelmann, „du hast dein eignes Urteil gesprochen, denn das sind deine Kinder, die mir ein glücklicher Zufall von dem Tode zu retten gestattete, welchen du ihnen zugedacht hattest." Und er ließ das Urteil an ihr vollziehen.

Gudensberg

Die rund 10.000 Einwohner zählende Stadt Gudensberg mit den beiden Burgruinen Obernburg und Wenigenburg liegt am Nordwestabhang des zweigipfeligen Schlossbergs, einer Millionen Jahre alten Basaltkuppe, wie sie für die Region des Chattenlandes typisch ist. Zur Stadt Gudensberg gehören sechs weitere Ortschaften.

Die neue Freilichtbühne im kleinen, idyllischen Stadtpark Gudensberg ist einzigartig

Das Gebiet um Gudensberg ist prähistorisches Siedlungsland. Schon in grauer Vorzeit besaßen die Vorfahren der Hessen, der Stamm der Chatten, auf dem Wodansberg ihre Thingstätte. Wodan, der germanische Sturm- und Schlachtengott und Vater aller Götter und Menschen, wurde hier verehrt. Der Wodansberg, von dem die Stadt Gudensberg ihren Namen ableitet, war religiöser und politischer Mittelpunkt des Chattenlandes. Die Gegend um Gudensberg ist auch uraltes Sagenland, schon in Jacob Grimms *Deutscher Mythologie* wird vom sagenumwobenen Odenberg und vom Glißborn berichtet.

Die erste urkundliche Erwähnung von Gudensberg, das Sitz des hessischen Grafengeschlechtes der Gisonen war und später an die

Fachwerkhäuser am Altmarkt

Auf dem Schlossberg sind Mauerreste der Obernburg und der Unterbau des romanischen Bergfrieds erhalten

thüringischen und hessischen Landgrafen fiel, stammt aus dem Jahre 1121. Im frühen Mittelalter war der Ort Amtssitz der Gaugrafen, die als Beamte der deutschen Könige das niederhessische Land verwalteten und Recht sprachen. 1254 wurde Gudensberg offiziell als Stadt erwähnt. Mitte des 13. Jahrhunderts verlagerte sich das politische Zentrum von Gudensberg nach Kassel, doch behielt Gudensberg weiterhin das oberste hessische Richteramt und wurde noch 1324 urkundlich als Hauptstadt von Niederhessen bezeichnet. 1387 erstürmte der Erzbischof Adolf von Mainz die Stadt und brannte sie völlig nieder. Bei diesem Angriff sank auch die Wenigenburg in Schutt und Asche, doch hielten die Verteidiger der Obernburg allen Angriffen stand und trotzten den Belagerern. Der 30-jährige Krieg brachte bittere Zeiten; im Jahre 1640 hausten die Kroaten zehn Tage in Gudensberg und verwüsteten die Stadt.

Auf dem Schlossberg sind Mauerreste der Obernburg und der Unterbau des romanischen Bergfrieds erhalten. Bei einem Gang durch die Gudensberger Altstadt fallen zahlreiche Fachwerkbauten aus dem 17.–18. Jahrhundert ins Auge. Besonders zu erwähnen sind die gepflegten Fachwerkhäuser am Altmarkt. Die Pfarrkirche von Gudensberg mit ihren mächtigen Stützmauern erhebt sich hoch über der

Bei einer Stadtführung erzählt der Trommler in historischem Kostüm von Etappe zu Etappe seine Geschichte

Das einstige Hospital wurde gegen Ende des 13. Jahrhunderts gegründet

Die ehemalige Synagoge wird heute als Kulturhaus genutzt

Stadt am Fuße des Schlossberges. Der Chor der Kirche stammt aus dem 13. Jahrhundert, die reizvolle achteckige, gewölbte Sakristeikapelle St. Crucis entstand im Jahre 1500. Die ehemalige Synagoge gibt Zeugnis über das vergangene jüdische Leben in Gudensberg; sie wird heute als Kulturhaus genutzt. Das einstige Hospital am Westende der Stadt wurde gegen Ende des 13. Jahrhunderts gegründet. Erhalten sind der zweigeschossige Hospitalbau aus Stein (um 1400) und zwei nebeneinandergereihte Fachwerkhäuschen aus dem 17. und 18. Jahrhundert.

Die Kirche im Stadtteil Maden stammt aus dem 18. Jahrhundert; an der Straße nach Obervorschütz liegt ein prähistorischer, sagenumwobener Menhir, im Volksmund Wodanstein genannt.

Sehenswert

Schlossberg mit Burgruine Obernburg (öffentlich) und Wenigenburg (privat), Pfarrkirche, Sakristeikapelle, Kulturhaus Synagoge, Fachwerkhäuser, Hospital, Freilichtbühne, sagenumwobener Odenberg mit Aussichtsturm.
In Maden: Menhir.
Weitere Informationen: www.gudensberg.de

Die Blaue Blume und der Hirt am Odenberg

(J. Grimm / B. Brommer)

Vor langer, langer Zeit lebte einmal in Gudensberg ein Schweinehirt namens Brede. Er hütete seine Schweine in der Gegend um den Odenberg, aber mit großer Sorge beobachtete er, dass eines seiner Tiere immer hinfälliger und dünner wurde.

Doch das sollte sich bald ändern. Der Hirte bemerkte nämlich, dass sich dieses magere Schweinchen mittags von der Herde entfernte, abends zurückkehrte und täglich etwas fetter wurde.

Ganz aufgeregt, aber vorsichtig öffnete der Hirt diese Tür, kam in einen Gang und schließlich in eine Kammer

Winterlicher Odenberg

Da wurde der Hirte neugierig. Hatte das Schweinchen vielleicht einen besseren Weideplatz gefunden? So verfolgte er eines Tages das Borstenvieh. Der Hirte bahnte sich einen Weg durch das Gestrüpp in Richtung Odenberg und entdeckte plötzlich eine wunderschöne Blume. Vergnügt pflückte er sie ab und steckte sie an seinen Hut und ging weiter.

In diesem Moment fiel sein Blick auf eine eiserne Tür in der Bergwand. Ganz aufgeregt,

Sagenmotiv am Töpfermarkt in Gudensberg

aber vorsichtig öffnete der Hirt diese Tür, kam in einen Gang und schließlich in eine Kammer. Voller Erstaunen sah er, dass dort sein Schwein vor einem aufgetürmten Haufen Hafer stand und munter fraß. Doch nicht nur das entdeckte er, sondern auch Berge von goldenen und silbernen Münzen und kostbaren Edelsteinen. Der Hirte war total geblendet und überwältigt von diesem Anblick. Er fasste sich ein Herz, nahm seinen Hut vom Kopf, füllte ihn randvoll mit Goldstücken und ebenso seine Taschen.

Als er eilig nach draußen rannte, vernahm er leise eine Stimme, die sagte: „Vergiss das Beste nicht!", doch es war zu spät. Die schwere Eisentür schlug hinter ihm zu und hatte auch noch seine Ferse verletzt, was ihm große Schmerzen bereitete.

Nun stand der Hirte wieder draußen, die Taschen voller Gold. Aber was ihm fehlte, war die wunderschöne Blaue Blume. Jetzt erst bemerkte er, dass sie in der Höhle vom Hut abgefallen war, als er die Goldstücke eingesammelt hatte. Diese wunderschöne Blaue Blume war der Schlüssel zum Berg und das Beste.

Baunatal

Der Märchenbrunnen im Stadtzentrum von Baunatal erinnert an die Brüder Grimm und ihre berühmte Märchenerzählerin Dorothea Viehmann

Die Stadt Baunatal ist eine Gründung des 20. Jahrhunderts; sie entstand mit ihren heute über 28.000 Einwohnern in den Jahren 1964–1972 durch den Zusammenschluss der ehemals selbständigen Gemeinden Altenbauna, Altenritte, Kirchbauna, Großenritte, Hertingshausen, Rengershausen und Gunterhausen. Auslöser war in erster Linie die ab dem Jahre 1957 erfolgte Ansiedlung eines Zweigwerkes der Volkswagen AG bei Altenbauna.

Die Gegend um Baunatal war bereits in der Jungsteinzeit und in vor- und frühgeschichtlichen Zeit besiedelt, worauf Funde hinweisen. Im Jahre 775 wurde *rittahe* urkundlich erwähnt, als der Gründer des Klosters Hersfeld, Erzbischof Lullus, Karl dem Großen die Besitzungen des Klosters übertrug. 1123 bestätigte Erzbischof Adalbert I. von Mainz dem Kloster Hasungen Schenkungen in *altdenbune* und *kilechbune* (Kirchbauna). 1303 belehnte Landgraf Heinrich I. von Hessen die Ritter Riedesel mit Gütern in Altenritte und Großenritte. Während des 30-jährigen Krieges litt die Bevölkerung des Baunatals unter Plünderungen und Überfällen durchziehender Truppen.

Es lohnt ein Besuch im Stadtmuseum und im Heimatmuseum Hessenstube

Baunatal

Der sagenumwobene Hünstein in Großenritte, ein vorgeschichtlicher Menhir

Das historische Brauhaus Knallhütte – märchenhaft gastfreundlich – bietet Leckereien aus saisonalen Angeboten und regionalen Spezialitäten

Am 23. April 1809 scheiterte bei Rengershausen ein Aufstand gegen den jüngsten Napoleon-Bruder, Jérôme, der von 1807–13 in Kassel als König von Westphalen regierte. Ziel des Aufstandes, unter der Führung des Obersten Freiherr Wilhelm C. F. von Dörnberg (1768–1850), war es, Jérôme Bonaparte zu vertreiben und den hessischen Kurfürsten Wilhelm I. wieder in seine Rechte einzusetzen.

Kulturhistorisch interessant in Baunatal sind die Ringwälle aus vor- und frühgeschichtlicher Zeit auf dem Baunsberg und auf dem Burgberg sowie der sagenumwobene Hünstein, ein vorgeschichtlicher Menhir, in Großenritte. Weiterhin sehenswert in Großenritte sind die spätgotische Kirche mit Wehranlage und das frühere Pfarrhaus (1664).

In Altenritte, wo sich eine Reihe von schmucken Fachwerkhäusern erhalten hat, lohnt ein Besuch im Stadtmuseum und im Heimatmuseum Hessenstube (mit alter Schmiede). Einen Besuch wert in Kirchbauna ist der aus gotischer Zeit stammende Wehrkirchhof und die Kirche von 1773.

Nicht nur für Grimm-Freunde von Interesse dürfte das historische Brauhaus Knallhütte (heute direkt an der A 49 bei Rengershausen gelegen) sein, das sich bereits seit über 250 Jahren in Familienbesitz befindet. Am 8. November 1755 kam im Gasthaus *Zum Birkenbaum*, das noch im Laufe des 18. Jahrhunderts den Namen Knallhütte erhielt, Catharina Dorothea Pierson (1755–1815) als Tochter des aus der Hofgeismarer Hugenottenkolonie Schöneberg stammenden Wirtes Johann Friedrich Pierson zur Welt.

In der Gaststätte des Vaters lauschte (Catharina) Dorothea den Erzählungen durchreisen-

Der Viehmann-Brunnen im Innenhof des historischen Brauhaus erinnert an die bekannte Märchenerzählerin der Brüder Grimm

der Fuhrleute, Handwerksburschen und Kaufleuten. Mehr als die Hälfte ihres Lebens, nämlich 32 Jahre, verbrachte sie auf der Knallhütte. Unter ihrem Ehenamen Viehmann wurde sie als Märchenfrau der Brüder Grimm bekannt. Von ihr stammen u. a. so schöne Märchen wie *Die Gänsemagd, Doktor Allwissend* oder *Der Teufel mit den drei goldenen Haaren*.

Dorothea Viehmann: Radierung von Ludwig Emil Grimm

Im historischen Brauhaus Knallhütte hält Dorothea Viehmann, samstags um 17.30 Uhr, ihre kostenlose Märchenstunde ab.

Sehenswert

In Rengershausen: Historisches Brauhaus Knallhütte: Geburtsstätte der Grimm'schen Märchenerzählerin Dorothea Viehmann, Kirche (Orgel 1839), Fachwerkhäuser.
In Altenbauna: Märchenbrunnen, Skulptur Die sieben Raben.
In Großenritte: Hünstein, Kirche, altes Pfarrhaus.
In Altenritte: Fachwerkhäuser, Stadtmuseum, Hessenstube mit alter Schmiede. In Kirchbauna: Wehrkirchhof, Kirche.
In Guntershausen: Historische Eisenbahnbrücke (1846–46, rekonst.), Bahnhof (1855). ECO-Pfad Kulturgeschichte Guntershausen. Märchenlandweg.
Weitere Informationen: www.baunatal.de

Kassel

Hauptstadt der Deutschen Märchenstraße

Malerischer Blick auf den Bergpark Wilhelmshöhe

Nordhessens Metropole, die über 190.000 Einwohner zählende Großstadt Kassel an der Fulda, liegt inmitten des weiten Kasseler Beckens zwischen den Naturparks Habichtswald und Meißner-Kaufunger Wald. Der Stadtteil Wilhelmshöhe am Osthang des Habichtswaldes ist ein staatlich anerkanntes Bad (Kneipp-Heilbad und Thermalsole-Heilbad).

Der alliierte Luftangriff vom 22.10.1943 ließ die einstige Residenzstadt mit ihren Palästen und malerischen Fachwerkbauten in Schutt und Asche sinken. Das sehr modern wieder aufgebaute Kassel gilt als Stadt der Künste und der Industrie und ist international bekannt durch die alle fünf Jahre stattfindende zeitge-

Die einer mittelalterlichen Burg nachempfundene märchenhafte Löwenburg

nössische Kunstausstellung *documenta* sowie durch die Brüder Jacob und Wilhelm Grimm, die in Kassel mehr als dreißig Jahre lebten und wirkten. Die Stadt Kassel kann man mit Fug und Recht als Wiege weltberühmter Märchen und Sagen bezeichnen.

Ein fränkischer Königshof am Schnittpunkt der wichtigen Handelsstraßen vom Main zur Weser und vom Rhein nach Thüringen war Ausgangspunkt für die Entstehung von Kassel. Namentlich erstmals im Jahre 913 als *chasella* erwähnt, fiel der Hof 1008 durch Schenkung Kaiser Heinrich II. an seine Gemahlin Kunigunde und kam nach ihrem Tod wieder an das Reich. Im 12. Jahrhundert erhielt Kassel Stadtrechte; Umfang und wirtschaftliche Bedeutung wuchsen, nachdem Landgraf Heinrich I. von Hessen die Stadt im Jahre 1277 zu seiner Residenz gewählt hatte. Im 16. Jahrhundert wurde Kassel unter Philipp dem Großmütigen vorübergehend zu einem Zentrum der Politik im Westen Deutschlands. Er führte die Reformation in Hessen ein und war, neben dem Kurfürsten von Sachsen, Führer des protestantischen Schmalkaldischen Bundes. Unter Landgraf Karl (1670–1730), der nach der Aufhebung des

Blick auf das klassizistische Schloss Wilhelmshöhe (1786–1803)

„Himmelstürmer" von Jonathan Borofsky zur documenta 9

Ediktes von Nantes im Jahre 1685 durch den französischen König Ludwig IV (1643–1715) als einer der Ersten in Deutschland zahlreiche französische Glaubensflüchtlinge in sein Land aufnahm, erfuhr Kassel großzügige Erweiterungen und Verschönerungen.

1803 wurde Landgraf Wilhelm IX. (1785–1821) zum Kurfürsten erhoben und Kassel Hauptstadt des neuen Kurfürstentums. In napoleonischer Zeit war es unter Jérôme Bonaparte (1784–1860), dem jüngsten Bruder Napoleons, Hauptstadt des kurzlebigen Königreiches Westphalen (1807–13). 1866 stellte sich Kurhessen im Deutschen Krieg auf die Seite Österreichs und verlor nach der Niederlage Österreichs gegen Preußen in der Schlacht von Königgrätz seine Selbständigkeit an Preußen.

Als um 1700 auf Initiative des Landgrafen Karl französische Glaubensflüchtlinge in großer Zahl nach Kassel kamen, wurde für sie ein neuer Stadtteil, die Oberneustadt, angelegt. Untrennbar verbunden mit dem Namen dieses

Landgrafen ist die Entstehung zweier bedeutender architektonischer Anlagen, die das Bild der Stadt entscheidend mitprägen: Der Staatspark Karlsaue mit der Orangerie (1701–17), ein langgestreckter eingeschossiger Schlossbau mit an den Enden höheren Eckpavillons (In der Orangerie: Das Astronomisch-Physikalische Kabinett, hervorgegangen aus der landgräflichen Sammlung wissenschaftlicher Instrumente, sowie das Planetarium) und der großartige barocke *Bergpark* am Osthang des Habichtswaldes mit seinem gewaltigen Oktogon und dem *Herkules.* (1713–17), der als weithin sichtbares Wahrzeichen der Stadt und der Region auf Kaskaden, Viadukte und dem ihm zu Füßen liegenden Park blickt. Einige Jahrzehnte später wurden unter Landgraf Wilhelm IX. die neugotische, märchenhaft anmutende Burgruine Löwenburg (1793–1801) und das klassizistische Schloss Wilhelmshöhe (1786–1803), in dem die berühmte Galerie alter Meister (zahlreiche Rembrandts, Jordaens, van Dycks u.a.), die Anti-

Im Staatspark Karlsaue sucht man Erholung vom hektischen Treiben der Innenstadt. In der Ferne erkennt man die Orangerie. Vor einem breitet sich eine weitläufige Parklandschaft mit Kanälen und kleinen Bächen aus

Der Herkules, der als weithin sichtbares Wahrzeichen der Stadt und der Region auf Kaskaden, Viadukte und dem ihm zu Füßen liegenden Park blickt

kensammlung (mit dem Kasseler Apoll) und die grafische Sammlung untergebracht ist, errichtet.

Den Grundstock für den Ruf Kassels als Stadt der Künste legten der kunstsinnige und gebildete Landgraf Moritz mit dem Bau des ältesten deutschen Theaters, dem Ottoneum (1604–5, heute Naturkundemuseum), Landgraf Friedrich II. mit der Errichtung des ersten Museums auf dem europäischen Festland, dem Museum Fridericianum (1769–76, wechselnde Ausstellungen und zentraler Ort der documenta), und Landgraf Wilhelm VIII. mit dem Kauf von Meisterwerken niederländischer und flämischer Kunst (vgl. Schloss Wilhelmshöhe). Weitere bedeutende Museen in Kassel sind die im Stil des Historismus erbaute Neue Galerie (Malerei und Plastik von 1750 bis zur Gegenwart), das Hessische Landesmuseum (umfangreiche Sammlungen zur hessischen Geschichte) und Tapetenmuseum sowie das Museum für Sepulkralkultur (Grabstätten).

Die Kunsthalle Fridericianum präsentiert prägnante Positionen der Gegenwartskunst

Vom historischen Kassel ist durch die Zerstörungen während des Zweiten Weltkrieges in der Innenstadt wenig erhalten, teilweise erfolgte ein vereinfachter Wiederaufbau: Die im 14.–15. Jahrhundert erbaute Martinskirche (im Innern: Alabastergrabmal des Landgrafen Philipp des Großmütigen und Prunksarg des Landgrafen Karl), die Brüderkirche (um 1292 von Karmelitern errichtet), der landgräfliche Marstall (jetzt Markthalle), der Druselturm, das ehemalige St. Elisabethhospital (gegründet um 1300) und die Karlskirche, 1689–1706 von Paul du Ry für die französischsprachige reformierte Gemeinde errichtet.

Für die Freunde von Märchen und Sagen gibt es in Kassel und der nordhessischen Region viel zu entdecken. Nicht zufällig hat die Deutsche Märchenstraße ihren zentralen Sitz in Kassel, wo ein ganz besonderer Schatz gehütet wird, nämlich die vierzehn Handexemplare der Kinder- und Hausmärchen der Brüder Grimm, die zwischen 1812–57 in mehreren Ausgaben

Das Brüder Grimm-Museum birgt u. a. die Kasseler Handexemplare der Kinder- und Hausmärchen (1812–1815) mit zahlreichen handschriftlichen Notizen von Jacob und Wilhelm Grimm (Weltdokumentenerbe der UNESCO). Das Bild zeigt den Innenhof des historischen Gebäudes

Bergpark Wilhelmshöhe: Die Teufelsbrücke mit Wasserfall ist ein Besuchermagnet

erschienen und mit handschriftlichen Anmerkungen versehen sind. Die Handexemplare gehören zum Weltdokumentenerbe der UNESCO. Das Brüder Grimm-Museum (Zurzeit, 2011, im Umbau: Temporäre Ausstellungen des Brüder-Grimm-Museums und der Brüder Grimm-Gesellschaft sind in Räumlichkeiten am Brüder Grimm-Platz zu sehen) zeigte bislang u. a. Bücher, Manuskripte und Briefe von Jacob und Wilhelm Grimm, eine interaktive kindgerechte Grimm Erlebniswelt (vom Märchenwald ins Märchenschloss), Porträts und Landschaftsbilder von Ludwig Emil Grimm sowie Möbel und persönliche Erinnerungsstücke der Familie Grimm und Hassenpflug (die Grimm-Schwester Lotte war mit dem späteren kurhessischen Staatsminister Hassenpflug verheiratet). Auf die

Familien Hassenpflug (u. a. die Märchen *Der gestiefelte Kater, Dornröschen*) und Wild (*Der Froschkönig, Hänsel und Gretel*) gehen mehr als ein Drittel des ersten Bandes der Kinder- und Hausmärchen zurück. Weit über dreißig Märchen und eine Reihe von Sagen stammen von Dorothea Viehmann, die auf der Knallhütte (vgl. Baunatal) unweit von Kassel geboren wurde.

Zu empfehlen ist ein Ausflug in den Kasseler Stadtteil Niederzwehren. Auf dem Weg dorthin lohnt ein Halt im Park und Schlösschen Schönfeld (1777), im 19. Jahrhundert Treffpunkt jüngerer Romantiker um die Kurfürstin Auguste (Familie von Brentano, die Brüder Grimm u. a.).

In Niederzwehren haben sich in der Nähe der Kirche, entlang des Grunnel-Baches, einige schöne Fachwerkhäuser aus der Zeit, als Dorothea Viehmann mit ihrem Ehemann, dem Schneider des Dorfes Niederzwehren, im Ort wohnte, erhalten. Das gepflegte Fachwerkhaus

Von außen mutet das ehemalige Theater und spätere Ballhaus (1808–1809), unweit des Schlosses Wilhelmshöhe, eher schlicht an. Das prachtvolle Innere versetzt deshalb umso mehr in Erstaunen

Ein beliebtes Fotomotiv: Das Wohnhaus der Märchenerzählerin Dorothea Viehmann in Niederzwehren

Märchenweg 11 wird oft als ihr Wohnhaus fotografiert, doch lässt sich dies nicht mehr mit Bestimmtheit sagen. Von *kassel marketing* wird eine interessante Führung zum Thema *Auf den Spuren der Brüder Grimm* angeboten.

Ganz im Sinne der Grimms wirkte der 1823 in Kassel geborene und schon 1855 verstorbene Karl Lyncker. Seine erstmalig im Jahre 1854 erschienene Sammlung *Deutsche Sagen und Sitten* in hessischen Gauen sind eine vorwiegend auf mündlichen Quellen fußende Sammlung von Sagen und Gebräuchen vorwiegend aus Nieder- und Oberhessen.

Sehenswert

Bergpark Wilhelmshöhe (240 ha) mit dem Wahrzeichen der Stadt Kassel und der Region – dem Herkules, Kaskaden, Fontäne, Aquädukt sowie Schloss Wilhelmshöhe mit seiner berühmten Galerie Alter Meister, Antikensammlung etc., Schlossmuseum, Ballhaus (19. Jh.), Gewächshaus, Marstall, neugotische Burgruine Löwenburg.
Staatspark Karlsaue (125 ha) mit dem Orangerie-Schloss, Marmorbad, Küchenpavillon, Statuen, Blumeninsel Siebenbergen.
Im Park Schönfeld: Schlösschen Schönfeld (Restaurant).
Stadtzentrum: Martinskirche, Brüderkirche, Renthof, Marstall, Ottoneum (Naturkundemuseum), Elisabethhospital, Museum Fridericianum, Karlskirche, Museum Neue Galerie, Brüder Grimm-Museum, Hessisches Landesmuseum, Tapetenmuseum, documenta-halle (1992), Museum für Sepulkralkultur, Technik-Museum Kassel, Kulturbahnhof mit Louis-Spohr-Sammlung u. a.,
Klosterkirche Nordhausen (13. Jh.).
In Niederzwehren: Fachwerkhäuser, Kirche, Wohnort der Märchenerzählerin Dorothea Viehmann.
In Bettenhausen: Fachwerkhäuser im alten Dorfzentrum von Bettenhausen.
Märchenlandweg. Naturpark Habichtswald.
Weitere Informationen: www.kassel-marketing.de

Landgraf Moritz von Hessen

(Brüder Grimm)

Es war ein gemeiner Soldat, der diente dem Landgrafen Moritz, ging gar wohl gekleidet und hatte immer Geld in der Tasche, und doch war seine Löhnung nicht so groß, dass er sich, seine Frau und Kinder so stolz hätte halten können. Nun wussten die andern Soldaten nicht, wo er den Reichtum herkriegte und sagten es dem Landgrafen. Der Landgraf sprach: „Das will ich wohl erfahren." Und als es Abend war, zog er einen alten Linnenkittel an, hing einen rauen Ranzen über, als wenn er ein alter Bettelmann wäre, und ging zum Soldaten. Der Soldat fragte, was sein Begehren wäre. – Ob er ihn nicht über Nacht behalten wollte? – Ja, sagte der Soldat, wenn er rein wäre und kein Ungeziefer an sich trüge. Dann gab er ihm zu essen und zu trinken, und als er fertig war, sprach er zu ihm: „Kannst du schweigen, so sollst du in der Nacht mit mir gehen, und da will ich dir etwas geben, dass du dein Lebtag nicht mehr zu betteln brauchst." Der Landgraf sprach: „Ja, schweigen kann ich, und durch mich soll nichts verraten werden." Darauf wollten sie schlafen gehen, aber der Soldat gab ihm erst ein reines Hemd, das sollte er anziehen und seines aus, damit kein Ungeziefer in das Bett käme. Nun legten sie sich nieder, bis Mitternacht kam; da weckte der Soldat den Armen und sprach: „Steh auf, zieh dich an und geh mit mir." Das tat der Landgraf, und sie gingen zusammen in Kassel herum. Der Soldat aber hatte ein Stück Springwurzel, wenn er das vor die Schlösser der Kaufmannsläden hielt, sprangen sie auf. Nun gingen sie beide hinein, aber der Soldat nahm nur

> Kannst du schweigen, so sollst du in der Nacht mit mir gehen, und da will ich dir etwas geben, dass du dein Lebtag nicht mehr zu betteln brauchst

vom Überschuss etwas, was einer durch die Elle oder das Maß herausgemessen hatte, vom Kapital griff er nichts an. Davon nun gab er dem Bettelmann auch etwas in seinen Ranzen. Als sie nun in Kassel herum waren, sprach der Bettelmann: „Wenn wir doch dem Landgrafen könnten über seine Schatzkammer kommen!" Der Soldat antwortete: „Die will ich dir auch wohl weisen. Da liegt ein bisschen mehr als bei den Kaufleuten."

Da gingen sie nach dem Schloss zu, und der Soldat hielt nur die Springwurzel gegen die vielen Eisentüren, so taten sie sich auf, und sie gingen hindurch, bis sie in die Schatzkammer gelangten, wo die Goldhaufen aufgeschüttet waren. Nun tat der Landgraf, als wollte er hineingreifen und eine Handvoll einstecken. Der Soldat aber, als er das sah, gab ihm drei gewaltige Ohrfeigen und sprach: „Meinem gnädigen Fürsten darfst du nichts nehmen, dem muss man getreu sein!" – „Nun sei nur nicht bös", sprach der Bettelmann, „ich habe ja noch nichts genommen." Darauf gingen sie zusammen nach Hause und schliefen wieder, bis der Tag anbrach. Da gab der Soldat dem Armen erst zu essen und zu trinken und noch etwas Geld dabei, sprach auch: „Wenn das all ist und du brauchst wieder, so komm nur getrost zu mir, betteln sollst du nicht."

Der Landgraf aber ging in sein Schloss, zog den Linnenkittel aus und seine fürstlichen Kleider an. Darauf ließ er den wachhabenden Hauptmann rufen und befahl, er sollte den und den Soldaten – und nannte den, mit welchem er in der Nacht herumgegangen wär – zur Wache an seiner Tür beordern. Ei, dachte der Soldat, was wird da los sein, du hast noch niemals die Wache getan, doch wenn's dein gnä-

> Meinem gnädigen Fürsten darfst du nichts nehmen, dem muss man getreu sein

diger Fürst befiehlt, ist's gut. Als er nun da stand, hieß der Landgraf ihn hereintreten und fragte ihn, warum er sich so schön trüge und wer ihm das Geld dazu gäbe. „Ich und meine Frau, wir müssen's verdienen mit arbeiten", antwortete der Soldat und wollte weiter nichts gestehen. „Das bringt so viel nicht ein", sprach der Landgraf, „du musst sonst was haben." Der Soldat gab aber nichts zu. Da sprach der Landgraf endlich: „Ich glaube gar, du gehst in meine Schatzkammer, und wenn ich dabei bin, gibst du mir eine Ohrfeige." Wie das der Soldat hörte, erschrak er und fiel vor Schrecken zur Erde hin. Der Landgraf aber ließ ihn von seinen Bedienten aufheben, und als der Soldat wieder zu sich selber gekommen war und um eine gnädige Strafe bat, so sagte der Landgraf: „Weil du nichts angerührt hast, als es in deiner Gewalt stand, so will ich dir alles vergeben, und weil ich sehe, dass du treu gegen mich bist, so will ich für dich sorgen", und gab ihm eine gute Stelle, die er versehen konnte.

Nieste

Am Westhang des Kaufunger Waldes liegt zwischen dem Naturpark Meißner-Kaufunger Wald und dem Naturpark Münden der circa 1.800 Einwohner zählende staatlich anerkannte Erholungsort Nieste.

Schöne Fachwerkhäuser in Nieste

Im 13. Jahrhundert wird der Name zum ersten Mal erwähnt: Hermann von Nyste spendete 1289 den Altar von Gimte, sein Bruder Conrad ist 1323 Ratsherr von Münden. Es ist anzunehmen, dass ihr Familienname an den Ort ihrer Herkunft Nieste erinnert. Das Dorf lag im Grenzgebiet zwischen Hessen und Braunschweig, und es gab sehr lange keine klare Grenze zwischen beiden Territorien. 1536 einigten sich Hessen und Braunschweig in einem Vertrag, Nieste gemeinsam zu verwalten. Erst 1831 kam Nieste im Tausch gegen die hessische Enklave Laubach ganz an Hessen.

Gegen 1372 ließ Landgraf Hermann von Hessen die Burg Sensenstein, in unmittelbarer

Nähe zur benachbarten Burg Sichelnstein, erbauen, um sich gegen die Raubzüge der Braunschweiger zur Wehr zu setzen. Im 15. Jahrhundert diente der Sensenstein den hessischen Landgrafen als Jagdsitz im Kaufunger Wald, doch verlor die Burg ab dem 16. Jahrhundert immer mehr an Bedeutung und verfiel.

Gebäudeteile der einstigen Burg sind keine mehr vorhanden, heutzutage erinnern nur noch hohe Wälle an den Sensenstein. Der Name ging auf die Jugendburg Burg Sensenstein (Sportbildungsstätte) über, deren Verwaltung im früheren Gutshaus des Sensensteins, einem ansehnlichen Fachwerkbau, untergebracht ist. Vor dem Portal zum Sensenstein wurde im Jahr 2004 die vier Meter hohe Metallplastik *Der Riese* von Robert Colnago aufgestellt, die an die Sagengestalt des Niester Riesen erinnert.

Bestimmend für den Charakter des Dorfes sind vor allem seine reizvolle Lage, seine gepflegten Fachwerkhäuser und die schöne erholsame Landschaft der direkt angrenzenden Naturparks Münden und Meißner-Kaufunger Wald. Nieste ist Ausgangspunkt für über ein-

Die Königs-Alm in Nieste ist eine der herausragenden Touristikattraktionen in Nordhessen

Die Sagengestalt im Abendlicht: Der Niester Riese

Märchenfiguren am See

hundert Kilometer Wander- und Radwege. Steinberg (562 m), Haferberg (580 m), Mühlenstein (607 m) und sagenumsponnener Bilstein (641 m) bilden mit ihren separaten Klimabereichen begrenzende Höhenprofile als Wasserscheide zwischen Werra und Fulda.

Eine Fülle von Informationen über den historischen Erzbergbau und über die Burg Sensenstein erfährt man auf dem Eco Pfad Archäologie. Die Glasherstellung im 16. Jahrhundert mit der größten Glasabraumhalde Europas wird auf dem Eco Pfad Gläsnertal thematisiert.

Sehenswert

Kirche, Fachwerkhäuser, Märchenbrunnen, Niester Riese (Sagengestalt), Jugendburg Sensenstein.
Märchenlandweg, Eco Pfad Archäologie, Eco Pfad Gläsnertal.
Über 100 km Wander- und Radwege in den Naturparks Münden und Meißner-Kaufunger Wald.
Weitere Informationen: www.nieste.de

Kreuzganggarten des ehemaligen Klosters

Kaufungen

Die aus drei Ortsteilen bestehende Gemeinde Kaufungen mit ihren über 12.500 Einwohnern liegt am Eingang des Lossetales am westlichen Rand des Naturparks Meißner-Kaufunger Wald.

Sandsteingewölbebrücke Mühlengraben

Im Jahre 1008 schenkte der deutsche König und spätere Kaiser Heinrich II. (1014–24) seiner Gemahlin Kunigunde den befestigten Wirtschaftshof (Curtis) Kassel als Ersatz für Bamberg. Den Königshof verlegte er kurze Zeit später nach Kaufungen, das 1011 als *coufunga* erstmals urkundlich erwähnt wurde. Im Bereich des Königshofes stiftete Kaiserin Kunigunde im Jahre 1017 ein Benediktinerinnenkloster. Die Klosterkirche zum Heiligen Kreuz, die heutige Kaufunger Stiftskirche, wurde am 13. Juli 1025, ein Jahr nach dem Tod Heinrichs II. geweiht.

Links: An der Losse in Oberkaufungen

Rechts: St. Georgskapelle

Am selben Tag trat Kunigunde in das Kloster Kaufungen ein; sie starb dort im Jahre 1033 und wurde nach ihrem Tod an der Seite ihres Gemahls im Dom zu Bamberg beigesetzt. 1297 übernahmen die hessischen Landgrafen als Vögte die Rechtsvertretung des Klosters, das 1527 säkularisiert wurde.

Noch heute lässt sich die reiche geschichtliche Vergangenheit Kaufungens an den historischen Baudenkmälern ablesen. Erhalten ist die Stiftskirche, die in spätromanischer und gotischer Zeit zahlreiche Veränderungen erfuhr.

In der Stiftskirche werden in regelmäßigen Abständen die Kaufunger Konzerte mit bekannten nationalen und internationalen Orchestern, Chören und Solisten veranstaltet. Besondere Beachtung im Innern der eindrucksvollen romanischen Hallenkirche verdienen die Wandmalereien aus dem 15. und 16. Jahrhundert, der Taufstein (14. Jahrhundert), die Orgel (1799) und zahlreiche Grabsteine (16.–18. Jahrhundert). Von den ehemaligen Klostergebäuden sind nur die Fundamente vom Süd- und Westflügel des Kreuzganges erhalten. Das Rebentalsgebäude ist der ehemalige Schlafsaal (Dormitorium) der Nonnen, hieran lehnt sich die frühromanische St. Georgskapelle. Im Stiftshof mit seinen bemerkenswerten Fachwerkhäusern des 17.–18. Jahrhundert befindet sich

Die heilige Kunigunde

Fachwerkhäuser ranken sich um die Stiftskirche in Kaufungen

die Stiftsrenterei, ein prächtiger Fachwerkbau von 1606, ihr gegenüber steht das gotische Herrenhaus (1714 umgebaut).

Bei einem Rundgang durch Kaufungen kann man die zahlreichen gut erhaltenen schmucken Fachwerkhäuser und Hofanlagen (zum Beispiel Am Mühlenplatz 4, Leipziger Str. 74 + 125) aus dem 17.–18. Jahrhundert bewundern.

Im Regionalmuseum Alte Schule befinden sich u.a. eine Ausstellung zur Geschichte der Alltags- und Arbeitswelt des Kaufunger Raumes sowie eine begehbare Stollenanlage im Keller. Wie einst Braunkohle gefördert wurde, zeigt ein seltenes Denkmal alter Bergbautechnik: der Rossgang.

Sehenswert

Stiftsbereich: Stiftskirche (Konzerte), St. Georgskapelle, Rebentalsgebäude, Stiftsrenterei, Herrenhaus.
Zahlreiche schmucke Fachwerkhäuser und Fachwerkgehöfte.
Museen: Rossgang, Alte Schule, Mitmach-Haus,
Hessisches Ziegeleimuseum.
Märchenlandweg, Naturpark Meißner-Kaufunger Wald.
Weitere Informationen: www.kaufungen.eu

Helsa

Die etwa 5.700 Einwohner zählende Gemeinde Helsa mit ihren drei Ortsteilen Eschenstruth, St. Ottilien und Wickenrode liegt reizvoll im Tal der Losse im Naturpark Meißner-Kaufunger Wald.

Blick auf Helsa

Die Pfarrkirche von Helsa

Der Ort wurde 1353 erstmals genannt. Enge Beziehungen ergaben sich zum Kloster Kaufungen, das die Gerichtsbarkeit innehatte und auch die Stiftsgreben (Gemeindevorsteher) ernannte. Aus der Notwendigkeit heraus, sich vor anrückenden Feinden zu schützen, wurde die Kirche in Helsa als Wehrkirche angelegt.

Der Ortsteil Wickenrode wurde urkundlich erstmalig 1293 erwähnt, als die Glasherstellung in Deutschland Fuß fasste. Die benötigten Grundstoffe fanden sich in reichem Maße im Wickenröder Tal, und in der Folgezeit entstanden zahlreiche Glashütten.

Der Ortsteil St. Ottilien, am Hang des Ottilienberges gelegen, wurde 1699 für zwölf Hugenottenfamilien gegründet.

Stattliche denkmalgeschützte Fachwerkhäuser aus dem 17.–19. Jahrhundert bestimmen das schmucke Ortsbild der Gemeinde

Fachwerkhäuser in Helsa, Alte Berliner Straße

Helsa. Die Pfarrkirche von Helsa mit ihrem abseits stehenden Turm liegt eindrucksvoll inmitten des ehemaligen Wehrkirchhofes. Der Turm, der durch eine Ringmauer geschützt wurde und den Kirchhof umschloss, wurde in seinem Unterbau (13. Jahrhundert) massiv errichtet und mit Gusserkern und Pechnasen versehen.

In der historischen Mühle von Eschenstruth

Der Turm der Pfarrkirche von Eschenstruth stammt aus dem 12. Jahrhundert, das Fachwerkhaus mit reichem Portal im Mühlweg wurde 1680 erbaut. Sehenswert in Eschenstruth sind weiterhin die historische Mühle, in der die Arbeitsbedingungen eines Müllers in der 1. Hälfte des 20. Jahrhunderts gezeigt werden, sowie die Handwebstube.

Die kleine Fachwerkkirche für die Hugenottengemeinde in St. Ottilien wurde, wie die französische Inschrift bezeugt, 1727 eingeweiht (1932 durch Anbau erweitert). Eine Besonderheit ist die Kombination von Kirchsaal, Schule und Lehrerwohnung unter einem Dach.

Hugenottenkirche in St. Ottilien

Sehenswert

In Helsa: Pfarrkirche, Fachwerkhäuser (17.–19. Jh.), historisches Mühlrad.
In Eschenstruth: Kirche, historische Mühle und Handwebstube.
In St. Ottilien: Hugenottenkirche.
Märchenlandweg, Naturpark Meißner-Kaufunger Wald.
Weitere Informationen: www.gemeinde-helsa.de

Großalmerode

Die ev. Kirche in Großalmerode besitzt noch einen Turm aus gotischer Zeit

Die Fassade des Glas- und Keramikmuseums sowie der Blick ins Innere

Die Stadt Großalmerode im Naturpark Meißner-Kaufunger Wald liegt reizvoll im oberen Werratal. Zusammen mit seinen sechs Stadtteilen hat Großalmerode rund 7.000 Einwohner.

Im Jahre 1386 wird der Ort *almerode* erstmalig urkundlich erwähnt. Durch die Glasherstellung im Kaufunger Wald erlebte Großalmerode Ende des 15./Anfang des 16. Jahrhunderts einen beachtlichen Aufschwung. 1537 war Großalmerode Sitz der Gläsnerzunft für Hessen, Braunschweig, den Harz und die Rhön. Holzmangel und neuere Technologien führten Ende des 16. Jahrhunderts zur Schließung der Glashütten. An die Stelle der Glasherstellung trat die Produktion von Tonwaren (Steinzeug, Porzellan, Haushaltsgefäße).

Im Jahre 1775 erhielt Großalmerode Stadtrechte und durfte jährlich vier Märkte abhalten.

Die spätgotische Kirche in Großalmerode wurde, bis auf den Turm, in den Jahren 1913–1916 als kreuzförmige Halle neu errichtet. Am Seiteneingang des Gotteshauses erinnert eine Gedenktafel daran, dass Wilhelm Grimm am 13. April 1800 von Pfarrer Martin Philipp Koppen, einem Cousin der Grimm-Mutter, konfirmiert wurde. Am Marktplatz und in der Berliner Straße stehen geschlossene Gruppen von eher schlichten Fachwerkhäusern des 18.–19. Jahrhunderts. Im Glas- und Keramikmuseum Großalmerode wird die Geschichte der Glasbläser und des tonverarbeitenden Gewerbes gezeigt.

Die Kirche im Stadtteil Trubenhausen besitzt noch einen Wehrturm aus romanischer Zeit. Teile des heutzutage barock wirkenden Kirchenschiffes sind noch romanisch und gotisch.

Die Kanzel stammt aus der zweiten Hälfte des 17. Jahrhunderts, der Taufstein von 1581.

Von der auf einem steilen Bergsporn im Wald gelegenen mittelalterlichen Gelsterburg sind doppelte und dreifache Wälle und Gräben erhalten. Nordwestlich von Trubenhausen liegt am Hesselbühl der Rote See und noch etwas weiter westlich der 642 m hohe Bilstein, von dessen Aussichtsturm sich ein weiter Rundblick auf Hessen, Niedersachsen und Thüringen bietet.

Großalmerode liegt reizvoll im oberen Werratal, das eine gesuchte Wanderregion ist

Sehenswert

Stadtkirche mit Grimm-Gedenkstein, Fachwerkhäuser, Glas- und Keramik-Museum mit Galerie des Heimatmalers Heinrich Pforr.
In Laudenbach: Wehrkirche (13. Jh.), Gelsterbrücke, Fachwerkhäuser.
In Trubenhausen: Kirche mit Wehrturm, Fachwerkhäuser.
Etwas außerhalb: Gelsterburg, Roter See, Bilstein.
Naturpark Meißner-Kaufunger Wald.
Weitere Informationen: www.grossalmerode.de

Hessisch Lichtenau

Das Alte Rathaus

Blick in die Burgstraße

Die Stadt Hessisch Lichtenau hat zusammen mit ihren zwölf Stadtteilen knapp 13.000 Einwohner. Sie liegt in einer Talsenke im Naturpark Hoher Meißner-Kaufunger Wald.

Hessisch Lichtenau verdankt Landgraf Heinrich I. von Hessen (...auf dieser lichten Aue soll mir eine Stadt entstehen) seinen Namen *lichtenowe* und seine Gründung. 1283, so wird vermutet, begann die Anlage des befestigten Platzes zum Schutz von zwei wichtigen Verkehrswegen und der Menschen aus sechs vorhandenen, aber verstreut liegenden Ansiedlungen. 1289 wird Lichtenau zum ersten Mal, urkundlich belegt, als neue Stadt genannt. In den Jahren 1385–87 wurde unter Landgraf Hermann von Hessen eine Burg errichtet, doch schon 1413 war diese wieder abgebrochen. Residenz des Amtmannes, des Verwalters des Landgrafen, war anfangs die nahe gelegene Burg Reichenbach, einst Stammsitz der 1272 ausgestorbenen Grafen von Reichenbach, einer Nebenlinie der Grafen von Ziegenhain (vgl. Schwalmstadt). Die Burg diente den hessischen Landgrafen als Jagdschloss; 1471 verstarb hier Landgraf Ludwig II. von Hessen. Als allmählich der Verfall der Burg einsetzte, wurde 1490 der Sitz nach Lichtenau verlegt. Von nun an hieß das Amt Lichtenau, zu dem die Stadt Lichtenau, die Stadt Waldkappel und weitere 18 Dörfer gehörten. Im Jahre 1889 bekam Lichtenau, zur besseren Unterscheidung von anderen Orten, amtlich den Namen Hessisch Lichtenau.

In der Altstadt von Hessisch Lichtenau, die von einer noch vollständig erhaltenen ovalen Stadtmauer mit Wehrtürmen (14. Jahrhundert) umgeben ist, sind die spätgotische Stadtkirche St. Katharina, das Alte Rathaus (1654/56), eine Vielzahl von Fachwerkhäusern (17.–19. Jahrhundert), der Junkerhof (ehem. Burggut von Meysenbug) und der Kanzler Feige-Brunnen von 1910 (Jugendstil) besonders sehenswert. Im *Holleum* (Landgrafenstraße 17) dreht sich alles thematisch um Frau Holle. Den Besucher erwarten die vier Frau Holle Welten: Meißner Welt, Märchen Welt, Unter Welt (Mythos und Sage) und Kräuter Welt. Den Frau Holle-Park betritt man durch das Tor der Frau Holle. Der rund zwei Hektar große Park ist geprägt von Skulpturen, Granitsäulen, Plastiken und Zitaten auf Bronzeplatten aus dem gleichnamigen Märchen der Brüder Grimm.

Das Obertor im prächtigen Herbstlaub

Frau Holle schüttelt ihr Kissen

Kunsthistorisch bedeutend in Reichenbach ist die ehemalige Kloster- und Deutschordenskirche, eine dreischiffige Basilika (älteste Teile 12. Jahrhundert).

Das Museum des Reichenbacher Burgvereins befindet sich im Sippel'schen Hof, einem dreihundert Jahre alten Fachwerkhof direkt bei der Kirche. Etwas außerhalb liegen die Burgruine Reichenbach mit ihrem mächtigen runden Bergfried sowie die Großen Steine, der größte Dolomitfelsen in Nordhessen.

Architektonisch interessant ist die 1827 nach den Plänen des Landbaumeisters Matthei erbaute klassizistische Kirche von Küchen, deren Inneres wie ein Amphitheater angeordnet ist.

Ungewöhnliche Skulpturen sind im Frau Holle-Park zu sehen

In Velmeden sollte man sich die Pfarrkirche aus dem 12./13. Jahrhundert mit Wandmalereien aus dem 15. Jahrhundert und in einem Fachwerkhaus eine geologisch und heimatkundliche Sammlung mit beachtenswerter Ammonitensammlung (Heimatmuseum Karl Schmidt) ansehen.

Mit ihren um 1400 entstandenen Wandmalerien in zwei übereinander angelegten Registern ist die Dorfkirche von Hausen ebenfalls ein lohnendes Ausflugsziel.

Am südlichen Ortsausgang des Lichtenauer Stadtteils Hollstein befinden sich die Hollensteine, zwei Zechstein-Dolomit-Felsen, deren Name sich als die Steine der Frau Holle deuten lässt. Von den Hollensteinen bietet sich ein herrlicher Blick auf den Meißner, den König der hessischen Berge. Etliche Märchen und Sagen sind um den Meißner entstanden und wurden von den Brüdern Grimm und anderen schriftlich festgehalten. Wenn zur Winterszeit die Schneeflocken vom Himmel fallen, dann heißt es am Meißner: Frau Holle schüttelt ihre Betten. Auf dem Grunde des Frau Holle-Teiches, dessen Glocken in stillen Abendstunden aus der Tiefe heraufklingen sollen, liegt das versunkene Schloss der Frau Holle. Altem Volksglauben zufolge kommen aus dem Wasser des Frau Holle-Teiches die neu geborenen Kinder auf die Welt.

Das Herzstück des gut zwei Hektar großen Parks: Die Frau Holle-Statue am offenen Rundbogenfenster eines Mauerteils

Sehenswert

Historische Altstadt mit Stadtmauer, Stadtkirche, Altem Rathaus, Fachwerkhäusern, Junkerhof, Kanzler Feige-Brunnen, Karpfenfängerteich, Frau Holle-Park, Holleum.
In Fürstenhagen: Mausoleum der Brüder Lenoir.
In Hausen: Kirche mit Wandmalereien.
In Küchen: Klassizistische Kirche.
In Reichenbach: Klosterkirche, Sippel'scher Hof, Burgruine Reichenbach, die Großen Steine.
In Velmeden: Kirche, geologisch und heimatkundliche Sammlung.
Die Umgebung des märchen- und sagenumwobenen Meißner mit eindrucksvollen Naturdenkmälern: Dem Frau Holle-Teich, den Hollensteinen, der Kitzkammer (waagerecht liegende Basaltblöcke), den Seesteinen (mächtige Basaltblöcke).
Weitere Informationen: www.hessisch-lichtenau.de

Bad Sooden-Allendorf

Der Kurort Bad Sooden-Allendorf (circa 8.600 Einwohner, neun Stadtteile) liegt im Tal der Werra an der hessisch-thüringischen Landesgrenze. Allendorf breitet sich am rechten Ufer der Werra aus, Sooden liegt links der Werra am Hang des Hegeberges.

Fischerstad „Klein-Venedig" in Bad Sooden-Allendorf. Die am Ufer liegenden Boote sind der Namensgeber für diesen Wohnbereich der Werrafischer

Auf dem rechten Werraufer entwickelte sich unter fränkischer Herrschaft der Salhof *westera*, der zum Schutz der auf dem linken Werraufer liegenden Salzquellen angelegt worden war. Zwischen 776–79 schenkte Karl der Große dem Kloster Fulda den Königshof und die Salzquellen. Anfang des 13. Jahrhunderts erhielten die thüringischen Landgrafen die Besitztümer des Klosters Fulda als Lehen und gründeten 1219 zu dem *alden dorf* bei Westera die Stadt Allendorf.

Bei den Salzquellen am linken Ufer der Werra entwickelte sich am Fuße einer frühmittelalterlichen Burg die Siedlung *in den sothen*. 1264 kamen die Sothen und die Stadt Allendorf an die Landgrafen von Hessen. Die lukrative Salzgewinnung erfolgte durch die Genos-

Die Kurstadt ist weit über die Landesgrenze für ihr Gradierwerk, ein gewaltiges Holzgerüst zur Salzgewinnung, bekannt

senschaft der Pfannenbesitzer (Pfännerschaft), welche die Salzquellen 1535 an die hessischen Landgrafen verpachtete. Im Jahre 1929 wurden Sooden und Allendorf, inzwischen preußisch, zur Stadt Bad Sooden-Allendorf vereinigt.

Die Stadt Bad Sooden-Allendorf ist ein Kleinod hessisch-thüringischer Fachwerkkunst. Das sehr einheitliche Stadtbild von Allendorf ist weitgehend nach der fast vollständigen Zerstörung durch die Kroaten im Jahre 1637 entstanden. Nahezu geschlossen erhalten geblieben sind die Fachwerkfronten in der Schusterstraße, Ackerstraße, Weberstraße sowie in der Kirchstraße. Großartige Beispiele mittelalterlicher Fachwerkkunst sind das Haus Bürger, ein dreigeschossiger Fachwerkbau von 1639, das in den Jahren 1640–42 entstandene Eschstruth-Haus und das Haus Kraus aus der 2. Hälfte des 17. Jahrhunderts. Im Innern der Stadtkirche Hl. Kreuz mit ihrem hohen Glockenturm aus dem Jahre 1424 und der mehrstufigen Haube befinden sich ein barocker Altartisch und die prächtig dekorierte Kanzel von H. Erdinger (1684).

Im Norden vor der Stadt liegt das 1363 erstmalig erwähnte Heiliggeisthospital, dessen gotische Kapelle mit wertvollen Wandmalereien

Bad Sooden-Allendorf: Ein Kleinod hessisch-thüringischer Fachwerkkunst

aus dem 14.–15. Jahrhundert erhalten geblieben ist.

Sehenswert im Stadtteil Sooden sind die im 17.–18. Jahrhundert erneuerte Pfarrkirche St. Marien mit ihrer barocken Ausstattung, das einstige Salzamt aus dem Jahre 1782, die ehemalige Pfennigstube von 1631, das malerische Söder Tor (1704–05), in dem das Salzmuseum untergebracht ist, sowie zahlreiche Fachwerkhäuser vom 17.–19. Jahrhundert.

In der Gegend des Meißners gibt es bis heute eine reiche lebendige Erzähltradition um Frau Holle. Neben den Brüdern Grimm hat vor allem auch der Thüringer Sagen- und Märchensammler Ludwig Bechstein (1801–60) durch seine gelungene und noch immer sehr populäre Märchenfassung von *Die Goldmaria und die Pechmaria* das Bild der Frau Holle entscheidend mitgeprägt.

Etwa sechs km von Allendorf entfernt befindet sich direkt auf dem ehemaligen Todesstreifen, an der Grenze zwischen Hessen und Thüringen, das Grenzmuseum Schifflersgrund, das an die Folgen der deutschen Teilung erinnert. Neben den Originalgrenzanlagen ist eine Reihe Militärfahrzeuge aus Ost und West, Hubschrauber und eine Ausstellung über die Lebensbedingungen an der Grenze zu sehen.

Bis heute gibt es eine lebendige Erzähltradition um Frau Holle

Sehenswert

Aneinandergereihte malerische Fachwerkhäuserzeilen, Historischer Marktplatz, "Fischerstad", Söder Tor mit Salzmuseum, Salzamt, Pfennigstube, Gradierwerk, Badehaus, Bibelgarten, Schloss Rothestein, eine der Dichter-Stätten "Am Brunnen vor dem Tore". Grenzmuseum Schifflersgrund.
Der sagen- und märchenumwobene Meißner.
Weitere Informationen: www.bad-sooden-allendorf.de

Witzenhausen

Witzenhausen liegt reizvoll eingebettet im romantischen Werratal und den Ausläufern des Naturparks Meißner-Kaufunger Wald. Die Stadt bildet den Mittelpunkt eines der größten und ältesten deutschen Kirschenanbaugebiete. Das durch die Lage direkt an der Werra bedingte milde Klima lässt die rund 150.000 Kirschbäume um die Stadt prächtig gedeihen.

Besonders sehenswert sind die Hänge des Werratales um die Stadt im Frühjahr, wenn die Kirschblüte sie in ein weißes Blütenmeer verwandelt. Wenn dann im Juli die Kirschen reifen, wird alljährlich am zweiten Juliwochenende die *Kesperkirmes* (Kespern = Kirschen) gefeiert. Hierbei wird die Kirschenkönigin gewählt, und es werden die Deutschen Meisterschaften im *Kirschstein-Weitspucken* ausgetragen. Gemeinsam mit ihren sechzehn Ortsteilen hat die Stadt Witzenhausen, übrigens die kleinste Universitätsstadt Deutschlands, etwa 15.700 Einwohner.

Ein fränkischer Salhof war Ausgangspunkt für die Entwicklung des Ortes, der seit 1180 als

Über die historische Werrabrücke erreicht man die kleinste Universitätsstadt Deutschlands

Die Kirschenkönigin wird alljährlich am zweiten Juliwochenende gewählt

Der Rathausplatz in Witzenhausen

In der Altstadt von Witzenhausen finden sich vorzügliche Beispiele des Fachwerkbaues aus der Zeit der Gotik und Renaissance

Reichslehen im Besitz der Landgrafen von Thüringen war. 1225 erhielt *witczenhusin* unter Ludwig IV. von Thüringen Marktrechte und wurde Stadt. Im Jahre 1264 fiel Witzenhausen im Erbfolgekrieg zwischen Hessen und Thüringen an Heinrich I. von Hessen. 1627 kam die Stadt in den Besitz der landgräflichen Nebenlinie Hessen-Rotenburg und verblieb dort bis zu deren Aussterben im Jahre 1834.

In der Altstadt von Witzenhausen finden sich vorzügliche Beispiele des Fachwerkbaues aus der Zeit der Gotik und der Renaissance: Deutsches Haus (1480), Steinernes Haus (1584), Gasthaus *Zur Krone* (um 1605), die Häuser Ermschwerder Str. 4 (1579) und 17 (1511) sowie am Markt die Häuser Nr. 4 (1606) und 5 (um 1600). Weitere markante Bauten sind die malerische Liebfrauenkirche (14.–16. Jahrhundert), die St.-Michaels-Kapelle (1392), das Renaissance-Rathaus, das Wilhelmitenkloster (Standort des Fachbereiches Ökologische Agrarwissenschaft der Universität Kassel), Reste der doppelten Stadtbefestigung aus dem 13.–14. Jahrhundert mit Diebesturm und Eulenturm sowie die historische Werrabrücke.

Am 17. Dezember 1837 kamen die wegen ihres Protests am Verfassungsbruch des neuen hannoverschen Königs Ernst August aus ihren Ämtern entlassenen und aus Göttingen ausgewiesenen Professoren Dahlmann, Gervinius und Jacob Grimm in die hessische Stadt Witzenhausen, wo sie im Gasthaus *Zur Krone* übernachteten.

Auf der Werrabrücke waren sie von einer großen Anzahl Göttinger Studenten empfangen worden, die sie im Triumphzug zum Rathaus führten, wo eine eindrucksvolle Kundgebung stattfand.

Die einige Kilometer entfernt gelegene romantische Burganlage Schloss Berlepsch

Zu Witzenhausen gehören die einige Kilometer entfernt gelegene romantische Burganlage Schloss Berlepsch (16.–19. Jahrhundert – privat) sowie im sagenumwobenen Stadtteil Ermschwerd die Domäne (Herrenhaus 16. Jahrhundert).

Eine bewegte Geschichte hat die Burg Ludwigstein, 1415 errichtet durch den Landgrafen Ludwig I. von Hessen, auf einem steilen Bergkegel zur Sicherung der hessischen Grenze gegen die benachbarte Burg Hanstein auf der anderen Werraseite. Die malerische Burganlage ist eine traditionsreiche Jugendburg; sie beherbergt u. a. das Archiv der deutschen Jugendbewegung.

Die Burgherberge Ludwigstein wird jährlich von mehr als 15.000 Gästen genutzt. Durch das Burgtor tritt der Gast ein in die faszinierende Welt der Jugendbewegung

Sehenswert

Altstadt mit zahlreichen stattlichen Fachwerkhäusern, Liebfrauenkirche, St.-Michaels-Kapelle, Rathaus mit Marktbrunnen Kump, Stadtbefestigung, ehemaliges Wilhelmitenkloster, Völkerkundliches Museum, Tropengewächshaus, Kautabakmanufaktur mit Tabakmuseum, Werrabrücke.
Erlebnispark Ziegenhagen, Schloss Berlepsch, Domäne Ermschwerd, Jugendburg Ludwigstein.
Naturpark Meißner-Kaufunger Wald.
Weitere Informationen: www.kirschenland.de

Auszug der Wichtel aus dem Burgberg bei Ermschwerd

(P. Hoffmeister)

Halte deinen Kahn bereit, du sollst in dieser Nacht viele von uns über den Fluss setzen und auch guten Lohn dafür erhalten

Am linken Ufer der Werra, eine Stunde unterhalb von Witzenhausen, liegt das Dorf Ermschwerd. Dort in dem Burgberg wohnte vor alten Zeiten ein Wichtelvölklein, das lange daselbst sein Wesen trieb. Schließlich wurden sie es dort müde und beschlossen, in das Gebirge der Werra überzusiedeln. Eines Abends spät trat daher ein Abgesandter der Wichtelmänner zu dem Fährmann von Ermschwerd mit den Worten: „Halte deinen Kahn bereit, du sollst in dieser Nacht viele von uns über den Fluss setzen und auch guten Lohn dafür erhalten."

Der Fährmann ging zu seinem Nachen und nahm die Ruderstange zur Hand. Um Mitternacht regte und bewegte es sich vom Burgberg her der Fähre zu, voran das Männlein, das den Schiffer bestellt hatte. „Halte das Schiff recht fest am Lande", rief es ihm zu, „wir steigen jetzt ein." Da geschah ein Rauschen und Flüstern vom Lande zum Schiffe heran und ein Trappeln und Drängen im Nachen und ein unruhiges Bewegen, so dass der Kahn tief in den Fluss hineinging. Aber der Fährmann sah niemanden als das bewusste Männchen. „Ei", rief er aus, „was fahre ich für wundersame Passagiere!" Da sprang das Männchen zu ihm hin, machte mit Daumen und Zeigefinger einen Kreis und ließ den Schiffer hindurchsehen. Doch wie erstaunte dieser, als er jetzt sein Schiff ganz gedrängt voll kleiner Leute sah, schwer beladen mit Gepäck und zum Teil auf kleinen Ziegen reitend. Glücklich langte er am rechten Ufer an, und die Masse trappelte unruhig und einer den andern vorwärts schiebend zum Schiff hinaus. Dem Fährmann aber, der seinen Hut hinhielt, warf jeder etwas hinein.

Er fuhr zurück und freute sich, dass sein Hut recht schwer geworden war. Als er aber hineinblickte, um zu sehen, was er bekommen hatte, da waren es lauter Kieselsteinchen. Unwillig schüttete er sie ins Wasser und erzählte zu Hause seiner Frau, was ihm begegnet war. Zugleich griff er in den Hut und fand noch zwei Steinchen darin. Wie er diese bei Lichte besieht, siehe, da sind es Goldstücke! Er eilte zwar schnell an die Stelle, wo er die anderen Steine in Wasser geworfen hatte, doch fand sich von ihnen keine Spur.

Wie er diese bei Lichte besieht, siehe, da sind es Goldstücke

Heilbad Heiligenstadt

Die thüringische Kreisstadt Heiligenstadt ist das Zentrum des traditionsreichen Eichsfelds. Sie liegt im Tal der Leine und Geislede und wird umgeben von den waldreichen Berghöhen des Ibergs und Dün. Heiligenstadt, das als Heilbad staatlich anerkannt ist, hat zusammen mit seinen vier Ortsteilen Flinsberg, Günterode, Kalteneber und Rengelrode 17.000 Einwohner.

St.-Marien-Kirche mit Barockgarten

Urkundlich wurde Heiligenstadt erstmals im Jahre 973 genannt. Um 1000 kam das Dorf *heiligenstat*, das um 1227 zur Stadt erhoben wurde, an das Erzbistum Mainz, bei dem es über Jahrhunderte verblieb, wodurch Heiligenstadt und das Eichsfeld entscheidend geprägt wurden. Das Eichsfeld, das als germanischer Gau unter der Bezeichnung Land der Eichen bereits im Jahre 897 urkundlich Erwähnung fand, wurde von Heiligenstadt aus regiert. Seit 1540 war Heiligenstadt Hauptstadt des Eichsfelds und Sitz des Statthalters des Mainzer Erzbischofs. Der durch die Reformation zwischenzeitlich eingeführte Protestantismus wurde wieder rückgängig gemacht, 1575 wurde ein Jesuitenkolleg gegründet.

1802 fiel Heiligenstadt mit dem Eichsfeld an Preußen und war von 1807–13 Hauptstadt des Harzdepartements im neu geschaffenen napoleonischen Königreich Westphalen. Nach dem Wiener Kongress wurde die ehemalige Mainzer Enklave 1816 durch Preußen geteilt, das Obereichsfeld mit den Kreisen Heiligenstadt und Worbis war nun Teil der preußischen Provinz Sachsen, bei der es bis zur deutschen Teilung als Folge des Zweiten Weltkriegs verblieb.

Die historische Hauptstadt des Eichsfeldes, im Mittelpunkt Deutschlands gelegen, lädt zum Bummeln ein. Gut erhaltene alte Bausubstanz mit moderner Ergänzung und viel Grün sowie das gepflegte Stadtbild erfreuen den Besucher

In der reizvollen Heiligenstädter Altstadt gibt es viel zu entdecken: Gepflegte Fachwerkhäuser in der Windischen Gasse, der Steinstraße und im Knickhagen. Die Bergkirche St. Martin, eine

Wasserfall im Heinrich-Heine-Park

dreischiffige Basilika mit romanischer Krypta aus der Mitte des 13. Jahrhunderts, wurde um 1275 erbaut. Die Altstädter Kirche St. Marien (romanisches Westwerk, Madonna von 1414, Wandmalereien von 1506) stammt aus der 2. Hälfte des 14. Jahrhunderts. Die benachbarte St.-Annen-Kapelle lässt sich auf die Zeit nach 1300 datieren. Ebenfalls im 14. Jahrhundert wurde die Neustädter Kirche St. Ägidien errichtet. Im Innern des Gotteshauses befinden sich ein barocker Hochaltar von 1691, ein spätgotischer Flügelaltar und der Doppelgrabstein der Märtyrer Aureus und Justinaus (um 1325).

Das ehemalige Kurmainzer Schloss, ein stattlicher dreigeschossiger Barockbau von 1736–38 birgt Räume mit reichen Stuckaturen. Das einstige Jesuitenkolleg, heute Domizil des Eichsfelder Heimatmuseums (u.a. Geschichte des Eichsfelds, sakrale Kunst, historische Vogelsammlung), ist wenig jünger (1739–40). Das im Kern gotische Alte Rathaus wurde 1789 nach dem großen Stadtbrand von 1739 wieder aufgebaut; ein weiteres Barockgebäude ist das Neue Rathaus (1739). Auf dem benachbarten Marktplatz befindet sich der Neptunbrunnen aus dem Jahre 1769, er stand bis 1830 auf dem Schlossplatz.

Das Eichsfelder Heimatmuseum

An das Leben und Werk des Erzählers und Lyrikers Theodor Storm (1817–88) wird im Literaturmuseum Theodor Storm erinnert, das im 1436 erbauten Mainzer Haus untergebracht ist. Von 1856–64 war Storm in Heiligenstadt als Kreisrichter tätig und schuf hier acht Novellen (u. a. *Drüben am Markt*), drei Märchen und zahlreiche Gedichte (*Von drauß' vom Walde komm ich her* ...).

Der bedeutende deutsche Bildschnitzer und Bildhauer Tilman Riemenschneider (um

1460–1531) wurde in Heiligenstadt in der Klausmühle geboren. Der Dichter Heinrich Heine (1797–1856, *Deutschland ein Wintermärchen* u.a.), der seinerzeit ein noch weitge-

Im Kurmainzer Schloss (1736–1738) befindet sich das Landratsamt des Eichsfelder Landkreises

hend unbekannter Jurastudent in Göttingen war, konvertierte in Heiligenstadt im Juni 1825 vom jüdischen zum evangelischen Glauben.

Wenige Monate nach ihrer Amtsenthebung (vgl. Witzenhausen) trafen sich am 20.4.1838 Jacob und Wilhelm Grimm mit Familienangehörigen „außer Landes" im preußischen Heiligenstadt und führten Verhandlungen mit dem Verleger Karl Reimer aus Leipzig über die Herausgabe eines *Deutschen Wörterbuches*.

Der reiche Sagenschatz des heute teils zu Thüringen, teils zu Niedersachsen gehörenden Eichsfeldes wurde von dem Pädagogen und Heimatschriftsteller Karl Wüstefeld (1857–1937) gesammelt und herausgegeben.

Ein Märchenschloss, Märchenfiguren aus bekannten Märchen der Brüder Grimm u.a.m. finden sich auf dem frei zugänglichen Märchenpark unweit des Vital-Parks.

Märchenpark Mackenrode

Auf dem Weg von Witzenhausen nach Heilbad Heiligenstadt sollte man einen Ausflug zur

Burg Hanstein

Burg Hanstein und zum Märchenpark Mackenrode nicht versäumen. Die eindrucksvollen Reste der im 11. Jahrhundert erbauten Burg erheben sich majestätisch unweit des Dorfes Bornhagen, auf einem Bergkegel des Eichsfelds, unmittelbar an der thüringisch-hessischen Landesgrenze.

Schon im 19. Jahrhundert war der Hanstein ein Anziehungspunkt für Professoren und Studenten aus Göttingen, beispielsweise für Gottfried August Bürger, Heinrich Heine, Alexander von Humboldt und Carl Friedrich Gauß. Im unterhalb der Burg gelegenen historischen Klausenhof, in dem schon die Brüder Grimm und Johann Wolfgang Goethe einkehrten, kann man heute märchenhaft speisen und übernachten.

Sehenswert

Altstadt: Die Kirchen St. Martin, St. Marien, St. Ägidien, St.-Annen-Kapelle, Kurmainzer Schloss, Fachwerkhäuser, Altes und Neues Rathaus, Literaturmuseum Theodor Strom, Eichsfelder Heimatmuseum, Altes Gefängnis, Altes Kornhaus mit Herren- oder Fronmühle, Klausmühle, Stadtmauer, Heinrich-Heine-Park mit Wasserfall, Märchenpark.
In Rengelrode: Fachwerkhäuser (18./19. Jh.), Rengelröder Warte (15. Jh.) und Iberg Warte.
Malerische Burgruine Hanstein, historischer Klausenhof. Märchenpark Mackenrode.
Weitere Informationen: www.heilbad-heiligenstadt.de

Warum die Heiligenstädter die Möhrenkönige heißen

(R. Linge)

Wie zu allen Zeiten und überall, gab es auch in und um Heiligenstadt Zank und Streit. Und wenn sich der Name Heiligenstadt auch recht fromm anhört, so kam es doch vor, dass die Ritter der umliegenden Burgen gegen die Stadt Groll hegten und gegen sie zu Felde zogen. Die Bürger verließen sich bei solchen Fehden auf ihre starken Mauern und ihre eigene Kampfkraft.

Als nun die Feinde wieder einmal gegen die Stadt zogen, kam ein großes Heer auf Schleichwegen heran. Doch der Wächter auf dem Altstädter Kirchturm hatte das Anrücken der Feinde bemerkt und Alarm gegeben. Schnell schlossen die Torwächter die Stadttore mit den schweren Eichenriegeln. Aber wie das manchmal so geht, der Wächter des einen Tores konnte in der Aufregung den Holzriegel nicht finden. In der Eile half er sich mit einer großen Möhre, welche die Frau gerade vom Felde mitgebracht hatte und welche sie, wegen ihrer besonderen Länge und Größe, im Wächterhaus abgelegt hatte, um sie den Nachbarn zu zeigen. Nun gut, das Tor war geschlossen, und wie sehr auch die Feinde dagegen rannten, die Möhre hielt stand. Der Angriff, der noch tagelang fortgesetzt wurde, konnte abgewehrt werden, das Tor blieb verschlossen. Deshalb ließ der Wächter auch die Möhre stecken und suchte nicht mehr nach dem Holzriegel.

Nun hatte der Wächter des besagten Tores aber eine stattliche Ziege. Da diese während

> Aber wie das manchmal so geht, der Wächter des einen Tores konnte in der Aufregung den Holzriegel nicht finden

der Belagerung Mangel an Futter gelitten hatte, riss sie sich von ihrem Strick, mit welchem sie im Hofe angebunden war, los und lief durch die offene Tür auf die Straße. Bald entdeckte sie die Möhre am Tor, und lüstern wie diese Tiere nun einmal sind, stellte sie sich auf die Hinterbeine und stillte ihren Hunger an dem begehrten Bissen. So blieb von der Möhre nichts übrig.

Gerade als die Ziege ihren Hunger gestillt hatte, unternahmen die Feinde noch einmal einen letzten Angriff auf das Tor. Zu ihrer großen Überraschung fanden sie das Tor nur angelehnt und konnten so in die Stadt eindringen, und die Stadt fiel in die Hände der triumphierenden Feinde. Aber wer den Schaden hat, braucht für den Spott nicht zu sorgen. Als die Sache mit dem Möhrenriegel bekannt wurde, regte sich die Spottlust bei den Bürgern der Nachbarorte und schnell war der Spitzname für Heiligenstadt in aller Munde.

So kam es, dass die Heiligenstädter bis heute die Möhrenkönige heißen.

Ebergötzen

Die über 1.800 Einwohner zählende Gemeinde Ebergötzen im Auetal ist Verwaltungssitz der Samtgemeinde Radolfshausen.

Das Amt Radolfshausen mit den Dörfern Ebergötzen, Landolfshausen und Falkenhagen war altes welfisches Lehen in der Hand der

Der attraktiv gestaltete Mühlenhof

Herzöge von Grubenhagen, von denen die Edelherren von Plesse im 14. Jahrhundert das Amt erwarben. Zur Sicherung des Lehens ließen die Edelherren im Jahre 1508 eine Wasserburg bauen, dessen dreistöckiger Wohnturm heute noch steht. Nach dem Aussterben der Edelherren von Plesse im 16. Jahrhundert wollten die Landgrafen von Hessen außer der heimgefallenen Herrschaft Plesse auch das Amt Radolfshausen für sich einziehen, doch scheiterten sie am Einspruch der Welfenherzöge.

Bockwindmühle von 1812 im Europäischen Brotmuseum in Ebergötzen

An die enge historische Verflechtung von Radolfshausen und Ebergötzen erinnert die alte Herrenmühle des Amtes Radolfshausen in Ebergötzen, die als Wilhelm-Busch-Mühle weit bekannt ist. Als Neunjähriger kam Wilhelm

Ein Besuch der Wilhelm-Busch-Mühle ist ein Muss für alle, die sich gern mit der fanatsievollen Kunst von Wilhelm Busch beschäftigen. Seine Kindheit und die relevante, lebenslange Freundschaft mit dem Besitzer der Herrenmühle, Erich Bachmann, ist in vielen seiner bekannten Bildergeschichten unverkennbar. Die Lausbubenstreiche von „Max und Moritz" sind weltbekannt

Busch (1832–1908) in das Dorf Ebergötzen, wo er von 1841–1846 im Pfarrhaus bei seinem Onkel Pastor Kleine wohnte und Privatunterricht in Schreiben, Rechnen und Zeichnen erhielt. Eine innige, lebenslange Freundschaft verband den späteren Maler, Zeichner und Dichter Wilhelm Busch mit Erich Bachmann (1832–1907), dem Sohn des Müllers in der Herrenmühle, die Busch alljährlich besuchte und wo er beim Rumpumpeln des Mühlwerkes und dem Rauschen des Wassers immer gut einschlief. Hinter der Mühle in Ebergötzen fiel Schneider Böck ins Wasser, und im Dorf heckten Max und Moritz ihre Streiche aus.

Der ehemalige Amtshof Radolfshausen in Ebergötzen mit dreistöckigem Wohnturm (1508), einer in Tirol erbauten Wassermühle (um 1600) und einer aus Hotteln stammenden Bockwindmühle (1812) beherbergt das *Europäische Brotmuseum*. In einer kulturhistorischen Sammlung wird die 5000-jährige Geschichte des Brotes in Kunst, Kultur und Brauchtum gezeigt.

Das Europäische Brotmusuem beherbergt die kulturhistorische Sammlung „Vom Korn zum Brot"

Sehenswert

Wilhelm-Busch-Mühle, Pfarrhaus, ehemaliger Amtshof Radolfshausen, Europäisches Brotmuseum mit Wassermühle und Bockwindmühle.
Weitere Informationen: www.ebergoetzen.de

Schneider Böck fällt ins Wasser

(W. Busch)

Jedermann im Dorfe kannte
Einen, der sich Böck benannte.
Alltagsröcke, Sonntagsröcke,
Lange Hosen, spitze Fräcke,
Westen mit bequemen Taschen,
Warme Mäntel und Gamaschen,
Alle diese Kleidungssachen
Wusste Schneider Böck zu machen.
Oder wäre was zu flicken,
Abzuschneiden, anzustücken,
Oder gar ein Knopf der Hose
Abgerissen oder lose,
Wie und wo und wann es sei,
Hinten, vorne, einerlei,
Alles macht der Meister Böck,
Denn das ist sein Lebenszweck.

Drum so hat in der Gemeinde
Jedermann ihn gern zum Freunde.
Aber Max und Moritz dachten,
Wie sie ihn verdrießlich machten.
Nämlich vor des Meisters Hause
Floss ein Wasser mit Gebrause.
Übers Wasser führt ein Steg
Und darüber geht der Weg.

Max und Moritz, gar nicht träge,
Sägen heimlich mit der Säge,
Ritzeratze! Voller Tücke,
In die Brücke eine Lücke.
Als nun diese Tat vorbei,
Hört man plötzlich ein Geschrei:
„He heraus! Du Ziegen-Böck!
Schneider, Schneider, meck meck meck!"

*Alles macht der Meister Böck,
Denn das ist sein Lebenszweck*

Alles konnte Böck ertragen,
Ohne nur ein Wort zu sagen;
Aber, wenn er dies erfuhr,
Ging's ihm wider die Natur.
Schnelle springt er mit der Elle
Über seines Hauses Schwelle;
Denn schon wieder ihm zum Schreck
Tönt ein lautes: „Meck meck meck!"

Und schon ist er auf der Brücke,
Kracks! Die Brücke bricht in Stücke;
Wieder tönt es: „Meck, meck, meck!"
Plums! Da ist der Schneider weg!
Grad' als dieses vorgekommen,
Kommt ein Gänsepaar geschwommen,
Welches Böck in Todeshast
Krampfhaft bei den Beinen fasst.
Beide Gänse in der Hand,
Flattert er auf trocknes Land.

Übrigens bei alledem
Ist so etwas nicht bequem;
Wie denn Böck von der Geschichte
Auch das Magendrücken kriegte.
Hoch ist hier Frau Böck zu preisen!
Denn ein heißes Bügeleisen,
Auf den kalten Leib gebracht,
Hat es wieder gutgemacht,
Bald im Dorf hinauf, hinunter,
Hieß es: „Böck ist wieder munter!"

Bovenden

Der Flecken Bovenden besteht seit der Verwaltungs- und Gebietsreform des Jahres 1973 aus den Ortschaften Bovenden, Billingshausen, Eddigehausen, Emmenhausen, Harste, Lenglern, Reyershausen und Spanbeck. Insgesamt leben im Flecken Bovenden rund 14.000 Einwohner. Der Verwaltungssitz befindet sich in Bovenden.

Die Ortschaften Bovenden, Harste und Lenglern können auf eine über tausendjährige Geschichte zurückblicken. Die geschichtliche Entwicklung der Ortschaften verlief recht unterschiedlich. Die Orte Bovenden, Eddigehausen, Reyershausen, Oberbillingshausen und Spanbeck lagen im Gebiet der Edelherren zu Plesse, die 1447 in hessische Lehnsverhältnisse traten. Nach dem Aussterben des Geschlechts 1571 fiel die Herrschaft Plesse an die Landgrafschaft Hessen, und erst 1816 wurde diese Herrschaft durch Tausch ein Teil des Königreiches Hannover. Die Orte Emmenhausen, Harste und Leng-

Oberhalb des Fleckens Bovenden erhebt sich die mächtige Burg Plesse. Von ihren Zinnen aus hat man einen herrlichen Blick über das weite Leinetal, den Solling und den Harz

Die Plesse aus der Vogelperspektive. Das Burgrestaurant mit Gewölbekeller ist ganzjährig geöffnet

lern hingegen waren stets feste Bestandteile des welfischen Herrschaftsgebietes. Die alten Plessedörfer gehören heute noch dem ev.-reformierten Bekenntnis an, im Unterschied zu den ev.-lutherischen Nachbarorten. Um 1600 verliehen die Landgrafen von Hessen-Kassel dem Ort Bovenden das Markt- und Braurecht. Diese über den normalen dörflichen Rahmen hinausgehenden Rechte begründeten für Bovenden den Status eines *Fleckens*.

Hoch über Bovenden erhebt sich weithin sichtbar auf einem Bergsporn die 1015 erstmals urkundlich erwähnte Burg Plesse. Mit umwehrtem Vorhof, Burghof, Herrenbau und dreiundzwanzig Meter hohem Bergfried gehört die Burgruine zu den bedeutendsten Höhenburgen in Südniedersachsen. 1801 weilte Goethe zu Besuch und ließ sich dort zum Verfassen eines Gedichtes inspirieren.

Zahlreiche Sagen um die Burg Plesse und ihre Bewohner schlagen den Bogen zur Deutschen Märchenstraße. So wird die unglaubliche Tiefe des Plessebrunnens beschrieben oder erzählt, wie die schöne Adelheid von Plesse durch die Herren von Hardenberg entführt wurde. Mit *Die Schwanringe zu Plesse* und *Das stille Volk zu Plesse* haben die Brüder Grimm

Ehemaliges Niedersächsisches Forstamt Bovenden, 1777 von Landgraf Konstantin von Hessen-Rotenburg als repräsentatives Amtshaus errichtet

zwei Plesse-Sagen in ihren Deutschen Sagen veröffentlicht. Von der Plesse aus ist eine Wanderung zum Hünstollen (423 m), drei hintereinanderliegenden Wällen, sowie zum Hainberg zu empfehlen, wo sich der größte zusammenhängende Eibenwald Deutschlands befindet.

Ein eindrucksvolles Baudenkmal aus hessischer Zeit ist das Gebäude des ehemaligen niedersächsischen Forstamtes Bovenden (jetzt in Privatbesitz), das 1777 als Nebenresidenz des Landgrafen von Hessen-Rotenburg errichtet wurde.

In Harste befinden sich in der Ortsmitte die ehemalige Domäne (18. Jahrhundert) mit Amtshaus und vier Wirtschaftsgebäuden sowie die Kirche aus dem 18. Jahrhundert.

Sehenswert

Sagenumwobene Burg Plesse, Burgrestaurant (Rittersaal, Gewölbekeller), Hünstollen mit Aussichtsturm, Eibenwald im Hainberg, ehemaliges Forstamt Bovenden.
In Harste: Ehemalige Domäne und Kirche.
Weitere Informationen: www.bovenden.de

Hann. Münden

„Wo Werra sich und Fulda küssen,
sie ihren Namen büßen müssen,
und so entsteht durch diesen Kuss
Deutsch bis zum Meer der Weserfluss."

So kündet auf dem *Unteren Tanzwerder* der Weserstein von der Entstehung der Weser, die durch den Zusammenfluss von Werra und Fulda in Hann. Münden ihren Anfang nimmt.

Hann. Münden wurde von Alexander von Humboldt als eine der sieben schönst gelegenen Städte der Welt bezeichnet

Die malerische Drei-Flüsse-Stadt mit ihren über 24.000 Einwohnern und elf Stadtteilen, die der Naturforscher und Geograf Alexander von Humboldt (1769–1859) als eine der sieben schönst gelegenen Städte der Welt bezeichnet haben soll, wird von den drei großen Waldgebirgen Reinhardswald, Bramwald und Kaufunger Wald umgeben.

Hann. Münden wurde vermutlich um 1170 von Heinrich dem Löwen oder dem hessisch-thüringischen Herrschergeschlecht der Ludowinger gegründet. Ende des 12. Jahrhunderts erhielt Hann. Münden Stadtrecht und war von 1247–1823 im Besitz des lukrativen Stapelrechts für den Schiffsverkehr, d.h. alle zu Wasser kommenden Waren mussten drei Tage lang den Bürgern zu Vorzugspreisen angeboten werden, ehe sie von Mündener Fuhrleuten oder Schiffern weiterbefördert wurden. Von 1488–1585 war die Stadt ständige Residenz des Herzogtums Calenberg-Göttingen, das 1692 mit anderen Gebieten zum Kurfürstentum Hannover erhoben und 1814 Königreich wurde. An die einstige Zugehörigkeit zum Königreich Hannover erinnert der seit 1990 amtliche Name *Hann. Münden*, eine Abkürzung für Hannoversch Münden.

Eindrucksvolles Wahrzeichen des Stadtkerns ist das Rathaus mit dem reich verzierten Eingangsportal

Der mittelalterliche Stadtkern, umgeben von Wehrtürmen und den Resten der alten Stadtmauer, zeugt mit seinen siebenhundert Fachwerkhäusern des 14.–19. Jahrhunderts (darunter Küsterhaus, 1457, Ochsenkopf, 1528, Tillyhaus 1580, u. a.) von einer blühenden Epoche der Stadt. Wahrzeichen von Hann. Münden sind das Rathaus, dessen Mittelteil gotischen

Das Welfenschloss im Stil der Weserrenaissance ist Sitz von Behörden und des städtischen Museums

Ursprungs ist und 1603–18 zu einem bedeutenden Renaissancebau umgestaltet wurde, die St. Blasius-Kirche (13.–16. Jahrhundert), die St. Aegidienkirche sowie das prächtige Welfenschloss, einst Residenz der Herzöge von Braunschweig-Lüneburg. Das 1560 nach einem Brand im Weserrenaissancestil wieder aufgebaute Schloss ist Sitz von Behörden und des städtischen Museums. Innerhalb des Museums, das eine kostbare Sammlung Mündener Fayencen enthält, befinden sich das Römergemach (1574) und das Gemach zum weißen Ross (1562). Die älteste erhaltene Steinbrücke an der Oberweser ist die Werrabrücke mit fünf Bögen aus dem Jahre 1329.

Hann. Münden war lange Jahre der Wohnort des renommierten Grimm-Forschers Ludwig Denecke (1905–1996: *Jacob Grimm und sein Bruder Wilhelm*; Herausgeber der wissenschaftlichen Reihe *Brüder Grimm Gedenken*).

Der legendäre Wanderarzt Johann Andreas Eisenbart (1663–1727) war, nicht wie im Spottlied besungen, ein Quacksalber oder Scharlatan, sondern ein außergewöhnlich erfolgreicher und verantwortungsvoller Arzt; so erfand er u. a. eine Nadel zur Behandlung des Augenleidens Grauer Star. Im November 1727 bereiste er Hann. Münden, wo er am 11. 11. im Haus

Eine Fahrt zum Kloster Bursfelde ist jedem Reisenden auf der Märchenstraße zu empfehlen. Die Sommerkonzerte sind eine der kulturellen Höhepunkte dieser Region

Lange Straße 79 verstarb, woran heute eine kleine Statue erinnert (Gruftplatte von Doktor Eisenbart an der St. Aegidienkirche).

Von Mai bis Oktober führt Doktor Eisenbart seine öffentlichen Sprechstunden jeden Samstag um 13.30 Uhr im Rathaus vor.

Sehr zu empfehlen ist eine Fahrt entlang der Weser zum ehemaligen Kloster Bursfelde mit seiner malerischen romanischen Abteikirche aus dem 12. Jahrhundert. Im Hauptraum der einstigen Benediktiner-Abteikirche befinden sich spätgotische Wandmalereien. Die Bursfelder Sommerkonzerte sind eine der kulturellen Höhepunkte der Region.

Sehenswert

Malerischer, mittelalterlicher Fachwerkstadtkern als Ensemble mit prächtigen Bauten aus der Zeit der Weserrenaissance, St. Blasius-Kirche, St. Aegidienkirche, Rathaus, Schloss mit städtischem Museum.
Zusammenfluss von Werra und Fulda (Weserstein), Werrabrücke; Sprechstunde von Doktor Eisenbart.
In Bursfelde: Ehemalige Klosterkirche.
Bei Hedemünden: Römerlager.
Reinhardswald, Naturpark Münden: Bramwald, Kaufunger Wald. Märchenlandweg.
Weitere Informationen: www.hann.muenden-tourismus.de

Der Doktor Eisenbart

Ich bin der Doktor Eisenbart,
Kurier' die Leut' nach meiner Art,
Kann machen, dass die Blinden geh'n,
Und dass die Lahmen wieder seh'n.

Zu Wimpfen accouchierte (entbinden) ich
Ein Kind zur Welt gar meisterlich.
Dem Kind zerbrach ich sanft das G'nick,
Die Mutter starb zum großen Glück.

In Potsdam trepanierte (aufmeißeln) ich
Den Koch des großen Friederich.
Ich schlug ihm mit dem Beil vor'n Kopf,
Gestorben ist der arme Tropf.

Zu Ulm kuriert' ich einen Mann,
Dass ihm das Blut am Beine rann.
Er wollte gern gekuhpockt sein,
Ich impft's ihm mit dem Bratspieß ein.

Des Küsters Sohn in Dideldum
Dem gab ich zehn Pfund Opium.
Drauf schlief er Jahre, Tag und Nacht,
Und ist bis jetzt noch nicht erwacht.

Es hatt' ein Mann in Langensalz
Ein 'n zentnerschweren Kropf am Hals,
Den schnürt' ich mit dem Hemmseil zu,
Probatum est (es ist vollbracht), er hat jetzt Ruh!

Zu Prag da nahm ich einem Weib
Zehn Fuder Steine aus dem Leib.
Der Letzte war ihr Leichenstein.
Sie wird wohl jetzt kurieret sein.

Zu Wien kuriert' ich einen Mann,
Der hatte einen hohlen Zahn.
Ich schoss ihn raus mit dem Pistol,
Ach Gott, wie ist dem Mann so wohl.

Mein allergrößtes Meisterstück,
Das macht' ich einst zu Osnabrück.
Podagrisch war ein alter Knab',
Ich schnitt ihm beide Beine ab.

Das ist die Art wie ich kurier',
Sie ist probat (anerkannt), ich burg' dafür.
Dass jedes Mittel Wirkung tut,
Schwör' ich bei meinem Doktorhut.

Refrain
Ich bin der Doktor Eisenbart,
Widdewiddewitt bumm bumm!
Kurier die Leut auf meine Art,
Widdewiddewitt bumm bumm!
Kann machen, dass die Blinden geh'n
und dass die Lahmen wieder seh'n.
Widdewiddewitt juchheirassa,
Widdewiddewitt bumm.

Immenhausen

Riseberg-Denkmal vor der Kirche. Der Reformator Bartholomäus Riseberg war Schüler Martin Luthers und predigte als einer der ersten dessen Lehren in Immenhausen. Noch heute sind die Immenhäuser stolz auf ihren Reformator

Die Stadt Immenhausen, am Südwesthang des Reinhardswaldes gelegen, hat zusammen mit ihren zwei Stadtteilen Holzhausen und Mariendorf circa 7.000 Einwohner.

In der zweiten Hälfte des 13. Jahrhunderts gehörte Immenhausen zu den Besitzungen der Grafen von Dassel, die es wenig später an den Landgrafen Heinrich I. von Hessen verkauften. In der Folgezeit war Immenhausen, das um 1300 Stadtrechte erhielt, ein Zankapfel zwischen der Landgrafschaft Hessen und dem Erzbistum Mainz. 1385 wurde die hessische Stadt durch Erzbischof Adolf von Mainz fast ganz zerstört und war bis 1399 an Mainz verpfändet.

1522/23 kam Bartholomäus Riseberg aus der Altmark, ein Schüler Luthers, nach Immenhausen. Er war einer der ersten evangelischen Prediger in Nordhessen. Landgraf Philipp von Hessen, damals noch ein Gegner Luthers, ließ Riseberg nach der Beschwerde des Stadtpfarrers (eines Mönchs) in der Kirche verhaften und einsperren, doch konnte Riseberg fliehen und in seine Heimat zurückkehren. Der 30-jährige und der 7-jährige Krieg trafen die Stadt Immenhausen schwer .

1686–87 brachte man in Immenhausen vorübergehend französische Glaubensflüchtlinge unter. Ab 1686 wurde für sie, vermutlich nach Plänen von Paul du Ry, mit dem Bau der kreuzförmigen Hugenottenkolonie *Mariendorf*, be-

Stadtmauer mit Hufeisenturm und Kirche

nannt nach Maria Amelia, der Gattin des hessischen Landgrafen Carl, begonnen. Die Kirche von Mariendorf, ein schlichter Saalbau, wurde 1710 fertiggestellt.

Gut erhalten in der Kernstadt Immenhausen sind die Stadtmauer mit zwei Flankentürmen sowie eine Reihe von Fachwerkhäusern des 17.–19. Jahrhunderts. Das sehenswerte Rathaus, ein dreigeschossiger Fachwerkbau, wurde 1643/1662 erbaut. Bedeutendstes Bauwerk der Stadt ist die imposante dreischiffige

Im Stadtteil Mariendorf, einer Hugenottengründung, ist dieser Torbalken mit französischer Inschrift zu sehen

Wandmalereien aus dem 15. Jahrhundert mit Heiligenfiguren und Christusszenen sind bestens erhalten

spätgotische Kirche, die ihre besondere Bedeutung durch die über 70 gut erhaltenen Wandmalereien mit Heiligenfiguren und Christusszenen (Mitte 15. Jahrhundert) erhält.

Ein wahrer Schatz ist die Immenhäuser Gutenberg-Bibel (mit Originaleinband), die Mitte des 15. Jahrhunderts in Mainz gedruckt wurde. Jahrhundertelang im Besitz der Immenhäuser Kirchengemeinde, wurde sie 1958 gefunden und 1975 als solche identifiziert.

Immenhausen, dessen Werbefigur *Hans im Glück* ist, liegt am Märchenlandweg (vgl. Wolfshagen), einem sagenhaften nordhessischen Wanderweg. Über ein Dutzend Immenhäuser Sagen, wie etwa *Die weiße Frau auf dem Ahlberg* oder *Wie Immenhausen entstanden ist*, kann man während einer Wanderung auf Informationstafeln an verschiedenen Standorten nachlesen.

Sehenswert

Stadtkirche mit bedeutenden Wandmalereien, Riseberg-Denkmal, Rathaus, Fachwerkhäuser, Stadtmauer, Glasmuseum Immenhausen.
In Holzhausen: Romanische Kirche (um 1150).
In Mariendorf: Hugenottenkirche.
Märchenlandweg, Reinhardswald.
Weitere Informationen: www.immenhausen.de

Hofgeismar

Eingebettet in das weite Tal der Esse und Lempe liegt, westlich vom Reinhardswald, die Stadt Hofgeismar. Zusammen mit seinen sieben Stadtteilen zählt Hofgeismar 16.000 Einwohner.

Wer das Schloss von *Dornröschen* sucht, der sollte zur romantischen Sababurg fahren, die tief im nordhessischen *Reinhardswald* versteckt liegt. Die Sababurg wurde Anfang des 14. Jahrhunderts erbaut, verfiel später und wurde ab 1490 von den Landgrafen von Hessen als Jagdschloss neu errichtet. Von 1571 an wurde von Landgraf Wilhelm IV. ein fast 500

Morgen großer Tiergarten angelegt, der von einer Dornenhecke und später von einer vier Meter hohen und 4,5 Kilometer langen Mauer umgeben war. Im 19. Jahrhundert, als die Märchen in Büchern aufgeschrieben wurden, begann der Verfall der Sababurg. Je bekannter

Durch einen romantischen Aufgang gelangt man in das Innere der verwunschenen Sababurg

Turm der Sababurg

und beliebter die Märchen der Brüder Grimm wurden, desto überzeugter war man, mit der Sababurg inmitten des Reinhardswaldes mit seinen mächtigen Eichen, das Schloss von Dornröschen gefunden zu haben. Das *Dornröschenschloss Sababurg* gehört verwaltungsmäßig zur Stadt Hofgeismar, die mit der Welt der Märchen und Sagen innig verbunden ist und eine interessante Entstehungsgeschichte aufzuweisen hat:

In Hofgeismar geboren wurde der Großvater Johann Friedrich Isaac Pierson der Grimm'schen Märchenerzählerin Dorothea Viehmann, geb. Pierson. Ihr Vater Johann Friedrich Pierson sowie ihre Patentante und spätere Stiefmutter Catharina Dorothée Graffin stammen aus der Hofgeismarer Hugenottenkolonie Schöneberg. Ebenfalls in Hofgeismar geboren wurden die Pfarrer und Sagensammler Carl B.N. Falckenhainer (1798–1842), Ludwig F. W. Boette (1862–1932) und der Märchenautor Walter Iba (1915–85). In Hofgeismar wirkten die Heimatschriftsteller und Sagensammler Heinrich Rohde (1863–1946) und Adolf Häger (1892–1959).

Vermutlich als fränkischer Königshof gegründet, wurde Hofgeismar schon früh Besitz der Erzbischöfe von Mainz und erhielt 1223 Stadtrechte. Im 15. Jahrhundert an die hessischen Landgrafen verpfändet, fiel die Stadt 1583 endgültig an Hessen und wurde nach der Einführung der Reformation zu einem Zentrum des Protestantismus. Ende des 17. Jahrhunderts kamen zahlreiche um ihres Glaubens willen vertriebene piemontesische und französische Waldenser* und Hugenotten nach Hof-

---

* Waldenser: Französischprachige Bewohner aus dem Piemont (Italien), die sich 1532 der Reformation anschlossen.

Das frühklassizistische Schlösschen Schönburg steht im Park „Gesundbrunnen"

geismar, wo sie am Rande der Stadt in den neu gegründeten *Colonien* Carlsdorf, Schöneberg und Kelze angesiedelt wurden. Die aus Fachwerk errichteten Gotteshäuser mit ihren französischen Inschriften sind auch heute noch erhalten.

Nach der Entdeckung zweier mineralischer Quellen im Jahre 1639 im unteren Tal der Lempe, eilten Kranke und Gebrechliche aus allen Teilen Deutschlands zum wundertätigen *Gesundbrunnen* in der Hoffnung, dort von ihren Leiden geheilt zu werden. Im 18. Jahrhundert errichteten die Landgrafen von Hessen-Kassel eine Kur- und Badeanlage, und der *Gesundbrunnen* wurde vorübergehend Staatsbad. Gut erhalten aus dieser Zeit ist die weitläufige Barockanlage *Gesundbrunnen* mit den einstigen Badegebäuden, dem Quelltempel sowie im englischen Park das Schlösschen Schönburg (1787–89, heute Sitz der Evangelischen Akademie), das wegen seiner Proportionen als ein bedeutendes Werk des Frühklassizismus in Deutschland gilt.

Sehenswert bei einem Gang durch die Hofgeismarer Altstadt sind die romanisch-gotische Altstädter Kirche mit dem *Hofgeismarer Altar*

In einem der wunderschön restaurierten Fachwerkhäuser hat die Touristinformation ihr Domizil

Das Rathaus der Stadt steht auf mittelalterlichen Tonnengewölben

(Passionstafel um 1320), das Dekanatsgebäude am Altstädter Kirchplatz, das von zahlreichen Fachwerkhäusern aus dem 16. und 17. Jahrhundert umgebene Rathaus auf dem Marktplatz, die Neustädter Kirche (14.–15. Jahrhundert) sowie der fast vollständig erhaltene Stadtmauerring.

Einer der Höhepunkte der *Deutschen Märchenstraße* überhaupt ist der sagenbehaftete *Reinhardswald* mit dem Urwald, dem ältesten Naturschutzgebiet Hessens (600- bis 1000-jährige Eichen), dem kurfürstlichen Jagdschloss aus dem Jahre 1829 im Stadtteil Beberbeck, dem schon 1571 angelegten Tierpark Saba-

Der Urwald Sababurg ist eine viel besuchte Attraktion für Touristen, die sich vom Waldbild des „Märchenwaldes" und den knorrig gewachsenen Baumindividuen beeindrucken lassen

Bei einem Rundgang erschließt der Ritter Dietrich seinen Gästen die alten, fast vergessen geglaubten Zeiten. Er hält für jedes Alter und jede Gelegenheit die passenden Geschichten bereit – ob auf Burgen oder in der Natur. Glaubt man dem Volksmund, dann wurde hier Dornröschen wachgeküsst

burg (Wisente, Ure, Urwildpferde u.a.) sowie die *historische Sababurg*, die weithin als *Dornröschenschloss* bekannt ist. Hier befindet sich heute ein märchenhaftes Hotel mit Restaurant, Theater und Standesamt, wo man Dornröschen bei Aufführungen und Audienzen begegnen kann. Der zauberhafte Burggarten (alte Rosen, Stauden, Kräuter etc.) gehört zum *Europäischen Gartennetzwerk*.

Sehenswert

Dornröschenschloss Sababurg (märchenhaftes Hotel-Restaurant) im sagenbehafteten Reinhardswald, Tierpark Sababurg mit Forst- und Jagdmuseum, Urwald Sababurg.
Altstadt von Hofgeismar: Altstädter und Neustädter Kirche, Fachwerkhäuser, Rathaus, Apothekenmuseum (Steinhaus um 1230) mit alter Einrichtung, Stadtmuseum (Hugenottenabteilung, Judaica), Dekanat, Stadtmauer. Gesundbrunnen mit Schlösschen Schönburg.
Die Hugenottenkirchen in Carlsdorf, Schöneberg und Kelze.
In Hümme: Gepflegte Fachwerkhäuser und Kirche.
Märchenlandweg.
Weitere Informationen: www.reinhardswald.de

Der Würfelturm zu Hofgeismar

(C. B. N. Falckenheiner /
hochdeutsche Fassung E. M. Iba)

Einst war die Stadt Hofgeismar viel größer als heute und führte Krieg mit vielen Herren, die wollten Hofgeismar in Asche legen. Sie kamen mit ihren Soldaten, nahmen die ganze Feldmark ein und belagerten die Stadttore, die verschlossen waren und die Stadtmauer und ließen niemanden aus noch ein. Sie hatten auch die Kühe von der Weide geholt, die Schweine weggetrieben und alles Vieh, das mit dem Hirten geht. Auf dem Feld hatten sie alles abgemäht und fütterten damit die Pferde. Zuerst waren die Belagerer übermütig, schlachteten das Vieh und wollten nichts anderes essen als Fleisch und Schmalz und Würste und Braten mit Salat. Als aber alles verzehrt war, da hatten die vielen Leute vor der Stadt nichts mehr zu essen. Nun war es aber zur selben Zeit in der Stadt auch nicht besser. Die Bürger drinnen mussten Hunger leiden und wussten nicht mehr, wovon sie leben sollten. Da war mancher, der drei Kühe gehabt hatte und nun keine einzige mehr besaß. Die Suppe mussten sie dünner kochen, und Fleisch entbehrten sie ganz.

Deshalb kamen beide Parteien überein, zwei Männer, einen aus dem Lager, den anderen aus der Stadt, miteinander würfeln zu lassen und festzustellen, wer den höchsten Wurf täte. Der Würfler aus dem Lager warf siebzehn! Da kriegte der, den sie aus der Stadt geschickt hatten, einen großen Schrecken; er dachte, nun wäre alles verloren. Aber würfeln musste er doch, und er warf achtzehn! Da lachten die Bürger von Hofgeismar die großen Prahlhänse aus, weil die Dicketuer so mager abziehen und die Stadt in Frieden lassen mussten.

Dem Bürger aber, der so gut würfeln konnte, hat man in der Stadt Hofgeismar ein Denkmal auf den Turm gesetzt, bei dem er gewürfelt hatte. Man hat drei große Steine wie Würfel ausgehauen und diese auf die Mauer des Turmes gelegt; darauf sind achtzehn Augen zu sehen gewesen. Der Turm trägt hiervon den Namen *Würfelturm*.

> Da lachten die Bürger von Hofgeismar die großen Prahlhänse aus, weil die Dicketuer so mager abziehen und die Stadt in Frieden lassen mussten

Trendelburg

An dem Flüsschen Diemel, welche bei Bad Karlshafen in die Weser mündet, liegt die beschauliche Stadt Trendelburg. Hier geht's zur Trendelburg mit Bergfried und Rapunzelturm

Auf einem Sandsteinfelsen erhebt sich als Wahrzeichen der Landschaft, begrenzt vom Reinhardswald, in der Flussaue der Diemel das Landstädtchen Trendelburg. Zusammen mit seinen sieben Stadtteilen hat Trendelburg rund 5.300 Einwohner.

Im 13. Jahrhundert durch die Herren von Schöneberg als Ort mit Burg angelegt, wurde Trendelburg 1305 je zur Hälfte vom Bischof von Paderborn und vom Landgrafen von Hessen durch einen Amtmann verwaltet. Die Burg war wegen der strategischen Bedeutung als Furt an der *alten Straße der Karolinger* von Kassel nach Bremen lange Jahre ein Zankapfel zwischen dem Bischof von Paderborn und Mainz sowie dem hessischen Landgrafen. Sie gelangte nach langem Krieg und Verhandlungen 1471 in hessischen Besitz. Ein Jahr darauf erhielt Trendelburg vom Landgrafen die Stadtrechte verliehen.

Sehenswert in Trendelburg sind die malerisch auf einem Sandsteinfelsen gelegene Burg Trendelburg mit Bergfried und Rapunzelturm, die angrenzende Altstadt mit gotischer Kirche (Wandmalereien der Hl. Drei Könige, Christophorus und Grabplatten der Ritter, 16. Jahrhundert). Neben der Kirche ist die Fassade des historischen Rathauses mit Sonnenuhr und Elle interessant. Am Brunnen 6 ist das Domizil des Touristikbüros, wo sich ein im 17. Jahrhundert angelegtes jüdisches Ritualbad, eine seltene Mikwe, befindet.

Zwei Trendelburger Sagen sind aufgeführt in dem, erst im Jahre 1993 erschienenen, dritten Band *Deutsche Sagen* der Brüder Grimm, fußend auf bis dato unveröffentlichtem Quellenmaterial.

Von den Trendelburger Stadtteilen sollte man beachten:
- Das an der Diemel gelegene einstige Rittergut und Wasserschloss Wülmersen, eine neunhundert Jahre alte Gehöftanlage mit einem angegliederten Museum und Archiv für historische Geräte.
- Ein klassizistisches Schloss in Stammen (v. Pappenheim), hinter dem sich die Freizeitanlage Hofgut Stammen befindet.
- Das tausend Jahre alte Dorf Deisel mit seinen Fachwerkgehöften und einer mit Apfelranken bemalten Kirche aus dem 16. Jahrhundert.

Im Reinhardswald liegt Gottsbüren, das bereits Anfang des 9. Jahrhunderts als *buria* bestand. 1329 verbreitete sich die Kunde von einem Wunder, begründet mit Blutstropfen auf den Hostien sowie dem Fund eines Toten mit den Merkmalen Christi. Zahlreich strömten die Pilger zur Wallfahrtskirche (Bau 1331), die unter

In der mittelalterlichen Burganlage hoch auf dem Berg steht unübersehbar der Rapunzel-Turm. Rapunzel lässt hier ihren Zopf für den Prinzen herab

Treffen von Märchenfiguren und der Brüder Grimm auf der Trendelburg

dem Patronat des Klosters Lippoldsberg (vgl. Wahlsburg) stand. Die nahe gelegene Sababurg wurde mit Spendengeldern zum Schutz der Wallfahrer errichtet. Die dreischiffige Hallenkirche von Gottsbüren ist geschmückt mit spätgotischen Wandmalereien sowie besonders erwähnenswertem plastischem Schmuck. Um die Kirche gruppieren sich zahlreiche schmucke Fachwerkgehöfte.

Sehenswert

Sagenhafte, gut erhaltene Burg Trendelburg (Märchenhaftes Schlosshotel und Restaurant), gotische Marienkirche, Rathaus, Märchenlaternen (Scherenschnitte mit Märchen und Sagen). Außerhalb: Zwei große, sagenumwobene Erdfälle (Die Wolkenbrüche).
In Deisel: Kirche, Fachwerkgehöfte.
In Gottsbüren: Mittelalterliche Wallfahrtskirche, Fachwerkgehöfte.
In Stammen: Schloss, Freizeitanlage Hofgut Stammen.
In Wülmersen: Wasserschloss mit Landmuseum.
Die Wallanlage Eberschützer Klippen (Ort der christlichen Legende vom ergrünenden Pilgerstab) sowie Dörfer mit typischem Fachwerk.
Märchenlandweg.
Weitere Informationen: www.trendelburg.de

Oberweser

Blick auf Gieselwerder vom Panoramaweg

Die Waldenserkirche in Gottstreu

Eingebettet in das Tal der Weser und umgeben von den großen Waldgebieten des Reinhardswaldes, des Sollings und des Bramwaldes liegen die Luftkurorte Gieselwerder, Oedelsheim, Gottstreu und der staatlich anerkannte Erholungsort Gewissenruh sowie das Feriendorf Heisebeck, die seit 1971/72 zusammen die 3.500 Einwohner zählende Gemeinde Oberweser bilden. Die Grimm'schen Märchen *Schneewittchen und die sieben Zwerge* für Gieselwerder sowie *Der gestiefelte Kater* für Oedelsheim sind die Werbeträger von Oberweser an der Deutschen Märchenstraße.

Gieselwerder, dessen Wasserburg wohl um 1100 zur Sicherung des Weserüberganges zum Kloster Lippoldsberg erbaut wurde, lag ursprünglich auf einer Insel (Werder bedeutet Insel). Die Burg war anfangs im Besitz der Grafen von Northeim und gelangte mit deren Erbe an die Herzöge von Braunschweig. Vielfach Gegenstand von Streit zwischen Mainz und Braunschweig, wurde Gieselwerder 1462 an Hessen verpfändet und ging 1583 ganz in hessischen Besitz über. 1722 wurden auf Geheiß von Landgraf Karl am linken Ufer der

Waldenserkirche in Gewissenruh

Auf dem historischen Grund der alten Wasserburg steht das Rathaus der Gemeinde Oberweser

Weser die beiden Dörfer Gewissenruh und Gottstreu, deren Geschichte in der Folgezeit eng miteinander verbunden war, für piemontesische Waldenser gegründet. In den beiden Waldensergemeinden zeugen noch heute französische Familiennamen und französische Häuserinschriften von der Herkunft ihrer Bewohner.

Die Wasserburg in Gieselwerder ist nicht erhalten; an ihrer Stelle steht ein Fachwerkbau, das heutige Rathaus, Sitz der Gemeindeverwaltung Oberweser. Die einzigen Zeugnisse der Burg sind Reste der Umfassungsmauern nah der Weser mit Tor und das Halbrund eines früheren Turms. Die kreuzförmige Fachwerkkirche von Gieselwerder mit ihrem charakteristischen Dachreiter stammt aus dem Jahre 1813.

Die klassizistische Pfarrkirche von Oedelsheim wurde 1829–30 erbaut. Beachtenswert in den einzelnen Ortsteilen sind die schmucken, teilweise mit Inschriften versehenen Fachwerk-

Weserpromenade und Weserfähre

häuser vom 17.–19. Jahrhundert, vielfach in niedersächsischer Bauweise errichtet. In dem fast 300-jährigen niedersächsischen Fachwerkhaus *Kleiner Schneider* in Gieselwerder ist das *Weberei-Museum Kircher* untergebracht. Es zeigt umfangreiche Bestände zu den Themenbereichen Weberei- und Textilgeschichte. In der Webstube werden spezielle Web- und Handarbeitskurse angeboten.

Im Lumbachtal, am Ortsausgang von Gieselwerder, befindet sich das Freilichtmuseum Mühlenplatz, eine Miniaturausstellung von etwa 60 originalgetreu nachgebildeten Wassermühlen, Burgen, Schlössern, Kirchen und Rathäusern.

Das Webereimuseum am Schneewittchenplatz

Sehenswert

In Gieselwerder: Reste der um 1100 erbauten Wasserburg an der Weser, Schneewittchen-Stele, Fachwerkhäuser, Kirche, Webereimuseum, Schiffereimuseum, Miniaturausstellung im Lumbachtal.
In Oedelsheim: Kirche, Fachwerkhäuser, Dorfmuseum, Holzskulptur: Gestiefelter Kater, Märchenfähre.
In Gewissenruh: Waldenserkirche.
In Gottstreu: Waldenserkirche, Waldensermuseum.
In Arenborn: Heimatstube.
Märchenlandweg.
Weitere Informationen: www.oberweser.de

Wahlsburg

Die ehemalige Klosterkirche, eine in ihren Maßen und Formen klar aufgebaute kreuzförmige Basilika, zählt zu den bedeutendsten romanischen Bauten des 12. Jahrhunderts

Die rund 2.300 Einwohner zählende Gemeinde Wahlsburg, die ihren Namen von der verhältnismäßig gut erhaltenen Wallburganlage Wahlsburg ableitet, entstand im Jahre 1971 durch den Zusammenschluss der beiden Orte Lippoldsberg und Vernawahlshausen. Bei Wahlsburg-Lippoldsberg durchfließt die Weser einen weiten Talkessel, den die Ausläufer des Bramwaldes, des Sollings und des Reinhardswaldes umschließen.

In den Jahren 1051–59 ließ Erzbischof Luitpold von Mainz auf einem mit dem Kloster Corvey getauschten Landstrich am rechten Ufer der Weser eine Holzkirche errichten und legte daneben das nach ihm benannte Dorf an. Ende des 11. Jahrhunderts gründete Erzbischof Ruthard von Mainz ein Benediktinerkloster, das die Hirsauer Regel annahm. Um 1142–53 erfolgte der Bau der Klosterkirche durch Propst Gunter. 1462 kam Lippoldsberg an die hessischen Landgrafen, und nach Einführung der Reformation in Hessen durften im Kloster keine Novizinnen mehr aufgenommen werden, sodass das

Blick auf Fachwerkhäuser in Wahlsburg-Lippoldsberg

Das Museum im Schäferhaus zeigt den Alltag der Dorfbevölkerung in früherer Zeit

Kloster Lippoldsberg mit dem Tode der letzten Äbtissin erlosch.

Die ehemalige Klosterkirche, eine in ihren Maßen und Formen klar aufgebaute kreuzförmige Basilika, zählt zu den bedeutendsten romanischen Bauten des 12. Jahrhunderts in Deutschland. Eine Besonderheit ist die im Mittelschiff eingefügte Nonnenempore, deren Unterbau eine eindrucksvolle Säulenhalle bildet. Im Innern der romanischen Kirche befindet sich ein bedeutender spätromanischer Taufstein (um 1220). Im Klosterhof lebte der Erzähler Hans Grimm (1875–1959); sein im Jahre 1926 erschienener Kolonialroman *Volk ohne Raum* fand unter der Naziherrschaft sehr großen Zuspruch.

Im Informationszentrum Klosterpforte wird eine sehenswerte Ausstellung zum klösterlichen Leben und zur romanischen Baukunst gezeigt. Um die Klosterkirche, dem Wahrzeichen der Gemeinde, drängen sich eine Reihe stattlicher alter Fachwerkhäuser niedersächsischer Prägung. Das Museum im Schäferhaus zeigt

Kirche von Wahlsburg-Vernawahlshausen

Romanische und gotische Wandmalereien in der Kirche von Wahlsburg-Vernawahlshausen

den Alltag der Dorfbevölkerung in früherer Zeit.

Beachtenswert in Wahlsburg-Vernawahlshausen sind bedeutende Reste romanischer und gotischer Wandmalereien im Chor der Pfarrkirche sowie im Kirchenschiff die Renaissance-Kanzel (17. Jahrhundert).

Sehenswert

Wahlsburg-Lippoldsberg: Kunstgeschichtlich bedeutende ehemalige romanische Klosterkirche, Informationszentrum Klosterpforte, Fachwerkhäuser, Museum im Schäferhaus.
Wahlsburg-Vernawahlshausen: Wandmalereien und Kanzel in der Pfarrkirche.
Märchenlandweg.
Weitere Informationen: www.wahlsburg.de

Schloss Fürstenberg

Fürstenberg

Die 1.200 Einwohner zählende Gemeinde Fürstenberg, ein staatlich anerkannter Erholungsort, liegt am Rande des Sollings auf einer steilen Höhe über der Weser. Hier befindet sich die weit über die Grenzen Deutschlands bekannte Porzellanmanufaktur Fürstenberg.

Auf der rechten Weserseite, dort wo die Hochfläche des Sollings am Kathagenberg mit seinen großen Steinbrüchen das Corveyer Land überragt, wurde kurz vor 1350 die Burg *vorstenberch* errichtet. Aufgrund ihrer geografischen Lage im Grenzgebiet zwischen dem Herzogtum Braunschweig, der Abtei Corvey und dem Bistum Paderborn wechselte die Burg häufig den Besitzer, bis sie schließlich im Jahre 1495 im Zuge der Teilung der Weserländer an die Braunschweig-Wolfenbüttelsche Linie der Welfen kam. Nach der Zerstörung der Burg durch die Hessen im Jahre 1545 wurde sie unter Herzog Heinrich Julius (1589–1613) zu einem Renaissanceschloss umgebaut und Verwaltungssitz des Amtsbezirks Fürstenberg, der den südlichen Zipfel des Herzogtums um-

Porzellan aus der Porzellanmanufaktur FÜRSTENBERG

Blick aus dem Schloss Fürstenberg auf die Weser

Die Besucherwerkstatt im Schloss

fasste. 1747 gründete Herzog Carl I. die Porzellanmanufaktur FÜRSTENBERG, die unter der Leitung von Johann Georg von Langen 1750 ihre Produktion im Schloss aufnahm. Der Ort entstand in der zweiten Hälfte des 18. Jahrhunderts, als sich in größerer Zahl Arbeitskräfte für die Manufaktur, Fabrikanten genannt, in Fürstenberg niederließen.

Über die Geschichte, die Entwicklung und das aktuelle Fertigungsprogramm der Manufaktur wird der Besucher im Museum im Schloss unterrichtet. Die Ausstellung, in der Exponate aus drei Jahrhunderten Porzellankunst präsentiert werden, ist im dreigeschossigen, mit Erker und reichem Volutengiebel geschmückten Torbau untergebracht, der noch von dem unter Herzog Heinrich Julius errichteten Renaissanceschloss stammt.

Bemerkenswert wegen seiner Sprengwerkkonstruktion ist das um die Mitte des 18. Jahrhunderts entstandene hölzerne Treppenhaus, das anstelle des inneren Hofraumes des

Mittelalterliches Wohnstallhaus Bokenrode: Hier können Kinder und Erwachsene wie im Mittelalter leben

Schlosses eingefügt wurde. Die aus Bruchstein erbauten Wohn- und Betriebsgebäude der Manufaktur wurden teilweise schon Ende des 18. Jahrhunderts errichtet.

In dem von 2004–08 erbauten Mittelalterdorf Bokenrode (Jugendbildungsstätte Fürstenberg) können Kinder und Erwachsene wie im Mittelalter leben. Um einen Dorfplatz gruppieren sich zwei Wohnstallhäuser und zwei Grubenhäuser aus dem Frühmittelalter und Spätmittelalter, ein Backhaus, ein Brennofen, eine Taverne sowie eine Schmiede.

Sehenswert sind ferner die 1897–99 in Sollingsandstein ausgeführte Kirche mit freistehendem Glockenturm, einige Fachwerkhäuser sowie das von Professor A. H. Hußmann aus Berlin im Jahre 1936 geschaffene Bronzepferd Vollblut.

Sehenswert

Schloss Fürstenberg: Museum im Schloss mit Besucherwerkstatt (Hauptsaison) der Porzellanmanufaktur, Kirche, Bronzepferd, das Mittelalterdorf Bokenrode.
Die Landschaft von Weser und Solling.
Weitere Informationen: www.fuerstenberg-porzellan.com

Polle

Der mit seinen Gassen und Plätzen noch ein wenig mittelalterlich wirkende Flecken Polle breitet sich mit seiner Burgruine hoch über der Weser auf einem Jurasattel aus. Polle ist als Erholungsort staatlich anerkannt und hat circa 1.100 Einwohner.

Die wohl im 12. Jahrhundert erbaute Burg Polle wurde erstmalig 1285 urkundlich erwähnt. Sie war Residenz der reichbegüterten, nur dem Kaiser verantwortlichen Grafen von Everstein, deren Grafschaft einst neun Burgen und das weite Weserland bis Holzminden und Hameln umfasste. Verhängnisvoll erwies sich die immer wieder aufflackernde Feindschaft mit den Braunschweiger Herzögen, die nach und nach große Teile der Grafschaft Everstein in ihren Besitz brachten. Im Jahre 1407 wurde Polle erobert und fiel an den Welfenherzog Heinrich von Braunschweig.

Im 30-jährigen Krieg wurde die Burg Polle oft belagert: Die Unterburg wurde 1623 von Tilly und die Oberburg 1641 von den Schweden in Brand gesetzt.

Burgruine Polle, Südseite

Blick auf die Weserfähre von der Burg aus gesehen

Kurz vor Ende des 2. Weltkriegs war Polle heftig umkämpft. Der West- und Nordflügel der Burg sowie das alte Amtshaus der Unterburg von 1656 wurden zerstört und dreiunddreißig Häuser ein Raub der Flammen.

Das Wahrzeichen von Polle ist die ehemalige Burg der Grafen von Everstein. Von der Burgruine und dem als Aussichtsturm ausgebauten Bergfried hat man einen wundervollen Rundblick auf das Wesertal, ins Lippische Land und auf die Waldgebiete Vogler und Solling. Von dem kurz vor Kriegsende zerstörten Amtshaus ist ein prächtiges Portal aus der Zeit der Weserrenaissance erhalten.

Märchenfigur der Gemeinde Polle an der Deutschen Märchenstraße ist Aschenputtel. An jedem dritten Sonntag um 14.45 Uhr von Mai bis September wird das Märchen vom Aschenputtel in der malerischen Burgruine aufgeführt.

In der Burg-, Mittel- und Hinteren Straße finden sich noch eine ganze Reihe teilweise stattlicher Fachwerkhäuser aus dem 16.–19. Jahrhundert mit sogenannten Utluchten (kleine, mit Fenstern ausgestattete Vorbauten). Die Pfarrkirche St. Georg, ein Saalbau mit flacher Balkendecke, wurde in der 2. Hälfte des 16. Jahrhunderts errichtet. Von den einstigen Innenausbauten sind das Eingangsportal aus

Der Burgturm als Adventskerze

Durch das prächtige Burgtor gelangt man in die Burgruine

Aschenputtelzimmer

roten Sandsteinquadern, die Stuckdecke sowie Epitaphien erhalten.

Zu empfehlen ist ein Ausflug zum etwa 12 km sagen- und märchenumwobenen Köterberg (496 m), von wo aus sich bei gutem Wetter ein herrlicher Rundblick auf die Weserlandschaft bietet.

Im Sommer des Jahres 1813 unternahm Wilhelm Grimm einen Ausflug zum Köterberg, wo er von einem Schäfer das plattdeutsche Märchen *De drei Vügelkens* (Vögelchen) sowie die Sagen *Die Springwurzel* und *Der Köterberg* hörte.

Sehenswert

Malerische Burgruine Polle mit Museum und Aschenputtelzimmer (Aschenputtelspiel: Frühjahr–Sommer: Beginn um 14.45 Uhr), Kirche, Fachwerkhäuser, Gierseilfähre, das Wesertal. Ausflug zum sagen- und märchenumwobenen Köterberg.
Weitere Informationen: www.muenchhausenland.de

Bodenwerder

Die Stadt Bodenwerder ist weithin durch die Abenteuer ihres berühmten Sohnes, des Freiherrn Carl Friedrich Hieronymus von Münchhausen (1720–97), bekannt geworden. Die an der oberen Weser gelegene Stadt Bodenwerder hat zusammen mit ihren vier eingemeindeten Orten über 5.700 Einwohner.

Im Stadtteil Kemnade befindet sich in der ehemaligen Klosterkirche das Grab Münchhausens

Unweit des im Jahre 959 gegründeten Klosters Kemnade entwickelte sich die Marktsiedlung Insula (Werder), die 1245 durch Kauf von der Abtei Corvey in den Besitz Heinrich II. von Homburg gelangte und von diesem 1287 Stadtrechte erhielt. Der Name der Stadt Bodenwerder geht auf die Herren von Homburg zurück, von denen ein Ritter Bodo von Homburg als erster Oberherr Bodenwerders (=Bodos Insel oder Werder) genannt wurde. Nach dem Aussterben der Homburger kam die wohlhabende Stadt im Jahre 1409 an die Welfen. Schwere Brände, Überschwemmungen und der 30-jährige Krieg fügten der Stadt schwere Schäden zu, von denen sie sich in der Folgezeit nur langsam erholte.

Carl Friedrich Hieronymus von Münchhausen

Die Schulenburg, ein im Kern mittelalterliches Steinhaus (um 1300), ist Sitz des Münchhausen-Museums

An den großen Fabulierer, den Freiherrn C. F. H. von Münchausen, wird in Bodenwerder auf mannigfache Weise erinnert. Der Münchhausen-Gutshof ist ein Gebäude-Ensemble, bestehend aus Herrenhaus, der ehemaligen Branntweinbrennerei sowie der Schulenburg. Im 1603 erbauten Herrenhaus, dem heutigen Rathaus, wurde Münchhausen geboren, und hier ist er auch gestorben. Die Schulenburg, ein im Kern mittelalterliches Steinhaus (um 1300), ist Sitz des Münchhausen-Museums (Erinnerungstücke, Buchausgaben, Illustrationen etc.). Nicht weit vom Rathaus liegt am Berghang die Münchhausen-Grotte aus dem Jahre 1763, in dessen oberem Zimmer Münchhausen viele seiner Anekdoten zum Besten gab.

Auf dem Marktplatz von Bodenwerder stehen die im Jahre 1410 geweihte St.-Nicolai-Kirche sowie das älteste Wohnhaus der Stadt (erbaut 1484). In unmittelbarer Nähe befindet sich das älteste Gotteshaus von Bodenwerder, die St.-Gertrudis-Kapelle, aus dem 12. Jahrhundert. Sehenswert sind die Homburgstraße und die Königstraße, eine Reihe von Fachwerkhäusern mit sorgsam gepflegten Fachwerkgiebeln,

Münchhausen-Bronze-Skulptur am Rathaus

darunter das Haus Plate von 1550. In der Weserstraße fällt der Blick auf die Alte Apotheke (1625), auf das einstige Zollhaus, das alte Fährhaus mit drolliger Ornamentmalerei und alten Hochwassermarken sowie auf ein mit sehr vielen Schnitzereien versehenes Haus aus dem Jahre 1604.

Im Stadtteil Kemnade befindet sich in der ehemaligen Klosterkirche das Grab Münchhausens. In der schönen dreischiffigen, über 1000-jährigen, romanischen Kirche sind einige sakrale Kostbarkeiten erhalten geblieben, so zwei Kruzifixe aus dem 13. und 16. Jahrhundert, eine holzgeschnitzte Pieta (um 1500), eine wertvolle Strahlenmadonna (um 1480), ein romanischer Taufstein und ein aus Buntsandstein gefertigtes kleines Sakramentshäuschen.

Malerisch, direkt an der Weser in der Ortschaft Hehlen gelegen, ist das von einem Was-

Schloss Hehlen, malerisch direkt an der Weser gelegen

sergraben umgebene Schloss (Privatbesitz). Bauherr des vierflügeligen Weserrenaissance-Schlosses (1579–84) war Fritz von der Schulenburg. Auf einer Anhöhe von Hehlen liegt die Immanuelskirche; der von 1697–99 errichtete Kirchenbau ist eines der frühesten Beispiele für eine protestantische Zentralraumkirche in Deutschland.

Sehenswert

St.-Nicolai-Kirche, St.-Gertrudis-Kapelle, Fachwerkhäuser. Münchhausen-Gedenkstätten: Geburtshaus (das heutige Rathaus), Münchhausen-Grotte (vom Baron erbaut), Münchhausen-Brunnen in der Innenstadt, Münchhausen-Skulpturen, Klosterkirche Kemnade mit Münchhausengrab, Münchhausen-Spiel: Mai–Okt., am 1. Sonntag 15.00 Uhr, Münchhausen-Musical. In Hehlen: Weserrenaissance-Schloss, Immanuel-Kirche.
Weitere Informationen: www.muenchhausenland.de

Des Baron Münchhausens Abenteuer auf der Reise nach Russland

(R. E. Raspe / G. A. Bürger)

Ich trat meine Reise nach Russland von Haus ab mitten im Winter an, weil ich ganz richtig schloss, dass Frost und Schnee die Wege durch die nördlichen Gegenden von Deutschland, Polen, Kur- und Livland, welche nach der Beschreibung aller Reisenden fast noch elender sind als die Wege nach dem Tempel der Tugend, endlich ohne besondere Kosten hochpreislicher wohlfürsorgender Landesregierungen ausbessern müsste.

Ich reise zu Pferde, welches, wenn es sonst nur gut um Gaul und Reiter steht, die bequemste Art zu reisen ist. Denn man riskiert alsdann weder mit irgendeinem höflichen deutschen Postmeister eine Affaire d'honneur zu bekommen, noch von seinem durstigen Postillion vor jede Schenke geschleppt zu werden. Ich war nur leicht bekleidet, welches ich ziemlich übel empfand, je weiter ich gegen Nordost hinkam.

Nun kann man sich einbilden, wie bei so strengem Wetter unter dem rauesten Himmelstriche einem armen alten Mann zumute sein musste, der in Polen auf einem öden Anger, über den der Nordost hinschnitt, hilflos und schauernd dalag und kaum hatte, womit er seine Schamblöße bedecken konnte.

Der arme Teufel dauerte mich von ganzer Seele. Ob mir gleich selbst das Herz im Leibe fror, so warf ich dennoch meinen Reisemantel über ihn her. Plötzlich erscholl eine Stimme vom Himmel, die dieses Liebeswerk ganz ausnehmend herausstrich und mir zurief:

> *„Hol mich der Teufel, mein Sohn,*
> *das soll dir nicht unvergolten bleiben!"*

Ich ließ das gut sein und ritt weiter, bis Nacht und Dunkelheit mich überfielen. Nirgends war ein Dorf zu hören, noch zu sehen. Das ganze Land lag unter Schnee, und ich wusste weder Weg noch Steg.

Des Reitens müde, stieg ich endlich ab und band mein Pferd an eine Art von spitzem Baumstaken, der über dem Schnee hervorragte. Zur Sicherheit nahm ich meine Pistolen unter den Arm, legte mich nicht weit davon in den Schnee nieder und tat ein so gesundes Schläfchen, dass mir die Augen nicht eher wieder aufgingen, als bis es heller lichter Tag war. Wie groß war aber mein Erstaunen, als ich fand, dass ich mitten in einem Dorfe auf dem Kirchhofe lag! Mein Pferd war anfänglich nirgends zu sehen, doch hörte ich's bald darauf irgendwo über mir wiehern. Als ich nun emporsah, so wurde ich gewahr, dass es an den Wetterhahn des Kirchturms gebunden war und von da herunterhing. Nun wusste ich sogleich, wie ich dran war. Das Dorf war nämlich die Nacht über ganz zugeschneit gewesen; das Wetter hatte sich auf einmal umgesetzt. Ich war im Schlaf nach und nach, so wie der Schnee zusammengeschmolzen war, ganz sanft herabgesunken. Was ich in der Dunkelheit für den Stumpf eines Bäumchens, der über dem Schnee hervorragte,

gehalten und daran mein Pferd gebunden hatte, das war das Kreuz oder der Wetterhahn des Kirchturms gewesen.

Ohne mich nun lange zu bedenken, nahm ich eine von meinen Pistolen, schoss nach dem Halfter, kam glücklich auf die Art wieder zu meinem Pferde und verfolgte meine Reise.

Hierauf ging alles gut, bis ich nach Russland kam, wo es eben nicht Mode ist, des Winters zu Pferde zu reisen. Wie es nun immer meine Maxime ist, mich nach dem Bekannten: Ländlich, sittlich zu richten, so nahm ich dort einen kleinen Rennschlitten auf ein einzelnes Pferd und fuhr wohlgemut auf St. Petersburg los.

Nun weiß ich nicht mehr recht, ob es in Estland oder Ingermanland war, soviel aber besinne ich mich noch wohl, es war mitten in einem fürchterlichen Walde, als ich einen entsetzlichen Wolf mit aller Schnelligkeit des gefräßigsten Winterhungers hinter mich ansetzen sah. Er holte mich bald ein, und es war schlechterdings unmöglich, ihm zu entkommen. Mechanisch legte ich mich platt in den Schlitten nieder und ließ mein Pferd zu unserm beiderseitigen Besten ganz allein agieren. Was ich zwar vermutete, aber kaum zu hoffen und zu erwarten wagte, das geschah gleich nachher. Der

Wolf bekümmerte sich nicht im Mindesten um meine Wenigkeit, sondern sprang über mich hinweg, fiel wütend auf das Pferd, riss ab und verschlang auf einmal den ganzen Hinterteil des armen Tieres, welches vor Schrecken und Schmerz nur desto schneller lief. Wie ich nun auf die Art selbst so unbemerkt und gut davongekommen war, so erhob ich ganz verstohlen mein Gesicht und nahm mit Entsetzen wahr, dass der Wolf sich beinahe über und über in das Pferd hineingefressen hatte. Kaum aber hatte er sich so hübsch hineingezwängt, so nahm ich mein Tempo wahr und fiel ihm tüchtig mit meiner Peitsche auf das Fell. Solch ein unerwarteter Überfall in diesem Futteral verursachte ihm keinen geringen Schreck. Er strebte mit aller Macht vorwärts, der Leichnam des Pferdes fiel zu Boden, und siehe!, an seiner Statt steckte mein Wolf in dem Geschirr. Ich hörte nun noch weniger auf zu peitschen, und wir langten in vollem Galopp gesund und wohlbehalten in St. Petersburg an, ganz gegen unsere beiderseitigen respektiven Erwartungen und zu nicht geringem Erstaunen aller Zuschauer.

Hameln

Die Kreisstadt Hameln, Schauplatz der Rattenfänger-Sage, liegt im fruchtbaren, von Bergzügen geschützten Tal der Weser bei der Einmündung der Hamel. Die Stadt Hameln mit ihren dreizehn Stadtteilen hat rund 58.000 Einwohner; sie ist Mittelpunkt eines eigenen Baustils des 16. und 17. Jahrhunderts, der sogenannten Weserrenaissance.

Wichtig für die Entwicklung zur Stadt war die Stiftung einer Eigenkirche im Jahre 812, die 826 durch die Reichsabtei Fulda zu einem Kloster ausgebaut wurde. Im 11. Jahrhundert entwickelte sich Hameln zum Marktort und fand gegen 1200 erstmalig urkundlich als Stadt Erwähnung. Nach der Schlacht von Sedemünder (1260) kam Hameln im Jahre 1277 an den Welfenherzog Albrecht von Braunschweig, der die Freiheiten und Rechte der Stadt bestätigte.

Im Sommerhalbjahr kann man auf der Terrasse des Hochzeitshauses das beliebte Rattenfänger-Freilichtspiel sehen

Das Rattenfänger-Kunst- und Glockenspiel kann man ganzjährig um 13.05, 15.35 und 17.35 Uhr am Hochzeitshaus hören und sehen

Schöne Fassaden der Weserrenaissance in der Fußgängerzone

Durch seine günstige Verkehrslage als wichtiger Übergang über die schiffbare Weser gelangte Hameln, insbesondere durch den Handel mit Getreide und Mühlsteinen, zu großem Wohlstand. Von 1426–1572 gehörte die Stadt der Hanse an. Nach dem 30-jährigen und dem 7-jährigen Krieg wurde Hameln zur Landesfestung ausgebaut und galt als Gibraltar des Nordens für uneinnehmbar. Von 1807–13 gehörte Hameln unter Jérôme Bonaparte zum Königreich Westphalen (vgl. Kassel). Auf Befehl Napoleons wurden die Festungsanlagen im Jahre 1808 geschleift.

Unweit der Weser liegt an der Stelle des einstigen fuldischen Klosters das häufig veränderte romanisch-gotische Münster St. Bonifatius. Zu den ältesten Teilen gehören die Krypta (11. Jahrhundert), der achteckige Vierungsturm (12. Jahrhundert) und der Anbau der Elisabethkapelle (um 1250). Im 14. Jahrhundert erfolg-

Stadtführungen mit dem Rattenfänger können gebucht werden

ten der Umbau und die Erweiterung zur dreischiffigen gotischen Hallenkirche. Von der alten Ausstattung des Münsters ist nur sehr wenig erhalten: Ein gotisches Sakramentshäuschen, eine Kalksteinreliefplatte (Maria, von Engeln gekrönt, Anfang 15. Jahrhundert) und der Stifterstein (14. Jahrhundert) für den angeblichen Stifter des Münsters mit dem legendären Gründungsdatum 812.

Die Marktkirche St. Nicolai (um 1200) wurde nach ihrer Zerstörung im 2. Weltkrieg unter Verwendung der alten Bausubstanz wiederaufgebaut.

Bei einem Rundgang durch die malerische Altstadt sollte man den zahlreichen, auf dem Boden aufgetragenen, Rattensymbolen folgen.

Details aus der Fassade des Leisthauses (links) und Stiftsherrenhauses

Das Leisthaus ist eines der Glanzstücke in der Osterstraße

Viele hübsche Fachwerkhäuser sowie prächtige Bauten der Weserrenaissance mit reichen Giebelverzierungen, Inschriften und Erkerausbauten bestimmen das Bild der Hamelner Altstadt: Besonders sehenswert sind das Rattenfängerhaus (1602–03), die Häuser Osterstraße 12 und 18, das Leisthaus (1585–89), das Stiftsherrenhaus (1556–58), das Hochzeitshaus mit Rattenfänger-Glockenspiel (1610–17 von der Stadt als repräsentatives Fest- und Feierhaus errichtet), das Dempterhaus (1606–07), das Bürgerhus (ehem. Brauhaus, 1560), das Lückingsche Haus (1638), die gotische Löwenapotheke (um 1300), der Rattenkrug (Restaurant: 1250 und 1568–69), der Haspelmath- und Pulverturm, die Kurie Jerusalem (ehem. Speicher, um 1500) und der Redenhof, ein alter Adelshof.

Dem Rattenfänger kann man in Hameln auf Schritt und Tritt begegnen: Es gibt zwei Rattenfängerbrunnen (Rathausplatz und Osterstraße), ein Glasfenster in der Marktkirche, eine historische Inschrift am Rattenfängerhaus, ein Rattenfänger-Relief am Bürgergarten und natürlich eine bedeutende Sammlung und Ausstellung zur Rattenfänger-Sage im Museum Hameln, das im prächtigen Leisthaus und dem mit reichen Schnitzereien versehenen Stiftsherren-

haus sein Domizil hat. Das Geheimnis von einhundertdreißig hämelschen Kindern am 26.6.1284 lässt sich mit größter Wahrscheinlichkeit mit der deutschen Ostkolonisation im Mittelalter in Zusammenhang bringen, als adlige Territorialherren Siedler für Landstriche in Mähren, Pommern, Ostpreußen und im Gebiet des Deutschen Ordens anwarben. Die Kinder wären demnach auswanderungswillige Einwohner der Stadt.

Von Mitte Mai bis Mitte September werden das Kurzmusical Rats sowie die Rattenfänger-Sage als Freilichtspiel aufgeführt. Das Rattenfänger-Kunst- und Glockenspiel kann man ganzjährig um 13.05, 15.35 und 17.35 Uhr am Hochzeitshaus hören und sehen.

Sehr zu empfehlen ist ein Ausflug zu den bedeutenden Weserrenaissance-Schlössern Hämelschenburg (circa 11 km) und Schwöbber (circa 10 km). Bei dem mit Wassergräben umgebenen Schloss Hämelschenburg handelt es sich um den repräsentativsten Bau der Weserrenaissance. Die malerische Dreiflügel-Anlage wurde 1588 begonnen. Den Schlosshof mit seinen achteckigen Treppentürmen erreicht man durch ein prächtiges Tor (1603). Im Innern zu beachten sind die Pilgerhalle, zahlreiche Möbelstücke (16.–19. Jahrhundert), die Gemäldesammlung mit Porträts deutscher Fürsten

Der repräsentativste Bau der Weserrenaissance: Das bedeutende Schloss Hämelschenburg. Oben links: Die Ostfassade

Weserrenaissance-Schloss Schwöbber. Mitten im Weserbergland liegt das renommierte Schlosshotel Münchhausen

sowie die Festsäle im Stil des Historismus (19. Jahrhundert).

Das prachtvolle, dreiflügelige Wasserschloss Schwöbber entstand in drei Bauabschnitten in der Zeit zwischen 1754 bis 1604. Schloss Schwöbber beherbergt heute ein renommiertes Hotel mit Restaurant und trägt den Namen seines Erbauers Hilmar von Münchhausen (Schlosshotel Münchhausen). Im Mittelflügel des Schlosses haben sich qualitätsvolle Stuckarbeiten an den Balkendecken und reizvolle Kamine aus dem 16. Jahrhundert erhalten.

Sehenswert

Malerische Altstadt als Ensemble mit prächtigen Bürgerhäusern und Fachwerkbauten im Stil der Weserrenaissance, Münsterkirche St. Bonifatius, Marktkirche St. Nicolai, ehem. Garnisonkirche (erb. 1713, jetzt Stadtsparkasse), Kurie Jerusalem, Redenhof, Haspelmathturm.
Rattenfänger-Freilichtspiel, Rattenfänger-Musical „RATS", Museum Hameln, Erlebniswelt Glashütte Hameln am Pulverturm, Pfortmühle (ehem. Wassermühle im wilhelminischen Stil des Kaiserreichs).
In Hastenbeck: Pfarrkirche (1620), Rittergut von Reden mit Schloss (19. Jh. [Besichtigung nur im Rahmen von Führungen]).
Aerzen: Schlosshotel Münchhausen im Wasserschloss Schwöbber.
Emmerthal: Schloss Hämelschenburg.
Weitere Informationen: www.hameln.de

Die Kinder zu Hameln

(Brüder Grimm)

Im Jahr 1284 ließ sich zu Hameln ein wunderlicher Mann sehen. Er hatte einen Rock von vielfarbigem, bunten Tuch an, weshalb er Bundting soll geheißen haben, und gab sich für einen Rattenfänger aus, indem er versprach, gegen ein gewisses Geld die Stadt von allen Mäusen und Ratten zu befreien. Die Bürger wurden mit ihm einig und versicherten ihm einen bestimmten Lohn. Der Rattenfänger zog demnach ein Pfeifchen heraus und pfiff, da kamen alsbald die Ratten und Mäuse aus allen Häusern hervorgekrochen und sammelten sich um ihn herum. Als er nun meinte, es wäre keine zurück, ging er hinaus, und der ganze Haufen folgte ihm, und so führte er sie an die Weser; dort schürzte er seine Kleider und trat in das Wasser, worauf ihm alle die Tiere folgten und hineinstürzend ertranken.

> Am 26. Juni auf Johannis- und Paulitag, morgens früh sieben Uhr, nach andern zu Mittag, erschien er wieder, jetzt in Gestalt eines Jägers, erschrecklichen Angesichts, mit einem roten, wunderlichen Hut …

Nachdem die Bürger aber von ihrer Plage befreit waren, reute sie der versprochene Lohn, und sie verweigerten ihn dem Manne unter allerlei Ausflüchten, sodass er zornig und erbittert wegging. Am 26. Juni auf Johannis- und Paulitag, morgens früh sieben Uhr, nach andern zu Mittag, erschien er wieder, jetzt in Gestalt eines Jägers, erschrecklichen Angesichts, mit einem roten, wunderlichen Hut und ließ seine Pfeife in den Gassen hören. Alsbald kamen diesmal nicht Ratten und Mäuse, sondern Kinder, Knaben und Mägdlein vom vierten Jahr an, in großer Anzahl gelaufen, worunter auch die schon erwachsene Tochter des Bürgermeisters war. Der ganze Schwarm folgte ihm nach, und er führte sie hinaus in einen

Berg, wo er mit ihnen verschwand. Dies hatte ein Kindermädchen gesehen, welches mit einem Kind auf dem Arm von fern nachgezogen war, danach umkehrte und das Gerücht in die Stadt brachte. Die Eltern liefen haufenweis vor alle Tore und suchten mit betrübtem Herzen ihre Kinder; die Mütter erhoben ein jämmerliches Schreien und Weinen. Von Stund an wurden Boten zu Wasser und Land an alle Orte herumgeschickt, zu erkundigen, ob man die Kinder oder auch nur etliche gesehen, aber alles vergeblich. Es waren im Ganzen hundertunddreißig verloren. Zwei sollen, wie einige sagen, sich verspätet und zurückgekommen sein, wovon aber das eine blind, das andere stumm gewesen, also dass das Blinde den Ort nicht hat zeigen können, aber wohl erzählen, wie sie dem Spielmann gefolgt wären, das Stumme aber den Ort gewiesen, ob es gleich nichts gehört. Ein Knäblein war im Hemd mitgelaufen und kehrte um, seinen Rock zu holen, wodurch es dem Unglück entgangen, denn als es zurückkam, waren die andern schon in der Grube eines Hügels, die noch gezeigt wird, verschwunden.

Die Straße, wodurch die Kinder zum Tor hinausgegangen, hieß noch in der Mitte des 18. Jahrhunderts (auch noch heute) die Bungelose (Trommel-, Tonlose), weil kein Tanz darin geschehen noch Saitenspiel durfte gerührt werden. Ja, wenn eine Braut mit Musik zur Kirche gebracht ward, mussten die Spielleute über die

Gasse hin stillschweigen. Der Berg bei Hameln, wo die Kinder verschwanden, heißt der Poppenberg, wo links und rechts zwei Steine in Kreuzform sind aufgerichtet worden.

Einige sagen, die Kinder wären in eine Höhle geführt worden und in Siebenbürgen wieder herausgekommen.

Die Bürger von Hameln haben die Begebenheit in ihr Stadtbuch einzeichnen lassen, und pflegten in ihrem Ausschreiben nach dem Verlust ihrer Kinder Jahr und Tag zu zählen. Nach Seyfried ist der 22. statt des 26. Juni im Stadtbuch angegeben. An dem Rathaus standen folgende Zeilen:

> *Im Jahr 1284 na Christi gebort*
> *to Hamel worden uthgevort*
> *hundert und dreißig Kinder dasülvest geborn*
> *dorch einen Piper under den Köppen verlorn.*

Und an der neuen Pforte:

> *Centum ter denos cum magus ab urbe puellos*
> *Duxerat ante annos CCLXXII condita porta fuit.*

Im Jahre 1572 ließ der Bürgermeister die Geschichte in die Kirchenfenster abbilden mit der nötigen Überschrift, welche größtenteils unleserlich geworden ist. Auch ist eine Münze darauf geprägt.

Hessisch Oldendorf

Die Stadt Hessisch Oldendorf im Naturpark Weserbergland, früher an einem jetzt verschwundenen Arm der Weser gelegen, hat zusammen mit seinen vierundzwanzig Stadtteilen über 19.000 Einwohner.

Eine ganze Reihe von Sagen rankt sich um den Hohenstein mit seinen 50 Meter abfallenden Klippen. Er ist einer der bedeutendsten Pflanzenstandorte in Norddeutschland

Oldendorf, das erst im Jahre 1905 zur besseren Unterscheidung von anderen Orten desselben Namens den Zusatz *Hessisch* erhielt, wurde wohl schon im 13. Jahrhundert von den Grafen von Schaumburg gegründet. Stadtrechte sind für Hessisch Oldendorf im 14. Jahrhundert bezeugt. Im 30-jährigen Krieg kam es 1633 zu der bedeutenden Schlacht bei Hessisch Oldendorf (zwischen Segelhorst und Barksen), in der ein protestantisches Heer die kaiserlich-katholischen Truppen besiegte.

Bestens restaurierte Fachwerkhäuser stehen in der Innenstadt von Hessisch Oldendorf

Nach dem Tod des letzten Schaumburger Grafen im Jahre 1640 fiel Oldendorf durch Erbteilung an die Landgrafen von Hessen-Kassel und gehörte von 1807–13, wie ganz Kurhessen, zum Königreich Westphalen. 1866 wurde Hessisch Oldendorf preußisch (als Enklave im Regierungsbezirk Kassel) und kam 1932 an den preußischen Regierungsbezirk Hannover.

Älter als die Kernstadt Hessisch Oldendorf ist der Stadtteil Fischbeck, der bereits 892 in einer Urkunde König Arnulfs über die Schenkung einer königlichen Besitzung an den sächsischen Grafen Ekbert erwähnt wird.

Auf diesem Besitz wurde 995 ein Damenstift durch die Edelherrin Helmburgis gegründet. 1559 wurde die Reformation eingeführt und das Stift in ein evangelisches Damenstift umgewandelt. Die Geschichte und Tradition des Stiftes Fischbeck wird auch heute noch von Stiftsdamen fortgeführt, zu deren Aufgaben es u.a. gehört, durch die mittelalterliche Stiftskirche zu führen, zu Stiftsgesprächen und Orgelkonzerten einzuladen.

Die Silhouette der Stadt Hessisch Oldendorf wird von dem Münchhausen-Hof (oben) und der Stadtkirche (unten) beherrscht

Wie schon auf dem Stich von Merian aus dem Jahre 1647 zu sehen, wird die Silhouette der Stadt Hessisch Oldendorf auch heute noch von dem Münchhausen-Hof und der Stadtkirche beherrscht. Die dreischiffige Stadtkirche wurde gegen Ende des 14./Anfang des 15. Jahrhunderts erbaut. Zur ihrer Ausstattung gehören u.a. ein prächtiges Bronzetaufbecken (1590), ein Abendmahlsbild (1590) und zwei Kreuzigungstafeln (Anfang 17. Jahrhundert). Der Münchhausen-Hof entstand im 13. Jahrhundert. Die jetzige zweiflügelige Anlage wurde 1583 im Stil der Weserrenaissance von Börries von Münchhausen errichtet und gehört zu den größten Adelshöfen des Weserberglandes. Besonders repräsentativ ist die Richtung Weser gelegene Südfassade mit dem durch Voluten geschmückten Treppengiebel.

In der Innenstadt sind eine Reihe von liebevoll restaurierten giebelständigen Fachwerkhäusern (Lange Straße, Schulstraße, Kirchplatz) aus dem 16.–19. Jahrhundert erhalten.

In und um Hessisch Oldendorf sind zahlreiche Märchen und Sagen überliefert. An den in Sagen berüchtigten Ratskellerwirt und Stadtpfeifer Cord Baxmann (1599–1690), der es durch List, Betrug und auch Fleiß zu beträchtlichem Wohlstand brachte, wird in Hessisch Oldendorf auf mannigfaltige Weise erinnert: Ein leibhaftiger Baxmann führt Besucher zu den Baxmann-Stätten, wie dem Baxmann-Haus (Volksbank, Lange Straße 85), dem Baxmann-Brunnen (am Marktplatz), dem Baxmann-Denkmal, der Baxmann-Quelle, dem Baxmann-Grab auf dem Friedhof u. a. m., und erzählt ihnen seine schaurige Geschichte.

Nach seinem Tod war der gierige Baxmann weder im Himmel noch in der Hölle willkommen und wurde bis ans Ende aller Tage dazu verbannt, Wasser mit einem Fingerhut zu schöpfen.

Weniger bekannt ist der Umstand, dass aus dem Stadtteil Weibeck vier, noch immer lesenswerte Märchen stammen, worunter eines, nämlich *Zwerg Holzrührlein Bonneführlein*, Parallelen zum *Rumpelstilzchen* der Brüder

Die Schillat-Höhle ist Deutschlands nördlichste Tropfsteinhöhle, und besonders die Jugend ist begeistert von der faszinierenden Höhlenwelt

Die Sage vom Baxmann spielt in Hessisch Oldendorf und Umgebung

Die Stiftskirche Fischbeck aus dem 12. Jahrhundert ist eines der bedeutendsten romanischen Bauwerke im Weserraum

Grimm aufweist. Eine ganze Reihe von Sagen ranken sich um den Hohenstein mit seinen um 50 m abfallenden Klippen (Naturschutzgebiet, einer der bedeutendsten Pflanzenstandorte in Norddeutschland) sowie um das Dachtelfeld, eine 1000 ha große Hochebene.

Die Stiftskirche von Fischbeck aus dem 12. Jahrhundert gehört zu den bedeutendsten romanischen Bauwerken im Weserraum. Die Krypta unter dem Chor ist eine dreischiffige Hallenkrypta. Von den mittelalterlichen Stiftsgebäuden sind der dreiseitige Kreuzgang und Teile des westlichen Klausurtraktes erhalten. Glücklicherweise konnte von der Ausstattung, trotz zahlreicher Plünderungen während des 30-jährigen Krieges, eine beträchtliche Zahl von sakralen Kostbarkeiten gerettet werden. Zu den wertvollsten Schätzen gehören das Triumphkreuz (1250), die lebensgroße Holzfigur der Stiftsgründerin Helmburg (um 1300), ein Kopfreliquiar (12. Jahrhundert, Kopie), die ausdrucksvolle Holzfigur Christus im Elend (15. Jahrhundert) sowie der berühmte Fischbecker Wandteppich.

Sehenswert

Stadtkirche, Münchhausen-Hof (Weserrenaissance), Fachwerkhäuser, Stadtwall (Spazierweg mit Skulpturen), Baxmann-Stätten: Baxmann-Haus, -Brunnen, -Quelle, -Grab etc.
In Fischbeck: Tausendjähriges Stift: Romanische Kirche mit Krypta, Kreuzgang, Stiftsgebäuden, bedeutende Ausstattung (u. a. Wandteppich), renommierte Orgelkonzerte.
In Langenfeld: Schillat-Höhle (Tropfstein-Höhle), Wasserfall des Höllenbaches.
Naturschutzgebiet Hohenstein, das Dachtelfeld.
Weitere Informationen: www.hessisch-oldendorf.de

Baxmann

(E. M. Iba / F. Kölling / O. Wagenführer)

Vor vielen, vielen Jahren lebte in Oldendorf der Ratskellerwirt und Stadtmusikant Baxmann. Man sagte von ihm, dass ihn die Habgier zum Betrug, ja zum Mord verleitet habe. Mancher Wandersmann, der bei ihm einkehrte, sei nicht mehr gesehen worden. Sein Gut mehrte sich von Jahr zu Jahr, bis er eines Tages krank wurde und starb. Ein großes Trauergefolge hatte ihm das Geleit zum Friedhof gegeben und seinen Sarg in die Erde senken sehen. Wie entsetzt waren deshalb alle, als sie Baxmann bei ihrer Rückkehr vom Gottesacker am Fenster seines Hauses stehen sahen. Er wurde nun zum zweiten Mal begraben, aber, oh Graus! Nun befand er sich selbst unter den Trauernden, als sie den Friedhof verließen.

Die Oldendorfer beschlossen deshalb, Baxmann mit Hilfe der Mönche aus Paderborn in die weiten Wälder des Süntels zu verbannen. Er wurde auf einen Wagen gebracht, der von vier schwarzen Pferden gezogen wurde. So ging es aus dem Ostertor hinauf nach Barksen, aber je näher das seltsame Gefährt dem Walde kam, umso langsamer ging es von der Stelle. Den Rappen brach der Schweiß mit Macht aus, ja schließlich hatten sie sich vor lauter Anstrengung in Schimmel verwandelt und kamen kaum vorwärts. Der Bannspruch war durch eine unbedachte Wendung des Fuhrknechts unwirksam geworden, und Baxmann war schnell in sein geliebtes Oldendorf zurückgeeilt. Der Priester musste seines Amtes von Neuem walten und Baxmann wurde zum zweiten Mal verbannt. Auch diesmal hatten die Pferde mit den größten Anstrengungen zu kämpfen, kamen aber doch schnell vorwärts. Der Wagen fuhr mit dem Festgebannten oberhalb Barksen durch den Wald in das Hohensteintal und von hier aus ins Totental bis an die Baxmannswiese. In dieser sehr sumpfigen Wiese liegt die sehr starke Quelle des Hollenbaches, an der Baxmanns unruhiger Geist durch die Beschwörungskünste der Priester festgehalten wurde, und zwar so lange, bis er eine

ihm gestellte Aufgabe gelöst hat. Er sollte nämlich die Quelle des Baches oder den Brunnen, nach Baxmann heute der Baxmannbrunnen genannt, mit einem Sieb leer schöpfen, und sobald ihm das gelungen sei, erlöst sein. Oldendorf war nun die Spukgestalt losgeworden, an die Rückkehr Baxmanns dachte niemand. Und in der Tat waren alle Anstrengungen des Unruhevollen erfolglos, der Wasserstand des Brunnens nahm nie ab, aber dennoch sollte für Baxmann die Erlösungsstunde schlagen.

Es kam ein sehr, sehr strenger Winter ins Land gezogen, Bäche und Flüsse überzogen sich in einer Nacht mit einer dicken Eisdecke, die schnell dicker wurde. Die Menschen jammerten wegen großer Kälte, und die sonst so munteren Fischlein hatten auch Grund dazu. Als die muntere Forellenschar nach nächtlichen Streifzügen in ihre Höhlungen zurückgekehrt war, versiegte plötzlich der Quell ihres Lebens.

Der Baxmannbrunnen war bis auf den Grund eingefroren, der Augenblick des Vergebens für alle Lebewesen des Baches und doch auch der Erlösung für eine gequälte Menschenseele war da. In fieberhafter Eile zerschlug Baxmann die dicken Eisplatten des Brunnens, immer fürchtend, der große Augenblick könne nur zu schnell vergehen. Die zerbrochenen Eisstücke füllte er mit dem Martersieb aus der Quelle und warf sie auf die Wiese. Pochenden Herzens kam er dem Grund des Brunnens näher. Er zerschlug die letzte Decke und sah vor sich die schwarze Erde, fest wie die Diele der Scheune. Das letzte Eisstück war aus dem Brunnen gefüllt, da zog ein befreiender Hauch durch Baxmanns Seele, der Bannspruch hatte seine Wirkung verloren, er war frei.

> Er wurde nun zum zweiten Mal begraben, aber, oh Graus! Nun befand er sich selbst unter den Trauernden ...

> Die stillen Gemüter der Oldendorfer waren aufs Höchste erregt, als man die Rückkehr Baxmanns vernahm

Die stillen Gemüter der Oldendorfer waren aufs Höchste erregt, als man die Rückkehr Baxmanns vernahm. Man wollte nun einmal nichts von dem Störenfried wissen und erinnerte sich deshalb auch nicht mehr des gegebenen Versprechens. Baxmann wurde aufs Neue seiner Heimat entführt und an die frühere Stätte seines Wirkens, an den Brunnen im Totental festgebannt. Die neue Aufgabe, die man ihm gab, bestand darin, erneut den Brunnen zu leeren, aber nicht mehr mit einem Sieb, sondern mit einem Fingerhut sollte er das schwere Werk vollbringen. Das hat denn auch der Heimatlose getreulich versucht, aber es ist ihm bisher nicht gelungen. Er wird wohl die Baxmannsqualen bis ans Ende der Zeiten ertragen müssen. Nur bisweilen ergreift ihn der Missmut über seine erfolglose Arbeit, so dass er die wunderlichsten Gestalten annimmt, und wehe dem Menschen, der die Hand gegen ihn erhebt!

Bad Oeynhausen

Die Stadt Bad Oeynhausen mit ihren knapp 50.000 Einwohnern und acht Stadtteilen breitet sich in einer landschaftlich reizvollen Lage am großen Weserbogen, unweit der Porta Westfalica, zwischen dem Ravensberger Hügelland und dem Südhang des Wiehengebirges aus.

Das Gebiet um den Bad Oeynhausener Stadtteil Rehme, in der Nähe der Mündung der Werre in die Weser, war schon in der jüngeren Steinzeit besiedelt. Im Jahre 753 wurde Rehme, in das der Frankenkönig Pippin der Jüngere (714–68) und später auch sein Sohn Karl der Große auf ihren Heerzügen in das Gebiet der Sachsen kamen, erstmalig schriftlich erwähnt. Schon in der Anfangsphase der Christianisierung des Sachsenlandes dürfte in Rehme eine Kirche gegründet worden sein, denn Rehme

Das 1905–1908 erbaute repräsentative Kurhaus, jetzt „Kaiserpalais" genannt

Der Colon-Sültemeyer-Brunnen in der Fußgängerzone

Das Badehaus II war im Mittelalter Sitz eines Archidiakonats des Bistums Minden, ein Vorrecht, das fast immer nur die ältesten Kirchen besaßen.

Nach der Entdeckung einer Salzquelle bei Rehme ließ der preußische Staat in der Mitte des 18. Jahrhunderts eine Saline anlegen, die den Namen Neusalzwerk erhielt. In der ersten Hälfte des 19. Jahrhunderts erbohrte der Oberbergrat Karl Freiherr von Oeynhausen (1795–1865) bei Neusalzwerk eine Thermalsolequelle mit natürlicher Kohlensäure, die alsbald zu Heilzwecken genutzt wurde. 1848 wurde der Badebezirk Bad Oeynhausen geschaffen, der von König Friedrich Wilhelm IV. von Preußen (1795–1861) zu Ehren des Entdeckers der ersten großen Heilquelle, des Freiherren Karl von Oeynhausen, dessen Namen erhielt. Im Jahre 1860 wurden Bad Oeynhausen Stadtrechte verliehen. Im Zuge der kommunalen Neugliederung vereinigte man die Gemeinden des Amtes

Der Jordansprudel springt bis 52 m Höhe

Rehme im Jahre 1973 mit der Stadt Bad Oeynhausen.

Der Gartengestalter und Direktor der königlichen preußischen Gärten Peter Josef Lenné (1789–1866) schuf 1853 die teilweise noch heute bestehenden Grundzüge der Bad Oeynhauser Kuranlagen. Vornehmlich um die Jahrhundertwende entstand um den Kurpark herum das noch heute dominierende Erscheinungsbild des Bades, dessen Wahrzeichen der Jordansprudel ist. Er wurde im Jahre 1926 unter Leitung des Oberbergrats Jordan erbohrt und gehört zu den größten kohlensäurehaltigen Thermalsolequellen der Erde; er springt mit gewaltigem Druck bis auf eine Höhe von 52 m.

Im 30 ha großen Kurpark finden sich, ebenso wie in der Innenstadt, zahlreiche klassizistische und neobarocke Gebäude, wie z.B. das 1905–08 erbaute repräsentative Kurhaus, jetzt Kaiserpalais genannt, das Badehaus I (1854–57)

Nicht weit vom Haupteingang des Kurparks befindet sich in der Paul-Baehr-Villa, einem Haus aus der Gründerzeit, das Deutsche Märchen- und Wesersagenmuseum

Das Kurtheater, erbaut 1915

Wasserkrater auf dem Gelände der „Aqua Magica"

und das Badehaus II (1883–85), das Kurtheater (1915) sowie die Wandelhalle (1926). Unweit des Haupteinganges des Kurparks befindet sich in der Paul-Baehr-Villa, einem Haus der Gründerzeit, das Deutsche Märchen- und Wesersagenmuseum. In verschiedenen Abteilungen erfährt der Besucher sehr viel Wissenswertes über das Reich der Märchen sowie über die Sagenlandschaft der Weser und ihrer Quellflüsse. Ihr Gründer und erster Leiter war der Märchen- und Sagenforscher Karl Paetow (1903–92, *Die schönsten Wesersagen*).

Nicht weit vom Kurpark erstrecken sich in südlicher Richtung die Kuranlagen des Siekertals mit sehenswertem Museumshof (Haupthaus, Spieker, Scheune, Backhaus, Hofwassermühle von 1772) und einem eiszeitlichen Granitfindling, dem sogenannten Schwedenstein.

Das Energie-Forum-Innovation, ein gelungenes Beispiel moderner Industriearchitektur, wurde von dem renommierten kanadisch-amerikanischen Architekten Frank O. Gehry

Das Wasserschloss Ovelgönne im Stadtteil Eidinghausen

(*1929, u.a. California Aerospace Museum, Guggenheim-Museum Bilbao, Walt Disney Concert Hall, L.A.) geschaffen. Nach seinen Plänen wurde auch das Ronald McDonald-Elternhaus (für Angehörige von Kindern, die im Herz- und Diabeteszentrum behandelt werden) errichtet. Das Haus besteht aus zwölf Apartments und einem schneckenförmigen zwölf Meter hohen Dach.

Die Pfarrkirche im Stadtteil Rehme stammt in ihrem Kern aus dem 12. Jahrhundert, die Seitenschiffe, Turm und Sakristei wurden Ende des 19. Jahrhunderts errichtet. Das Wasserschloss Ovelgönne im Stadtteil Eidinghausen, das seit 1940 in kommunalem Besitz ist, wurde 1740 erbaut.

Blick in den Sielpark

Sehenswert

Innenstadt, Kurpark mit Kaiserpalais (=Kurhaus), Badehaus I + II, Kurtheater, Wandelhalle, Jordansprudel, Deutsches Märchen- und Wesersagenmuseum, Colon-Sültemeyer-Brunnen, Museumshof im Siekertal, Schwedenstein, Energie-Forum-Innovation, Ronald McDonald-Elternhaus.
In Rehme: Kirche.
In Eidinghausen: Wasserschloss Ovelgönne.
Weitere Informationen: www.badoeynhausen.de

Nienburg (Weser)

Blick in die schmucke Nienburger Altstadt

Die Kreisstadt Nienburg an der Weser, zwischen Wäldern, Heide und Moor gelegen, hat zusammen mit ihren vier Stadtteilen knapp 33.000 Einwohner.

Weserrenaissance-Erker, Lange Straße 34

Der 1025 erstmals urkundlich erwähnte Ort war Sitz der Grafen von Roden. Um 1215 ging Nienburg, das 1225 erstmalig als Stadt bezeichnet wurde, in den Besitz der Grafen von Hoya über. Die wohl im 11. Jahrhundert gegründete Nienburg (= neue Burg) war von 1345–1582 Residenz der Grafen von Hoya. Wegen der strategischen Lage als Weserübergang und Kreuzungspunkt wichtiger Heer- und Handelsstraßen bauten die Grafen von Hoya und nach ihrem Aussterben die welfischen Herzöge Nienburg zu einer starken Festung aus. Im 30-jährigen Krieg belagerte Tilly im Jahre 1625 mit 40.000 Mann die Festung Nienburg, doch vermochte er sie nicht einzunehmen. Die Nienburger wehrten sich tapfer, und erst Pest und

Hunger zwangen die Stadt 1627 zur Aufgabe. Im Stadtkern ist der mittelalterliche Charakter von Nienburg trotz vieler Um- und Neubauten noch recht gut erhalten. Die *Nienburger Bärenspur*, ein 3,3 Kilometer langer Rundgang, verbindet die Sehenswürdigkeiten in der Nienburger Altstadt. Vor allem die Lange Straße, die Weserstraße, die Mühlenstraße und der Kirchplatz werden von schönen Fachwerkbauten (16.–19. Jahrhundert) unterschiedlichen Typs gesäumt.

Besonders sehenswert sind das Erkerhaus, ein mächtiges breitgiebeliges Bürgerhaus, das Haus des Goedecke Schünemann, aus der Mitte des 16. Jahrhunderts, sowie der von den englischen Königen und Kurfürsten von Hannover Georg I. + II. im 18. Jahrhundert auf ihren Reisen nach Hannover häufig benutzte Posthof. Der *Kleinen Nienburgerin*, Titelfigur des gleichnamigen norddeutschen Volksliedes, wurde an der seitlichen Front des Posthofs ein Denkmal gesetzt (Das Lied erklingt dreimal täglich: um 9.15, 12.15, 18.15 Uhr).

Die Stiftung „Lebendige Stadt" kürte Nienburgs Wochenmarkt zu „Europas schönstem Wochenmarkt"

Bronzeskulptur der „Kleinen Nienburgerin"

Vom einstigen Schloss der Grafen von Hoya am Weserwall ist als Rest nur noch der sogenannte Stockturm erhalten geblieben

Gemütliche Gaststätten laden zum Verweilen ein

Wahrzeichen der Stadt ist die 1441 geweihte Pfarrkirche St. Martin mit ihrem 72 m hohen Turm; die spätgotische Backsteinkirche (Reste der romanischen Urkirche aus dem 12. Jahrhundert sind erhalten) birgt wertvolle alte Grabmale und Bildwerke in ihrem Innern. Das anmutige Rathaus der Stadt stammt vermutlich aus dem 14. Jahrhundert; die wirkungsvolle Giebelfront im Stil der Weserrenaissance in der Langen Straße wurde Ende des 16. Jahrhunderts geschaffen.

Sagenumwobene Bauwerke in Nienburg sind der Hakenhof (*Die glühenden Kohlen von Nienburg*) in der Hakenstraße und der Fresenhof, wo die Sage *Die weiße Jungfrau zu Nienburg* spielt. Der Fresenhof, ein im Stil der Weserrenaissance erbauter ehemaliger Burgmannshof, ist heute Teil des Museums Nienburg. Zum Museum gehören ferner das schmucke klassizistische Quaet-Faslem-Haus, benannt nach seinem Erbauer, dem königlichen Baurat Bruno Emanuel Quaet-Faslem (1785–1851) sowie das Rauchhaus, Heimstätte

Der Fresenhof, wo die Sage „Die weiße Jungfrau zu Nienburg" spielt

des Niedersächsischen Spargelmuseums. Vom einstigen Schloss der Grafen von Hoya am Weserwall ist als Rest nur noch der Schlossturm, der sogenannte Stockturm, erhalten geblieben, in dem früher die Gefangenen im Stock lagen.

In der Krähe, einem Wald zwischen Erichshagen und Stöckse, werden Riesen- und Zwergensagen über den Giebichenstein, einen 330 Tonnen schweren eiszeitlichen Findling, erzählt.

Sehenswert

Heimelige Innenstadt mit Pfarrkirche St. Martin, schmucke Fachwerkhäuser, historisches Rathaus, Posthof mit der Bronzeskulptur *der Kleinen Nienburgerin*, sagenreicher Hakenhof, Museumslandschaft Nienburg: Quaet-Faslem-Haus, Rauchhaus, sagenbehafteter Fresenhof; Stockturm, Wallanlagen, Weserufer.
In der Krähe: Giebichenstein, Schauplatz von Riesen- und Zwergensagen.
Weitere Informationen: www.mittelweser-tourismus.de

Ich bin die kleine Nienburgerin

(Volkslied aus Niedersachsen – nach H. Ziegler)

Ich bin die kleine Nienburgerin, Nienburgerin
Hab so'n kleines Hütchen auf mit so viel
  Blümchen drauf.
Ich bin die kleine Nienburgerin, Nienburgerin.

Ick bin dei ole Calnbarger, Calnbarger Bur.
Hew so'n oln Deiwitz up mit so veel Builen
  drup.
Ick bin dei ole Calnbarger, Calnbarger Bur.

Ich bin die kleine Nienburgerin,
  Nienburgerin.
    Hab so 'n schön Kleidchen an mit so viel
    Spitzen dran.
      Ich bin die kleine Nienburgerin, Nien-
    burgerin.

Ick bin dei ole Calnbarger, Calnbarger Bur.
  Hew so'n ole Böxen an mit so veel
    Flicken dran.
      Ick bin dei ole Calnbarger,
  Calnbarger Bur.

Ich bin die kleine Nienburgerin, Nienburgerin.
Hab so 'n fein Schürzchen an mit
so viel Blümchen dran.
Ich bin die kleine Nienburgerin, Nienburgerin.

Ick bin dei ole Calnbarger, Calnbarger Bur.
Hew so'n ole Jacken an mit so veel Lappen
  dran.
Ick bin dei ole Calnbarger, Calnbarger Bur.

Ich bin die kleine Nienburgerin, Nienburgerin.
Hab solch klein Schühchen an mit so viel
  Schleifchen dran.
Ich bin die kleine Nienburgerin, Nienburgerin.

Ick bin dei ole Calnbarger, Calnbarger Bur.
Hew so ol Stewel an mit so veel Kauhdreck
  dran.
Ick bin dei ole Calnbarger, Calbarger Bur.

oln Deiwitz – alten Hut
veel Builen – viele Beulen
Stewel – Stiefel

Buxtehude

Besonders schöne Häuser: Buxtehuder Fleth

Wo die Hunde mit dem Schwanz bellen ...

Vor den Toren Hamburgs liegt am Flüsschen Este, einem Nebenfluss der Elbe, die knapp 40.000 Einwohner zählende Stadt Buxtehude. Zu ihr gehören neun, im Jahre 1972 eingemeindete Ortschaften. Buxtehude ist in nah und fern als die Stadt bekannt, wo *die Hunde mit dem Schwanz* bellen und *Hase und Igel* um die Wette laufen (Brüder Grimm: Kinder- und Hausmärchen), wenngleich auch der ähnlich klingende Ort Bexhövede bei Bremerhaven diesen Wettlauf für sich reklamiert.

In einer Urkunde Kaiser Ottos I. im Jahre 959 wurde die um einen Königshof angelegte Siedlung *buochstadon* (sie lag im heutigen Stadtteil Altkloster) erstmals erwähnt. Erzbischof Giselbert von Bremen gründete 1285, etwa 1,5 km von der Ursiedlung entfernt, auf einer Sandinsel in der Este-Niederung die Stadt

Das Abthaus in Buxtehude

... und Hase und Igel um die Wette laufen

Buxtehude. Sie war die erste planmäßig um ein Hafenbecken herum gebaute Stadt in Deutschland.

Diese neu angelegte Stadt, Neustadt genannt, nahm im Laufe der Zeit den Namen der alten Siedlung Buxtehude an. Die mit Stadtmauer und Graben umwehrte Stadt erlebte durch den Fernhandel einen raschen Aufschwung. Sie erhielt 1328 das Stader Stadtrecht und war bereits 1363 Mitglied der Hanse. Im 30-jährigen Krieg durch Dänen und Schweden erobert, kam Buxtehude im Westfälischen Frieden 1648 an Schweden, 1712 an Dänemark und 1715 an Hannover.

Die historische Altstadt von Buxtehude mit dem alten Stadtgraben, Viver genannt, und dem Fleth, dem mittelalterlichen Hafen, ist gut erhalten. Am Zufluss des Flethes steht noch

Westfleth in Buxtehude: Fleth war ursprünglich die Bezeichnung eines natürlichen Wasserlaufs

von der alten Stadtbefestigung der Marschtorzwinger, errichtet um 1539. Am Westfleth, in der Abtstraße sowie in der Langen Straße findet sich noch eine geschlossene Bebauung mit historischen Bürgerhäusern. Besonders schöne Beispiele sind die Häuser Abtstraße 3, 6, Lange Straße 25, 37 und Westfleth 29, 35, 45. Das mittelalterliche Rathaus in der Langen Straße wurde 1911 durch eine Feuersbrunst vernichtet und 1913 durch einen Jugendstil-Neubau ersetzt, wobei Reste der alten Ausstattung übernommen wurden.

Im Buxtehude • Museum für Regionalgeschichte und Kunst am Stavenort, bestehend aus dem mit schönen Ziegelornamenten verzierten Heimatmuseum von 1913 und einem modernen Erweiterungsbau, werden unter anderem Exponate örtlicher Handwerkskunst, einige Ausstellungsstücke aus der St.-Petri-Kirche, darunter ein niederländischer Passionsaltar (15. Jahrhundert), sowie eine Sonderausstellung zum Thema Hase und Igel gezeigt.

Das bedeutendste Bauwerk der ehemaligen Hansestadt ist die um 1300 errichtete dreischiffige gotische St.-Petri-Kirche, die im 19. Jahrhundert von außen neu mit Backsteinen verkleidet wurde. Im Innern des Gotteshauses blieb der ursprüngliche Charakter bewahrt. Von der Ausstattung besonders hervorzuheben sind der Halepaghen-Altar (spätgotisch mit gemalten Passionsszenen), ein Kruzifix, das Chorgestühl (Anfang 15. Jahrhundert), der barocke Hauptaltar sowie die Kanzel von 1674. Das berühmteste Kunstwerk, der Buxtehuder Altar (um 1400), ein Marienaltar, ist in einer Kopie zu sehen, das Original ist als Leihgabe in der Hamburger Kunsthalle ausgestellt.

Dauerausstellungen und Sonderausstellungen zu Themen der Regionalgeschichte sowie der Gegenwartskunst im Buxtehude • Museum

Sehenswert

Innenstadt mit malerischen Fachwerkhäusern an Fleth und Viver, St.-Petri-Kirche mit Ausstattung, Marschtorzwinger, Rathaus, Flethmühle, alte Hafenanlage, Buxtehude•Museum mit Hase- und-Igel-Ausstellung.
In Neukloster: Kirche mit reicher Ausstattung aus der abgebrochenen Klosterkirche.
In Ovelgönne: Historische Wassermühle.
Weitere Informationen: www.buxtehude.de

Warum in Buxtehude die Hunde mit dem Schwanz bellen

(B. Utermöhlen)

Nach einer sprichwörtlichen Redensart liegt Buxtehude dort, *wo die Hunde mit dem Schwanz bellen*. Der Schnack scheint im 19. Jahrhundert aufgekommen zu sein. Die Erklärung bestand zunächst einfach darin, dass in Buxtehude die Glocken *Hunde* genannt wurden und das Seil demzufolge den Hundeschwanz bildete, mit dem *gebellt*, das heißt geläutet wurde.

> Die Hunde in Buxtehude bellen jeden Sonntag sowie bei Hochzeiten, Beerdigungen und Feuer am lautesten

Im Laufe der Zeit haben die Buxtehuder diese Geschichte weiter ausgeschmückt und ihren Ursprung ins Mittelalter verlegt, und zwar in die Zeit der Stadtgründung. Um die Stadt anlegen zu lassen, holte Erzbischof Giselbert erfahrene holländische Wasserbauer ins Land, die mit der neuesten Technik vertraut waren. Sie schufen im Moor eine für damalige Zeiten hochmoderne Hafenstadt, nämlich die Stadt Buxtehude. Als Wahrzeichen einer Handelsstadt, die auch bald Mitglied der Hanse werden sollte, erhielt sie eine prächtige Kirche mit einem hohen Turm. Und während auf dem platten Lande die Glocken noch mit einem Hammer angeschlagen wurden, läutete man in Buxtehude die Glocken mit einem Seil. Dieses Seil franste bald aus und erinnerte an einen Hundeschwanz. Da lag es nahe, die Glocken als *Hunde* zu bezeichnen und ihr Läuten als *Bellen*. So kündet die Redensart bis heute von der Fortschrittlichkeit der Buxtehuder Bürger.

Freie Hansestadt Bremen

Hauptstadt des Bundeslandes Bremen, zu dem auch die an der Mündung der Weser und der Geeste gelegene Seestadt Bremerhaven gehört, ist die Freie Hansestadt Bremen. Die rund 550.000 Einwohner zählende Hansestadt erstreckt sich zu beiden Seiten der Weser.

Geschichtlich erwähnt wurde Bremen zuerst im Jahre 782 anlässlich der Kämpfe, die der Sachsenherzog Wittekind gegen Karl den Großen führte. 787 setzte Karl den Angelsachsen Willehad (um 740–89) als Bischof mit Sitz in Bremen ein. Nach der Zerstörung Hamburgs durch die Normannen im Jahre 845 siedelte der Erzbischof Ansgar (801–65) nach Bremen

Das Rathaus wurde 2004 zusammen mit dem Bremer Roland zum UNESCO Weltkulturerbe ernannt

über, das nun immer stärker der Mittelpunkt des nach Skandinavien gerichteten Missionswerkes wurde. Lange Zeit ebnete die erzbischöfliche Missionstätigkeit dem bremischen Handel und Verkehr die Wege in fremde Länder, doch allmählich gewann das Bürgertum so viel Eigenmacht, dass es nun selbst die Handelsbeziehungen mit dem Norden, dem Osten, den Niederlanden und England ausbaute. 1358 erfolgte Bremens Beitritt zur Hanse, das in der Folgezeit zu einer wichtigen Stütze der bedeutenden Kaufmannsvereinigung wurde.

Für Bremens Entwicklung zum modernen Welthafen waren die letzten Jahrzehnte des 18. Jahrhunderts von entscheidender Bedeutung. Der Anstoß hierzu kam von den Vereinigten Staaten von Amerika, die später zum wichtigsten Handelspartner Bremens avancierten. Voraussetzung für ein Aufblühen des Überseehandels waren leistungsfähige Häfen. Wenn es ehemals kriegerische Nachbarn und Seeräuber waren, die den Handel beunruhigten, so drohte Bremen seit dem 16. Jahrhundert die Gefahr, durch die zunehmende Versandung der Unterweser vom Meer abgetrennt zu werden.

Das Denkmal der Bremer Stadtmusikanten

1619–22 schuf Bremen auf eigenem Gebiet, 17 km unterhalb der Stadt, dort, wo die Lesum in die Weser mündet, den neuen Hafen Vegesack, doch bedeutete diese Anlage nur eine vorübergehende Rettung. Bald konnten die Schiffe nicht einmal mehr bis Vegesack gelangen, und die Bremer sahen sich genötigt, die Orte Elsfleth und Brake im konkurrierenden Herzogtum Oldenburg als Ankerplatz zu benutzen. Dem weitsichtigen Bürgermeister Johann Smidt (1773–1857) gelang es im Jahre 1827, vom Königreich Hannover einen Landstreifen nördlich von Bremen zu erwerben und

Im Jahre 1042 wurde mit dem Bau des Domes St. Petri begonnen

einen neuen Bremer Hafen (Bremerhaven) zu gründen, wodurch die Wettbewerbsfähigkeit Bremens im Weltverkehr sichergestellt wurde. Von dieser historischen Entscheidung profitiert die Hansestadt noch heute.

Bremen entwickelte sich um den sehr alten Siedlungskern auf dem langgestreckten Dünenrücken des rechten Weserufers an der letzten Furt vor der Mündung der Weser in die Nordsee.

Der Dom St. Petri erhebt sich auf der höchsten Düne der Weserniederung. Im Jahre 1042 wurde mit dem Bau des jetzigen Domes begonnen. Besonders eindrucksvoll erhalten sind aus dieser Zeit die frühromanische Pfeilerbasilika, die dreischiffige Westkrypta (1068 geweiht) sowie die dreischiffige Ostkrypta (um 1100 geweiht). Das Nordschiff wurde im frühen

Die Obere Rathaushalle: Bremens schönster und repräsentativster Festraum

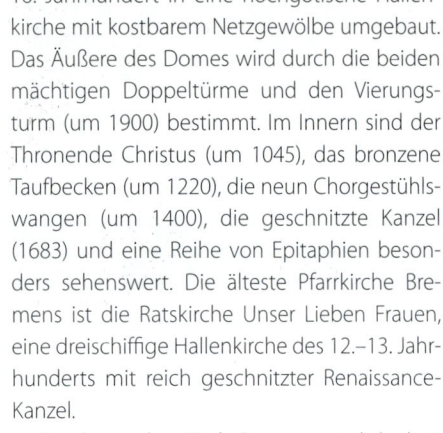

Der Bremer Roland

16. Jahrhundert in eine hochgotische Hallenkirche mit kostbarem Netzgewölbe umgebaut. Das Äußere des Domes wird durch die beiden mächtigen Doppeltürme und den Vierungsturm (um 1900) bestimmt. Im Innern sind der Thronende Christus (um 1045), das bronzene Taufbecken (um 1220), die neun Chorgestühlswangen (um 1400), die geschnitzte Kanzel (1683) und eine Reihe von Epitaphien besonders sehenswert. Die älteste Pfarrkirche Bremens ist die Ratskirche Unser Lieben Frauen, eine dreischiffige Hallenkirche des 12.–13. Jahrhunderts mit reich geschnitzter Renaissance-Kanzel.

Der besondere Stolz Bremens sind die beiden, zum UNESCO-Welterbe der Menschheit gehörenden, Bauwerke Bremer Roland und Rathaus. Der Roland, ein fünfeinhalb Meter großer steinerner Riese, wurde 1404 als Symbol der Freiheit und Unabhängigkeit der Stadt errichtet. Mit dem Bau des Rathauses wurde 1405, ein Jahr nach der Fertigstellung des steinernen Rolands, begonnen. Anfang des 17. Jahrhunderts wurde das gotische Rathaus nach den Entwürfen von Lüder von Bentheim umgebaut, wobei es auch die meisterhafte Weserrenaissance-Fassade erhielt. Die Obere Halle im ersten Stock zeigt große Fresken, bedeutende Barockschnitzereien und die von Heinrich

Die Sieben Faulen schmücken als Kleinplastiken den gleichnamigen Brunnen

Vogeler im reinen Jugendstil (1907) umgestaltete Güldenkammer.

Der sagenumwobene Ratskeller mit seinen riesigen bemalten Weinfässern des 17. und 18. Jahrhunderts gehört zu den berühmtesten Weinschenken in Deutschland. Nicht weit vom Ratskellereingang steht an der Westseite des Rathauses das von Gerhard Marcks geschaffene Denkmal der Bremer Stadtmusikanten, ein beliebtes Fotomotiv. Auch im Ratskeller selber findet man die Stadtmusikanten, im Hauff-Keller (Fresko von Max Slevogt) sowie im Senatszimmer. Schräg gegenüber vom Denkmal zieren die vier Stadtmusikanten das Wirtshausschild des Deutschen Hauses. Weiterhin zu sehen sind sie in der Böttcherstraße als Zierde des Treppengeländers im Haus St. Petrus. Als Kleinplastiken schmücken sie zusammen mit den Ton-Reliefs der Sieben Faulen den gleichnamigen Brunnen.

Jeden Sonntag erzählen die Bremer Stadtmusikanten um 12 Uhr am Domhof am Rat-

Schütting: ehemals Gilde- und Kosthaus der Kaufleute und seit 1849 der Sitz der Handelskammer Bremen

Die Böttcherstraße bei Nacht

haus bei einem Märchenspiel ihre Geschichte. Kurzweilig ist eine Stadtführung mit den Bremer Stadtmusikanten durch die historische Bremer Innenstadt.

Neben dem Rathaus und dem Roland sind auf dem städtebaulich bedeutenden Markt weiterhin sehenswert: Die Bürgerhäuser des 17.–19. Jahrhunderts mit der Rathsapotheke, dem Sparkassengebäude mit Rokokofassade (um 1750 des Bremer Bildhauers Theophil Wilhelm Freese) sowie das einstige Versammlungshaus der Bremer Kaufmannsgilde, der Schütting (1537–39 von dem Antwerpener Baumeister Johann den Buscheneer errichtet). Vom Marktplatz gelangt man durch eine eingangs unscheinbare Gasse, die neben dem Schütting in Richtung Weser führt, in die Böttcherstraße, eine Laden- und Museumsstraße, die der Kaffeekaufmann und Kunstfreund Ludwig Roselius (Erfinder des koffeinfreien Kaffees) in den Jahren 1923–31 von den Architekten

Runge und Scotland sowie dem Bildhauer Hoetger neu gestalten ließ. Zu den Sehenswürdigkeiten der aus mittelalterlichen und expressionistischen Stilformen geschaffenen Böttcherstraße gehören das Glockenspiel, das Robinson-Crusoe-Haus, das Paula-Becker-Modersohn-Haus mit seiner kostbaren Sammlung von Gemälden und Grafiken der früh verstorbenen Worpsweder Malerin und eine Sammlung von Waffen und Rüstungen aus dem 12.–17. Jahrhundert sowie das Roselius-Haus, ein um 1350 erbautes, 1587 umgebautes Patrizierhaus, das in vielfältiger Weise die niederdeutsche Kunst, die Wohnkultur und den Lebensstil Bremer Patrizier vergangener Zeiten repräsentiert.

Die reizvoll, unmittelbar an der Weser gelegene Pfarrkirche St. Martini geht in ihrem älteren Teil auf das Jahr 1229 zurück. Ursprünglich eine dreischiffige Hallenbasilika, wurde sie 1384 zu einer spätgotischen Hallenkirche umgebaut.

Die im Krieg zerstörte Stadtwaage in der Langenstraße aus dem 16. Jahrhundert (Lüder von Bentheim) wurde 1960 neu errichtet. Vom historischen Bremen ist kriegsbedingt nur das Schnoorviertel nahe der Weser als zusammenhängender Stadtteil erhalten geblieben. Die malerischen kleinen Häuser des 15.–18. Jahrhunderts und die dreischiffige gotische Kirche St. Johann (um 1350) vermitteln einen Eindruck vom alten, untergegangenen Bremen.

In der Bremer Kunsthalle am Ostertor (bedeutende Galerie mit Werken alter und neuer Meister vom 15. Jahrhundert bis zur Gegenwart, Bildhauerwerke des 19.–21. Jahrhunderts, Kupferstichkabinett) werden u.a. Werke von

Schnoorviertel: Wüste Stätte

Im Museum Weserburg finden sich Exponate namhafter Sammler mit Werken der Gegenwartskunst

Das Focke-Museum mit seinen Sammlungen zur Kunst- und Kulturgeschichte

Universum Bremen: EntdeckerPark Wasserschraube

Delacroix, Kirchner, Klee, Liebermann und Monet gezeigt. Im Neuen Museum Weserburg finden sich Exponate namhafter Sammler mit Werken der Gegenwartskunst. Unweit des Hauptbahnhofes befindet sich das Ende des 19. Jahrhunderts gegründete Überseemuseum mit seinen mehr als eine Million Ausstellungsstücken. Ein weiterer musealer Anziehungspunkt der Hansestadt ist das in einem von alten Eichen umgebenen Park im Stadtteil Schwachhausen gelegene Bremer Landesmuseum für Kunst- und Kulturgeschichte, kurz Focke-Museum genannt, mit seinen Sammlungen zur Kunst- und Kulturgeschichte, zur Geschichte der Schifffahrt und der Wirtschaft, zur Vor- und Frühgeschichte sowie mit seiner Puppen-, Spielzeug- und Glassammlung. Im Universum Science Center Bremen können Kinder, Jugendliche und Erwachsene auf eine spannende Expedition durch die Fantasiekontinente Mensch, Erde und Kosmos gehen, wobei unterschiedliche wissenschaftliche Phänomene mit allen Sinnen erforscht werden.

Für volkskundlich Interessierte sei daran erinnert, dass der Verfasser von *Bremens Volkssa-*

gen, Friedrich Wagenfeld (1810–46), der Märchenforscher Friedrich von der Leyen (1873–1966, Gründer und Herausgeber der Buchreihe Märchen der Weltliteratur), der Erzähler Wilhelm Scharrelmann (1875–1950, seine *Katen im Teufelsmoor* sind eine Fortsetzung der Bremer Stadtmusikanten), Johann von Harten (er gab zusammen mit Karl Henniger die bekannte Sammlung *Niedersachsens Sagenborn* heraus), der Gründer des Insel-Verlages Anton Kippenberg (1874–1950) und der Verleger Ernst Rowohlt (1887–1960) in Bremen geboren wurden.

Sehenswert

Das maritime Flair von Bremen und Bremerhaven bildet den Endpunkt der Deutschen Märchenstraße.

Denkmal der Bremer Stadtmusikanten, Malerischer Marktplatz mit Dom, Rathaus (UNESCO Welterbe) mit Ratskeller, Roland (UNESCO Welterbe), Ratskirche, Schütting, Bürgerhäuser, Haus der Bürgerschaft (Parlament), Denkmal der Bremer Stadtmusikanten. Böttcherstraße mit Robinson-Crusoe-Haus, Paula-Becker-Modersohn-Haus, Roselius-Haus und Glockenspiel. Stadtwaage, St. Martini-Kirche, Gewerbehaus, Schnoorviertel mit Kirche St. Johann, die Schlachte an der Weser, Wallanlagen mit Windmühle, Rhododendron-Park, die Bremer Häfen.
Bremer Kunsthalle, Neues Museum Weserburg, Gerhard-Marcks-Haus, Focke-Museum, Übersemuseum, Universum Science Center Bremen.
In Schönebeck: Heimatmuseum Schloss Schönebeck (Fachwerk-Herrenhaus aus dem 17. Jh.), malerisches Dorfbild in parkähnlicher Umgebung.
In Vegesack: Havenhaus (17./18. Jh.), Alte Hafenstraße (Kontor-, Wohn- und Lagerhäuser, Spicarium (maritimes Mitmach-Museum), sogenannte Kapitänshäuser (Weserstraße, Wilmannsberg), Kirche (19. Jh.).
Weitere Informationen: www.bremen-tourismus.de

Seestadt Bremerhaven

Die Havenwelten sind ein maritim geprägtes Stadtviertel der Seestadt

Die Dreimastbark „Seute Deern" im Alten Hafen beherbergt ein maritimes Restaurant

Die an der Mündung der Geeste in die Weser gelegene, circa 114.000 Einwohner zählende Seestadt Bremerhaven (neun Stadtteile), gehört zu den bedeutendsten Container- und Auto-Umschlaghäfen des Kontinents. Sie entstand zu Beginn des 20. Jahrhunderts durch den Zusammenschluss der drei Unterweserstädte Bremerhaven, Lehe und Geestemünde sowie einiger angrenzender Dörfer.

Die Geburtsstunde Bremerhavens schlug im Jahre 1827, als der weitsichtige Bremer Bürgermeister Johann Smidt (vgl. Bremen) ein 89 ha großes Gelände an der zum Flecken Lehe gehörenden Wesermündung vom Königreich Hannover erwarb und den aus Amsterdam stammenden Wasserbauingenieur Jacobus Johannes van Ronzelen (1800–65) mit dem Bau eines neuen Bremer Hafens und der

Anlage einer dazugehörenden Stadt, die den Namen Bremerhaven erhielt, beauftragte. Zur Erweiterung des sich ständig in Expansion befindlichen Ortes waren weitere Gebietsabtretungen nötig, sodass das Stadt- und Hafengebiet bis zum Jahre 1939 bereits um das Zehnfache seines ursprünglichen Umfanges angewachsen war.

Nach der Gründung Bremerhavens errichtete das Königreich Hannover auf dem Gebiet des Dorfes Geestendorf, auf der gegenüberliegenden Seite der Geeste, den Hafen und Ort Geestemünde (1845–47). Das rasch wachsende Gemeinwesen wurde im Jahre 1889 mit Geestendorf unter dem Namen Geestemünde zusammengeschlossen und erhielt 1913 Stadtrechte. Der Flecken Lehe war über viele Jahrhunderte hinweg die bedeutendste Siedlung an der Mündung der Weser. Der schon um 1270 erstmals urkundlich genannte Ort wurde im 16. Jahrhundert durch den bremischen Rat

Klimahaus® Bremerhaven 8° Ost: Eine knapp 19.000 m² große Wissens- und Erlebniswelt

Nationalmuseum: Deutsches Schiffahrtsmuseum

Der Container-Terminal Bremerhaven: Ein pulsierender Ort für den Umschlag von Containern

mit einem Marktprivileg ausgestattet. Nach der Gründung Bremerhavens entwickelte sich Lehe immer mehr zu einer Wohn- und Schlafstadt für die im bremischen Hafen Beschäftigten. Im Jahre 1880 erhielt Lehe eine stadtähnliche Verfassung und bekam 1920 Stadtrechte. 1924 wurde es mit Geestemünde zur Stadt Wesermünde vereinigt, in die 1939 auch Bremerhaven eingegliedert wurde, wobei die Überseehäfen stadtbremisch wurden. Nach dem 2. Weltkrieg kam die Stadt Wesermünde als amerikanische Nachschubbasis unter die Staatshoheit des Landes Bremen und wurde 1947 in Bremerhaven umbenannt.

Das letzte Werk des in Bremerhaven aufgewachsenen bedeutenden deutschen Architekten Hans Scharoun (1893–1972) ist das am Alten Hafen, direkt hinter dem Weserdeich, gelegene Nationalmuseum Deutsches Schiffahrtsmuseum. In seinem Hauptgebäude sind unter anderem das Mittelstück des Raddampfers Meißen, die gute Stube eines Walfangkom-

mandeurs sowie die Bremer Hansekogge, das bedeutendste deutsche Segelschiff aus der Zeit des Mittelalters (um 1380), zu sehen. Der von J. J. van Ronzelen in den Jahren 1827–30 angelegte Alte Hafen dient heute als Freilichtmuseum, wo u. a. die Dreimastbark *Seute Deern* (Segelschiff von 1919 – an Bord befindet sich ein Restaurant), das Technikmuseum U-Boot Wilhelm Bauer, das Feuerschiff Elbe 3 und der Walfangdampfer Rau IX vor Anker liegen und besichtigt werden können.

Im Alten Hafen liegt eine ganze Reihe von Museumsschiffen vor Anker

In Thieles Garten

Das preisgekrönte Deutsche Auswandererhaus Bremerhaven

In dem Publikumsmagnet Havenwelten Bremerhaven, bestehend aus dem historischen Alten und dem Neuen Hafen, befinden sich: Das preisgekrönte Deutsche Auswandererhaus Bremerhaven (Das größte Erlebnismuseum Europas zum Themenkomplex Auswanderung: Von 1830–1974 emigrierten über sieben Millionen Menschen von Bremerhaven nach Übersee), das futuristische Klimahaus Bremerhaven 8° Ost (Besucher reisen von Bremerhaven aus auf dem 8. östlichen Längengrad einmal um die Welt und lernen dabei neun verschiedene Klimazonen der Erde kennen), das SAIL City (Hotel, Aussichtsplattform u.a.) sowie der neue im-jaich Lloyd Marina Yachthafen. Nur wenige Schritte entfernt liegen der Zoo am Meer mit seiner Schwerpunktsammlung nordischer Tierarten und Wassertiere sowie der 1854 in neugotischen Formen errichtete Simon-Loschen-Leuchtturm.

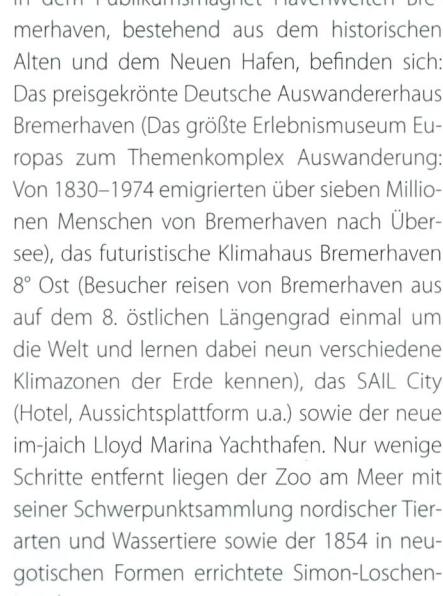

Freilichtmuseum im Gesundheitspark Speckenbüttel

Zwischen den Überseehäfen und der Weser erstrecken sich die auch international bekannte Columbuskaje und das Kreuzfahrt-Terminal Columbus Cruise Center. Sehenswert sind weiterhin die weitläufigen Überseehäfen mit dem Containerhafen, der Fischereihafen mit dem

Schaufenster Fischereihafen (einer maritimen Erlebniswelt rund um Fisch und Meer mit Meerwasseraquarium, gastronomischer Meile und dem Museumsschiff FMS *Gera*, einem schwimmenden Hochseefischereimuseum).

Am Ufer der Geeste befindet sich das Historische Museum Bremerhaven (erstmals 1906 in Geestemünde eröffnet), ein modern gestaltetes Regionalmuseum zu Geschichte, Schifffahrt, Kunst und Kultur an der Küste. Die Bürgermeister-Smidt-Gedächtniskirche (1853–70) im Stadtzentrum wurde nach den Plänen von Simon Loschen in neugotischen Formen errichtet.

Klabautermannbrunnen

Die Havenwelten Bremerhaven fest im Blick hat, von seinem Brunnen beim Deutschen Schiffahrtsmuseum aus, der Klabautermann, der jetzt für die Seestadt Bremerhaven auf der Deutschen Märchenstraße die Werbetrommel rührt. Der Klabautermann, der Überlieferung nach ein guter Schiffsgeist, verlässt erst dann das Schiff, wenn dieses untergeht.

Sehenswert

Das maritime Flair von Bremen und Bremerhaven bildet den Endpunkt der Deutschen Märchenstraße.

Havenwelten Bremerhaven am Alten und Neuen Hafen: Nationalmuseum Deutsches Schiffahrtsmuseum, Klabautermann-Brunnen, Klimahaus Bremerhaven 8° Ost, Aussichtsplattform SAIL City, Deutsches Auswandererhaus, Technikmuseum U-Boot Wilhelm Bauer, Zoo am Meer, Simon-Loschen-Leuchtturm, imjaich Lloyd Marina Yachthafen, Überseehäfen.
Sail Bremerhaven, Historisches Museum Bremerhaven an der Geeste, Schaufenster Fischereihafen mit Museumsschiff FMS *Gera*, Freilichtmuseum im Gesundheitspark Speckenbüttel, Thieles Garten in Leherheide.
Weitere Informationen: www.bremerhaven-tourism.de

Der Klabautermann

(J. J. Cordes / F. Müller / E. M. Iba)

Nicht weit vom Deutschen Schiffahrtsmuseum in Bremerhaven, dem Radarturm gegenüber, steht ein Brunnen mit einem zwergenhaften Männchen, dem Klabautermann.

Dem Volksglauben nach ist der Klabautermann ein Kobold, der auf Holzschiffen wohnt; man kennt ihn überall an der Küste. Vom Kalfatern, dem Abdichten von Nähten beziehungsweise von Ritzen zwischen den Schiffs- und Decksplanken mit Werg und Pech, hat er seinen Namen.

Der Klabautermann wird von einigen als ein graues, von anderen als ein rotes Männchen mit dickem Kopf und feinen Händen beschrieben, kaum zwei Fuß hoch, aber von gedrungener Gestalt. Er soll der Geist eines verstorbenen Menschen sein, dessen Seele einst einen Baum zum Wohnsitz genommen hatte. Wird dieser Baum zum Mastbaum eines Schiffes gewählt, so entsteht aus dem Geist der Klabautermann, der als Beschützer des Schiffes und der Besatzung gilt. Um ihn bei guter Laune zu halten, setzt ihm die Mannschaft regelmäßig ein Gefäß mit Milch aufs Deck. Dafür näht und putzt, hämmert und klopft er wie ein Heinzelmännchen für die Matrosen. Gnade aber Gott, wenn er schlechter Laune ist, dann fliegen Rundholz und anderes Schiffsgerät umher, dann lärmt er, löst Taue und Segel und teilt in unsichtbarer Gestalt den Matrosen Ohrfeigen aus. Sitzt er jedoch hoch oben auf dem Mast oder auf den Rahen zwischen den Segeln, so beschleicht schwere Sorge die Herzen der Schiffer. Jetzt wissen die wetterharten Seeleute, dass ihr

Schiff in höchster Gefahr ist. Kommt die Stunde des Untergangs, dann erscheint der Klabautermann bei dem Kapitän auf der Kommandobrücke, reicht ihm die Hand zum Abschied und fliegt vor den Augen der dem Tode Geweihten durch Sturm und Wellen davon.

Einst erschien der Klabautermann einem leicht erregbaren und jähzornigen Schiffszimmermann. Dieser hatte sich schon oft über den Lärm geärgert, den der Klabautermann nachts im Laderaum des Schiffes machte und ihn so um manche Stunde Schlaf gebracht hatte. In seiner Wut griff er nach einem Scheit Holz und schleuderte es gegen das Männchen. Dabei traf er den Klabautermann recht unglücklich am Oberschenkel und brach ihm durch seinen Wurf ein Bein.

Tags darauf stolperte der Zimmermann über ein unsichtbares Hindernis. Einen lästerlichen Fluch murmelnd, wollte er sich wieder erheben, aber oh weh, es ging nicht! Im gleichen Augenblick erscholl ein gellendes Hohngelächter aus dem Schiffsraum, und nun wusste der Zimmermann, wer ihm den Streich gespielt hatte.

Märchen

Es war einmal ...

Märchen

Der Wolf und die sieben jungen Geißlein

(Brüder Grimm)

Es war einmal eine alte Geiß, die hatte sieben junge Geißlein und hatte sie lieb, wie eine Mutter ihre Kinder lieb hat. Eines Tages wollte sie in den Wald gehen und Futter holen, da rief sie alle sieben herbei und sprach: „Liebe Kinder, ich will hinaus in den Wald, seid auf eurer Hut vor dem Wolf, wenn er hereinkommt, so frisst er euch alle mit Haut und Haar. Der Bösewicht verstellt sich oft, aber an seiner rauen Stimme und an seinen schwarzen Füßen werdet ihr ihn gleich erkennen." Die Geißlein sagten: „Liebe Mutter, wir wollen uns schon in Acht nehmen, Ihr könnt ohne Sorgen fortgehen." Da meckerte die Alte und machte sich getrost auf den Weg.

Es dauerte nicht lange, so klopfte jemand an die Haustür und rief: „Macht auf, ihr lieben Kinder, eure Mutter ist da und hat jedem von euch etwas mitgebracht!" Aber die Geißerchen hörten an der rauen Stimme, dass es der Wolf war. „Wir machen nicht auf", riefen sie, „du bist unsere Mutter nicht, die hat eine feine und liebliche Stimme, aber deine Stimme ist rau; du bist der Wolf!" Da ging der Wolf fort zu einem Krämer und kaufte sich ein großes Stück Kreide – die aß er und machte damit seine Stimme fein. Dann kam er zurück, klopfte an die Haustür und rief: „Macht auf, ihr lieben Kinder, eure Mutter ist da und hat jedem von euch etwas mitgebracht!" Aber der Wolf hatte seine schwarze Pfote in das Fenster gelegt, das sahen die Kinder und riefen: „Wir machen nicht auf, unsere Mutter hat keinen schwarzen Fuß wie du; du bist der Wolf." Da lief der Wolf zu einem Bäcker und sprach: „Ich habe mich an dem Fuß gestoßen, streich mir Teig darüber." Und als ihm der Bäcker die Pfote bestrichen hatte, lief er zum Müller und sprach: „Streu mir weißes Mehl auf meine Pfote." Der Müller dachte: „Der Wolf will einen betrügen", und weigerte sich, aber der Wolf sprach: „Wenn du es nicht tust, so fresse ich dich." Da fürchtete sich der Müller und machte ihm die Pfote weiß. Ja, so sind die Menschen.

Nun ging der Bösewicht zum dritten Mal zu der Haustüre, klopfte an und sprach: „Macht mir auf, Kinder, euer liebes Mütter-

Der Wolf und die sieben jungen Geißlein

chen ist heimgekommen und hat jedem von euch etwas aus dem Walde mitgebracht." Die Geißerchen riefen: "Zeig uns erst deine Pfote, damit wir wissen, dass du unser liebes Mütterchen bist!" Da legte er die Pfote ins Fenster, und als sie sahen, dass sie weiß war, glaubten sie, es wäre alles wahr, was er sagte, und machten die Türe auf. Wer aber hereinkam, das war der Wolf. Sie erschraken und wollten sich verstecken. Das eine sprang unter den Tisch, das zweite ins Bett, das dritte in den Ofen, das vierte in die Küche, das fünfte in den Schrank, das sechste unter die Waschschüssel, das siebente in den Kasten der Wanduhr. Aber der Wolf fand sie alle und machte kein langes Federlesen: eins nach dem andern schluckte er in seinen Rachen; nur das jüngste in dem Uhrkasten, das fand er nicht. Als der Wolf seinen Hunger gestillt hatte, trollte er sich fort, legte sich draußen auf der grünen Wiese unter einen Baum und fing an zu schlafen.

Nicht lange danach kam die alte Geiß aus dem Walde wieder heim. Ach, was musste sie da erblicken! Die Haustüre stand sperrweit auf – Tisch, Stühle und Bänke waren umgeworfen, die Waschschüssel lag in Scherben, Decke und Kissen waren aus dem Bett gezogen. Sie suchte ihre Kinder, aber nirgends waren sie zu finden. Sie rief sie nacheinander beim Namen, aber niemand antwortete. Endlich, als sie an das jüngste kam, da rief eine feine Stimme: "Liebe Mutter, ich stecke im Uhrkasten." Sie holte es heraus, und es erzählte ihr, dass der Wolf gekommen wäre und die andern alle gefressen hätte. Da könnt ihr denken, wie sie über ihre armen Kinder geweint hat.

Endlich ging sie in ihrem Jammer hinaus, und das jüngste Geißlein lief mit. Als sie auf die Wiese kam, lag da der Wolf unter einem Baum und schnarchte, dass die Äste zitterten. Sie betrachtete ihn von allen Seiten und sah, dass in seinem angefüllten Bauch sich etwas regte und zappelte. „Ach Gott", dachte sie, „sollten meine armen Kinder, die er zum Abendbrot hinuntergewürgt hat, noch am Leben sein?" Da musste das Geißlein nach Haus laufen und Schere, Nadel und Zwirn holen. Dann schnitt sie dem Ungetüm den Wanst auf, und kaum hatte sie einen Schnitt getan, so streckte schon ein Geißlein den Kopf heraus, und als sie weiter schnitt, da sprangen nacheinander alle sechs heraus und waren noch alle am Leben und hatten nicht einmal Schaden gelitten, denn das Ungetüm hatte sie in der Gier ganz hinuntergeschluckt. Das war eine Freude! Da herzten sie ihre liebe Mutter und hüpften wie ein Schneider, der Hochzeit hält. Die Alte aber sagte: „Jetzt geht und sucht Wackersteine, damit wollen wir dem gottlosen Tier den Bauch füllen, solange es noch im Schlafe liegt." Da schleppten die sieben Geißerchen in aller Eile die Steine herbei und steckten sie ihm in den Bauch, so viel sie hineinbringen konnten. Dann nähte ihn die Alte mit solcher Geschwindigkeit wieder zu, dass er nichts merkte und sich nicht einmal regte.

Als der Wolf endlich ausgeschlafen hatte, machte er sich auf die Beine, und weil ihm die Steine im Magen so großen Durst erregten, wollte er zu einem Brunnen gehen und trinken. Als er aber anfing zu gehen und sich hin und her zu bewegen, stießen die Steine in seinem Bauch aneinander und rappelten. Da rief er:

„Was rumpelt und pumpelt
In meinem Bauch herum?
Ich meinte, es wären sechs Geißlein,
So sind's lauter Wackerstein."

Und als er an den Brunnen kam und sich über das Wasser bückte und trinken wollte, da zogen ihn die schweren Steine hinein, und er musste jämmerlich ersaufen. Als die sieben Geißlein das sahen, da kamen sie herbeigelaufen, riefen laut: „Der Wolf ist tot! Der Wolf ist tot!" und tanzten mit ihrer Mutter vor Freude um den Brunnen herum.

Rapunzel

(Brüder Grimm)

Es waren einmal ein Mann und eine Frau, die wünschten sich schon lange vergeblich ein Kind. Endlich machte sich die Frau Hoffnung, der liebe Gott werde ihren Wunsch erfüllen. Die Leute hatten in ihrem Hinterhaus ein kleines Fenster, daraus konnte man in einen prächtigen Garten sehen, der voll der schönsten Blumen und Kräuter stand. Er war aber von einer hohen Mauer umgeben, und niemand wagte hineinzugehen, weil er einer Zauberin gehörte, die große Macht hatte und von aller Welt gefürchtet ward. Eines Tages stand die Frau an diesem Fenster und sah in den Garten herab; da erblickte sie ein Beet, das mit den schönsten Rapunzeln bepflanzt war, und sie sahen so frisch und grün aus, dass sie lüstern ward und das größte Verlangen empfand, von den Rapunzeln zu essen. Das Verlangen nahm jeden Tag zu, und da sie wusste, dass sie keine davon bekommen konnte, so fiel sie ganz ab, sah blass und elend aus. Da erschrak der Mann und fragte: „Was fehlt dir, liebe Frau?" – „Ach", antwortete sie, „wenn ich keine Rapunzeln aus dem Garten hinter unserm Hause zu essen kriege, so sterbe ich." Der Mann, der sie lieb hatte, dachte: – Eh' du deine Frau sterben lässt, holst du ihr von den Rapunzeln, es mag kosten, was es will. In der Abenddämmerung stieg er also über die Mauer in den Garten der Zauberin, stach in aller Eile eine Handvoll Rapunzeln und brachte sie zu seiner Frau. Sie machte sogleich Salat daraus und aß sie voller Begierde auf. Sie hatten ihr aber so gut, so gut geschmeckt, dass sie den andern Tag noch dreimal so viel Lust bekam. Sollte sie Ruhe haben, so musste der Mann noch einmal in den Garten steigen. Er machte sich also in der Abenddämmerung wieder hinab. Als er aber die Mauer herabgeklettert war, erschrak er gewaltig, denn er sah die Zauberin vor sich stehen. „Wie kannst du es wagen", sprach sie mit zornigem Blick, „in meinen Garten zu steigen und wie ein Dieb mir meine Rapunzeln zu stehlen? Das soll dir schlecht bekommen." – „Ach", antwortete er, „lasst Gnade für Recht ergehen, ich habe mich nur aus Not dazu entschlossen.

Meine Frau hat eure Rapunzeln aus dem Fenster erblickt und empfindet ein so großes Gelüsten, dass sie sterben würde, wenn sie nicht davon zu essen bekäme." Da ließ die Zauberin in ihrem Zorne nach und sprach zu ihm: „Verhält es sich so, wie du sagst, so will ich dir gestatten, Rapunzeln mitzunehmen, so viel du willst, allein, ich mache eine Bedingung: Du musst mir das Kind geben, das deine Frau zur Welt bringen wird. Es soll ihm gut gehen, und ich will für es sorgen wie eine Mutter." Der Mann sagte in der Angst alles zu, und als die Frau in die Wochen kam, so erschien sogleich die Zauberin, gab dem Kinde den Namen Rapunzel und nahm es mit sich fort.

Rapunzel ward das schönste Kind unter der Sonne. Als es zwölf Jahre alt war, schloss es die Zauberin in einen Turm, der in einem Walde lag und weder Treppe noch Türe hatte, nur ganz oben war ein kleines Fensterchen. Wenn die Zauberin hineinwollte, so stellte sie sich unten hin und rief:

„Rapunzel, Rapunzel,
Lass mir dein Haar herunter."

Rapunzel hatte lange, prächtige Haare, fein wie gesponnen Gold. Wenn sie nun die Stimme der Zauberin vernahm, so band sie ihre Zöpfe los, wickelte sie oben um einen Fensterhaken, und dann fielen die Haare zwanzig Ellen tief herunter, und die Zauberin stieg daran hinauf.

Nach ein paar Jahren trug es sich zu, dass der Sohn des Königs durch den Wald ritt und an dem Turm vorüberkam. Da hörte er einen Gesang, der war so lieblich, dass er stille hielt und horchte. Das war Rapunzel, die in ihrer Einsamkeit sich die Zeit damit vertrieb, ihre süße Stimme erschallen zu lassen. Der Königssohn wollte zu ihr hinaufsteigen und suchte nach einer Türe des Turms, aber es war keine zu finden. Er ritt heim, doch der Gesang hatte ihm so sehr das Herz gerührt, dass er jeden Tag hinaus in den Wald ging und zuhörte. Als er einmal so hinter einem Baum stand, sah er, dass eine Zauberin herankam und hörte, wie sie hinaufrief:

„Rapunzel, Rapunzel,
Lass dein Haar herunter."

Da ließ Rapunzel die Haarflechten herab, und die Zauberin stieg zu ihr hinauf. „Ist das die Leiter, auf welcher man hinaufkommt, so will ich auch einmal mein Glück versuchen." Und den folgenden Tag, als es anfing, dunkel zu werden, ging er zu dem Turme und rief:

„Rapunzel, Rapunzel,
Lass dein Haar herunter."

Alsbald fielen die Haare herab, und der Königssohn stieg hinauf. Anfangs erschrak Rapunzel gewaltig, als ein Mann zu ihr hereinkam, wie ihre Augen noch nie einen erblickt hatten, doch der Königssohn fing an, ganz freundlich mit ihr zu reden und erzählte ihr, dass von ihrem Gesang sein Herz so sehr sei bewegt worden, dass es ihm keine Ruhe gelassen und er sie selbst habe sehen müssen. Da verlor Rapunzel ihre Angst, und als er sie fragte, ob sie ihn zum Manne nehmen wollte und sie sah, dass er jung und schön war, so dachte sie: Der wird mich lieber haben als die alte Frau Gothel (Patin), und sagte ja und legte ihre Hand in seine Hand. Sie sprach: „Ich will gerne mit dir gehen, aber ich weiß nicht, wie ich herabkommen kann. Wenn du kommst, so bring jedes Mal einen Strang Seide mit, daraus will ich eine Leiter flechten, und wenn die fertig ist, so steige ich herunter und du nimmst mich auf dein Pferd." Sie verabredeten, dass er bis dahin alle Abend zu ihr kommen sollte, denn bei Tag kam die Alte. Die Zauberin merkte auch nichts davon, bis einmal Rapunzel anfing und zu ihr sagte: „Sag sie mir doch, Frau Gothel, wie kommt es nur, sie wird mir viel schwerer heraufzuziehen als der junge Königssohn, der ist in einem Augenblick bei mir." – „Ach, du gottloses Kind", rief die Zauberin, „was muss ich von dir hören. Ich dachte, ich hätte dich von aller Welt geschieden, und du hast mich doch betrogen!" In ihrem Zorne packte sie die schönen Haare der Rapunzel, schlug sie ein paar Mal um ihre linke Hand, griff eine Schere mit der rechten, und ritsch, ratsch, waren sie abgeschnitten, und die schönen Flechten lagen auf der Erde. Und sie war so unbarmherzig, dass sie die arme Rapunzel in eine Wüstenei brachte, wo sie in großem Jammer und Elend leben musste.

Denselben Tag aber, wo sie Rapunzel verstoßen hatte, machte abends die Zauberin die abgeschnittenen Flechten oben am Fensterhaken fest, und als der Königssohn kam und rief:

„Rapunzel, Rapunzel,
Lass dein Haar herunter",

so ließ sie die Haare hinab. Der Königssohn stieg hinauf, aber er fand oben nicht seine liebste Rapunzel, sondern die Zauberin, die ihn mit bösen und giftigen Blicken ansah. „Aha", rief sie höhnisch, „du willst die Frau Liebste holen, aber der schöne Vogel sitzt nicht mehr im Nest und singt nicht mehr. Die Katze hat ihn geholt und wird dir auch noch die Augen auskratzen. Für dich ist Rapunzel verloren, du wirst sie nie wieder erblicken." Der Königssohn geriet außer sich vor Schmerz, und in der Verzweiflung sprang er den Turm hinab. Das Leben brachte er davon, aber die Dornen, in die er fiel, zerstachen ihm die Augen. Da irrte er blind im Walde umher, aß nichts als Wurzeln und Beeren und tat nichts als jammern und weinen über den Verlust seiner liebsten Frau. So wanderte er einige Jahre im Elend umher und geriet endlich in die Wüstenei, wo Rapunzel mit den Zwillingen, die sie geboren hatte, einem Knaben und Mädchen, kümmerlich lebte. Er vernahm eine Stimme, und sie deuchte ihm so bekannt – da ging er darauf zu, und wie er herankam, erkannte ihn Rapunzel und fiel ihm um den Hals und weinte. Zwei von ihren Tränen aber benetzten seine Augen, da wurden sie wieder klar, und er konnte damit sehen wie sonst. Er führte sie in sein Reich, wo er mit Freude empfangen ward, und sie lebten noch lange glücklich und vergnügt.

Aschenputtel

(Brüder Grimm)

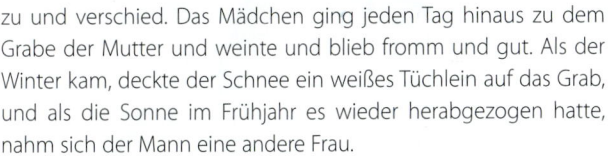

Einem reichen Manne, dem wurde seine Frau krank, und als sie fühlte, dass ihr Ende herankam, rief sie ihr einziges Töchterlein zu sich ans Bett und sprach: „Liebes Kind, bleib fromm und gut, so wird dir der liebe Gott immer beistehen, und ich will vom Himmel auf dich herabblicken und will um dich sein." Darauf tat sie die Augen zu und verschied. Das Mädchen ging jeden Tag hinaus zu dem Grabe der Mutter und weinte und blieb fromm und gut. Als der Winter kam, deckte der Schnee ein weißes Tüchlein auf das Grab, und als die Sonne im Frühjahr es wieder herabgezogen hatte, nahm sich der Mann eine andere Frau.

Die Frau hatte zwei Töchter mit ins Haus gebracht, die schön und weiß von Angesicht waren, aber garstig und schwarz von Herzen. Da ging eine schlimme Zeit für das arme Stiefkind an. „Soll die dumme Gans bei uns in der Stube sitzen?", sprachen sie. „Wer Brot essen will, muss es verdienen – hinaus mit der Küchenmagd." Sie nahmen ihm seine schönen Kleider weg, zogen ihm einen grauen alten Kittel an und gaben ihm hölzerne Schuhe. „Seht einmal die stolze Prinzessin, wie sie geputzt ist!", riefen sie, lachten und führten es in die Küche. Da musste es von Morgen bis Abend schwere Arbeit tun, früh vor Tag aufstehn, Wasser tragen, Feuer anmachen, kochen und waschen. Obendrein taten ihm die Schwestern alles ersinnliche Herzeleid an, verspotteten es und schütteten ihm die Erbsen und Linsen in die Asche, sodass es sitzen und sie wieder auslesen musste. Abends, wenn es sich müde gearbeitet hatte, kam es in kein Bett, sondern musste sich neben den Herd in die Asche legen. Und weil es darum immer staubig und schmutzig aussah, nannten sie es „Aschenputtel".

Es trug sich zu, dass der Vater einmal auf die Messe ziehen wollte, da fragte er die beiden Stieftöchter, was er ihnen mitbringen sollte? „Schöne Kleider", sagte die eine, „Perlen und Edelsteine" die zweite. „Aber du, Aschenputtel", sprach er, „was willst du haben?" – „Vater, das erste Reis, das Euch auf Eurem Heimweg an den Hut

Und die Täubchen nickten mit ihren Köpfchen und fingen an: Pik, pik, pik, pik ...

stößt, das brecht für mich ab." Er kaufte nun für die beiden Stiefschwestern schöne Kleider, Perlen und Edelsteine, und auf dem Rückweg, als er durch einen grünen Busch ritt, streifte ihn ein Haselreis und stieß ihm den Hut ab. Da brach er das Reis ab und nahm es mit. Als er nach Haus kam, gab er den Stieftöchtern, was sie sich gewünscht hatten, und dem Aschenputtel gab er das Reis von dem Haselbusch. Aschenputtel dankte ihm, ging zu seiner Mutter Grab und pflanzte das Reis darauf und weinte so sehr, dass die Tränen darauf niederfielen und es begossen. Es wuchs aber und ward ein schöner Baum. Aschenputtel ging alle Tage dreimal darunter, weinte und betete und allemal kam ein weißes Vöglein auf den Baum, und wenn es einen Wunsch aussprach, so warf ihm das Vöglein herab, was es sich gewünscht hatte.

Es begab sich aber, dass der König ein Fest anstellte, das drei Tage dauern sollte und wozu alle schönen Jungfrauen im Lande eingeladen wurden, damit sich sein Sohn eine Braut aussuchen möchte. Die zwei Stiefschwestern, als sie hörten, dass sie auch dabei erscheinen sollten, waren guter Dinge, riefen Aschenputtel und sprachen: „Kämm uns die Haare, bürste uns die Schuhe und mache uns die Schnallen fest, wir gehen zur Hochzeit auf des Königs Schloss." Aschenputtel gehorchte, weinte aber, weil es auch gern zum Tanz mitgegangen wäre, und bat die Stiefmutter, sie möchte es ihm erlauben. „Du, Aschenputtel", sprach sie, „bist voll Staub und Schmutz und willst zur Hochzeit? Du hast keine Kleider und Schuhe und willst tanzen?" Als es aber mit Bitten anhielt, sprach sie endlich: „Da habe ich dir eine Schüssel Linsen in die Asche geschüttet, wenn du die Linsen in zwei Stunden wieder ausgelesen hast, so sollst du mitgehen." Das Mädchen ging durch die Hintertüre nach dem Garten und rief: „Ihr zahmen Täubchen, ihr Turteltäubchen, all ihr Vöglein unter dem Himmel, kommt und helft mir lesen,

die guten ins Töpfchen,
die schlechten ins Kröpfchen."

Da kamen zum Küchenfenster zwei weiße Täubchen herein, und danach die Turteltäubchen, und endlich schwirrten und schwärmten alle Vöglein unter dem Himmel herein und ließen sich um die Asche nieder. Und die Täubchen nickten mit den Köpfchen und fingen an: Pik, pik, pik, pik, und da fingen die übrigen auch an: Pik, pik, pik, pik und lasen alle guten Körnlein in die Schüssel. Kaum war eine Stunde herum, so waren sie schon fertig und flogen alle wieder hinaus. Da brachte das Mädchen die Schüssel zur Stiefmutter, freute sich und glaubte, es dürfte nun mit auf die Hochzeit gehen. Aber sie sprach: „Nein, Aschenputtel, du hast keine Kleider und kannst nicht tanzen: Du wirst nur ausgelacht." Als es nun weinte, sprach sie: „Wenn du mir zwei Schüsseln voll Linsen in einer Stunde aus der Asche reinlesen kannst, so sollst du mitgehen", und dachte, „das kann es ja nimmermehr." Als sie die zwei Schüsseln Linsen in die Asche geschüttet hatte, ging das Mädchen durch die Hintertüre nach dem Garten und rief: „Ihr zahmen Täubchen, ihr Turteltäubchen, all ihr Vöglein unter dem Himmel, kommt und helft mir lesen,

> *die guten ins Töpfchen,*
> *die schlechten ins Kröpfchen."*

Da kamen zum Küchenfenster zwei weiße Täubchen herein, und danach die Turteltäubchen, und endlich schwirrten und schwärmten alle Vöglein unter dem Himmel herein und ließen sich um die Asche nieder. Und die Täubchen nickten mit ihren Köpfchen und fingen an: Pik, pik, pik, pik, und da fingen die übrigen auch an: Pik, pik, pik, pik und lasen alle guten Körner in die Schüsseln. Und eh eine halbe Stunde herum war, waren sie schon fertig und flogen alle wieder hinaus. Da trug das Mädchen die Schüsseln zu der Stiefmutter, freute sich und glaubte, nun dürfte es mit auf die Hochzeit gehen. Aber sie sprach: „Es hilft dir alles nichts: Du kommst nicht mit, denn du hast keine Kleider und kannst nicht tanzen; wir müssten uns deiner schämen." Darauf kehrte sie ihm den Rücken zu und eilte mit ihren zwei stolzen Töchtern fort.

Als nun niemand mehr daheim war, ging Aschenputtel zu seiner Mutter Grab unter den Haselbaum und rief:

> *„Bäumchen rüttel dich und schüttel dich,*
> *Wirf Gold und Silber über mich."*

Da warf ihm der Vogel ein golden und silber Kleid herunter und mit Seide und Silber ausgestickte Pantoffeln. In aller Eile zog es das Kleid an und ging zur Hochzeit. Seine Schwestern aber und die Stiefmutter kannten es nicht und meinten, es müsste eine fremde Königstochter sein, so schön sah es in dem goldenen Kleide aus. An Aschenputtel dachten sie gar nicht und meinten, es säße daheim im Schmutz und suche die Linsen aus der Asche. Der Königssohn kam ihm entgegen, nahm es bei der Hand und tanzte mit ihm.

Er wollte auch sonst mit niemand tanzen, also dass er ihm die Hand nicht losließ, und wenn ein anderer kam, es aufzufordern, sprach er: „Das ist meine Tänzerin."

Es tanzte, bis es Abend war, da wollte es nach Hause gehen. Der Königssohn aber sprach: „Ich gehe mit und begleite dich", denn er wollte sehen, wem das schöne Mädchen angehörte. Sie entwischte ihm aber und sprang in das Taubenhaus. Nun wartete der Königssohn, bis der Vater kam, und sagte ihm, das fremde Mädchen wäre in das Taubenhaus gesprungen. Der Alte dachte: „Sollte es Aschenputtel sein?", und sie mussten ihm Axt und Hacken bringen, damit er das Taubenhaus entzweischlagen konnte – aber es war niemand darin. Und als sie ins Haus kamen, lag Aschenputtel in seinen schmutzigen Kleidern in der Asche, und ein trübes Öllämpchen brannte im Schornstein, denn Aschenputtel war geschwind aus dem Taubenhaus hinten herabgesprungen und war zu dem Haselbäumchen gelaufen. Da hatte es die schönen Kleider abgezogen und aufs Grab gelegt, und der Vogel hatte sie wieder weggenommen, und dann hatte es sich in seinem grauen Kittelchen in die Küche zur Asche gesetzt.

Am andern Tag, als das Fest von neuem anhub und die Eltern und Stiefschwestern wieder fort waren, ging Aschenputtel zu dem Haselbaum und sprach:

„Bäumchen rüttel dich und schüttel dich,
Wirf Gold und Silber über mich."

Da warf der Vogel ein noch viel stolzeres Kleid herab als am vorigen Tag. Und als es mit diesem Kleide auf der Hochzeit erschien, erstaunte jedermann über seine Schönheit. Der Königssohn aber hatte gewartet, bis es kam, nahm es gleich bei der Hand und tanzte nur allein mit ihm. Wenn die andern kamen und es aufforderten, sprach er: „Das ist meine Tänzerin." Als es nun Abend war, wollte es fort, und der Königssohn ging ihm nach und wollte sehen, in welches Haus es ging, aber es sprang ihm fort und in den Garten hinter dem Haus. Darin stand ein schöner großer Baum, an dem die herrlichsten Birnen hingen, es kletterte so behänd wie ein Eichhörnchen zwischen die Äste, und der Königssohn wusste nicht, wo es hingekommen war.

Er wartete aber, bis der Vater kam, und sprach zu ihm: "Das fremde Mädchen ist mir entwischt, und ich glaube, es ist auf den Birnbaum gesprungen." Der Vater dachte: "Sollte es Aschenputtel sein?", ließ sich die Axt holen und hieb den Baum um, aber es war niemand darauf. Und als sie in die Küche kamen, lag Aschenputtel da in der Asche, wie sonst auch, denn es war auf der andern Seite vom Baum herabgesprungen, hatte dem Vogel auf dem Haselbäumchen die schönen Kleider wiedergebracht und sein graues Kittelchen angezogen.

Am dritten Tag, als die Eltern und Schwestern fort waren, ging Aschenputtel wieder zu seiner Mutter Grab und sprach zu dem Bäumchen:

"Bäumchen rüttel dich und schüttel dich,
Wirf Gold und Silber über mich."

Nun warf ihm der Vogel ein Kleid herab, das war so prächtig und glänzend, wie es noch keins gehabt hatte, und die Pantoffeln waren ganz golden. Als es in dem Kleid zur Hochzeit kam, wussten sie alle nicht, was sie vor Verwunderung sagen sollten. Der Königssohn tanzte ganz allein mit ihm, und wenn es einer aufforderte, sprach er: "Das ist meine Tänzerin."

Als es nun Abend war, wollte Aschenputtel fort, und der Königssohn wollte es begleiten, aber es entsprang ihm so geschwind, dass er nicht folgen konnte. Der Königssohn hatte aber eine List gebraucht und hatte die ganze Treppe mit Pech bestreichen lassen; da war, als es hinabsprang, der linke Pantoffel des Mädchens hängen geblieben. Der Königssohn hob ihn auf, und er war klein und zierlich und ganz golden. Am nächsten Morgen ging er damit zu dem Mann und sagte zu ihm: "Keine andere soll meine Gemahlin werden als die, an deren Fuß dieser goldene Schuh passt." Da freuten sich die beiden Schwestern, denn sie hatten schöne Füße. Die Älteste ging mit dem Schuh in die Kammer und wollte ihn anprobieren, und die Mutter stand dabei. Aber sie konnte mit der großen Zehe nicht hineinkommen, und der Schuh war ihr zu klein. Da reichte ihr die Mutter ein Messer und sprach: "Hau die Zehe ab – wenn du Königin bist, so brauchst du nicht mehr zu Fuß zu gehen." Das Mädchen hieb die Zehe ab, zwängte

den Fuß in den Schuh, verbiss den Schmerz und ging heraus zum Königssohn. Da nahm er sie als seine Braut aufs Pferd und ritt mit ihr fort. Sie mussten aber an dem Grabe vorbei, da saßen die zwei Täubchen auf dem Haselbäumchen und riefen:

„Rucke di guck, rucke di guck,
Blut ist im Schuck (Schuh):
Der Schuck ist zu klein,
Die rechte Braut sitzt noch daheim."

Da blickte er auf ihren Fuß und sah, wie das Blut herausquoll. Er wendete sein Pferd um, brachte die falsche Braut wieder nach Haus und sagte, das wäre nicht die rechte, die andere Schwester sollte den Schuh anziehen. Da ging diese in die Kammer und kam mit den Zehen glücklich in den Schuh, aber die Ferse war zu groß. Da reichte ihr die Mutter ein Messer und sprach:„Hau ein Stück von der Ferse ab – wenn du Königin bist, brauchst du nicht mehr zur Fuß zu gehen." Das Mädchen hieb ein Stück von der Ferse ab, zwängte den Fuß in den Schuh, verbiss den Schmerz und ging hinaus zum Königssohn. Da nahm er sie als seine Braut aufs Pferd und ritt mit ihr fort. Als sie an dem Haselbäumchen vorbeikamen, saßen die zwei Täubchen darauf und riefen:

„Rucke di guck, rucke di guck,
Blut ist im Schuck:
Der Schuck ist zu klein,
Die rechte Braut sitzt noch daheim."

Er blickte nieder auf ihren Fuß und sah, wie das Blut aus dem Schuh quoll und an den weißen Strümpfen ganz rot heraufgestiegen war. Da wendete er sein Pferd und brachte die falsche Braut wieder nach Haus. "Das ist auch nicht die Rechte", sprach er, "habt ihr keine andere Tochter?" – "Nein", sagte der Mann, "nur von meiner verstorbenen Frau ist noch ein kleines, schmutziges Aschenputtel da – das kann unmöglich die Braut sein." Der Königssohn sprach, er sollte es heraufschicken, die Mutter aber antwortete: "Ach nein, das ist viel zu schmutzig, das darf sich nicht sehen lassen." Er wollte es aber durchaus haben, und Aschenputtel musste gerufen werden. Da wusch es sich erst Hände und Angesicht rein, ging dann hin und neigte sich vor dem Königssohn, der ihm den goldenen Schuh reichte. Dann setzte es sich auf einen Schemel, zog den Fuß aus dem schweren Holzschuh und steckte ihn in den Pantoffel, der war wie angegossen. Und als es sich in die Höhe richtete und der Königssohn ihm ins Gesicht sah, so erkannte er das schöne Mädchen, das mit ihm getanzt hatte, und rief: "Das ist die rechte Braut!" Die Stiefmutter und die beiden Schwestern erschraken und wurden bleich vor Ärger; er aber nahm Aschenputtel aufs Pferd und ritt mit ihm fort. Als sie an dem Haselbäumchen vorbeikamen, riefen die zwei weißen Täubchen:

"Rucke di guck, rucke di guck,
Kein Blut ist im Schuck:
Der Schuck ist nicht zu klein,
Die rechte Braut, die führt er heim."

Und als sie das gerufen hatten, kamen sie beide herabgeflogen und setzten sich dem Aschenputtel auf die Schultern, eine rechts, die andere links, und blieben da sitzen.

Als die Hochzeit mit dem Königssohn sollte gehalten werden, kamen die falschen Schwestern, wollten sich einschmeicheln und teil an seinem Glück nehmen. Als die Brautleute nun zur Kirche gingen, war die Älteste zur linken, die Jüngste zur rechten Seite – da pickten die Tauben einer jeden das eine Auge aus. Und waren sie also für ihre Bosheit und Falschheit mit Blindheit auf ihr Lebtag gestraft.

Frau Holle

(Brüder Grimm)

Eine Witwe hatte zwei Töchter, davon war die eine schön und fleißig, die andere hässlich und faul. Sie hatte aber die hässliche und faule, weil sie ihre rechte Tochter war, viel lieber, und die andere musste die Arbeit tun und der Aschenputtel im Hause sein. Das arme Mädchen musste sich täglich auf die großen Straße bei einem Brunnen setzen und musste so viel spinnen, dass ihm das Blut aus den Fingern sprang. Nun trug es sich zu, dass die Spule einmal ganz blutig war; da bückte es sich damit in den Brunnen und wollte sie abwaschen, sie sprang ihm aber aus der Hand und fiel hinab. Es weinte, lief zur Stiefmutter und erzählte ihr das Unglück. Sie schalt es aber so heftig und war so unbarmherzig, dass sie sprach: „Hast du die Spule hinunterfallen lassen, so hol' sie auch wieder herauf." Da ging das Mädchen zu dem Brunnen zurück und wusste nicht, was es anfangen sollte, und in seiner Herzensangst sprang es in den Brunnen hinein, um die Spule zu holen. Es verlor die Besinnung, und als es erwachte und wieder zu sich selber kam, war es auf einer schönen Wiese, wo die Sonne schien und viele tausend Blumen standen. Auf dieser Wiese ging es weiter und kam zu einem Backofen, der war voller Brot. Das Brot aber rief: „Ach, zieh mich raus, zieh mich raus, sonst verbrenn ich – ich bin schon längst ausgebacken." Da trat es herzu und holte mit dem Brotschieber alles nacheinander heraus. Danach ging es weiter und kam zu einem Baum, der hing voll Äpfel und rief ihm zu: „Ach, schüttel mich, schüttel mich, wir Äpfel sind alle miteinander reif." Da schüttelte es den Baum, dass die Äpfel fielen, als regneten sie, und schüttelte, bis keiner mehr oben war, und als es alle auf einen Haufen zusammengelegt hatte, ging es wieder weiter. Endlich kam es zu einem kleinen Haus, daraus guckte eine alte Frau, weil sie aber so große Zähne hatte, ward ihm angst, und es wollte fortlaufen. Die alte Frau aber rief ihm nach: „Was fürchtest du dich, liebes Kind? Bleib bei mir; wenn du alle Arbeit im Hause ordentlich tun willst, so soll dir's gut gehen. Du musst nur achtgeben, dass du mein Bett gut machst und es fleißig aufschüttelst, dass die Federn fliegen, dann schneit es in der Welt* – ich bin die Frau Holle." Weil die Alte ihm so gut zusprach, so fasste sich das Mädchen ein Herz, willigte ein und begab sich in ihren Dienst. Es besorgte auch alles nach ihrer Zufriedenheit und schüttelte ihr das Bett immer gewaltig auf, dass die Federn wie Schneeflocken umherflogen. Dafür hatte es auch ein gutes Leben bei ihr, kein böses Wort und alle Tage Gesottenes und Gebratenes. Nun war es eine Zeitlang bei der Frau Holle, da ward es traurig und wusste anfangs selbst nicht, was ihm fehlte. Endlich merkte es, dass es Heimweh war; obwohl es ihm hier gleich vieltausendmal besser ging als zu Haus, so hatte es doch ein Verlangen dahin. Endlich sagte es zu ihr: „Ich habe den Jammer nach Haus gekriegt, und wenn es mir auch noch so gut hier unten geht, so kann ich doch nicht länger bleiben, ich muss wieder hinauf zu den Meinigen." Die Frau Holle sagte: „Es gefällt mir, dass du wieder nach Haus verlangst, und weil du mir so treu gedient hast, so will ich dich selbst wieder hinaufbringen." Sie nahm es darauf bei der Hand und führte es vor ein großes Tor. Das Tor ward aufgetan, und wie das Mädchen gerade darunterstand, fiel ein gewaltiger Goldregen, und alles Gold blieb an ihm hängen, so dass es über und über davon bedeckt war. „Das sollst du haben, weil du so fleißig gewesen bist", sprach die Frau Holle und gab ihm auch die Spule wieder, die ihm in den Brunnen gefallen war. Darauf ward das Tor verschlossen, und das Mädchen befand sich oben auf der Welt, nicht weit von seiner Mutter Haus, und als es in den Hof kam, saß der Hahn auf dem Brunnen und rief:

„Kikeriki,
unsere goldene Jungfrau ist wieder hie."

Da ging es hinein zu seiner Mutter, und weil es so mit Gold bedeckt ankam, ward es von ihr und der Schwester gut aufgenommen.

(* Darum sagt man in Hessen, wenn es schneit, die Frau Holle macht ihr Bett.)

Das Mädchen erzählte alles, was ihm begegnet war, und als die Mutter hörte, wie es zu dem großen Reichtum gekommen war, wollte sie der andern, hässlichen und faulen Tochter gerne dasselbe Glück verschaffen. Sie musste sich an den Brunnen setzen und spinnen, und damit ihre Spule blutig ward, stach sie sich in den Finger und stieß sich die Hand in die Dornhecke. Dann warf sie die Spule in den Brunnen und sprang selber hinein. Sie kam, wie die andere, auf die schöne Wiese und ging auf demselben Pfade weiter. Als sie zu dem Backofen gelangte, schrie das Brot wieder: „Ach, zieh mich raus, zieh mich raus, sonst verbrenn ich, ich bin schon längst ausgebacken." Die Faule aber antwortete: „Da hätt ich Lust, mich schmutzig zu machen", und ging fort. Bald kam sie zu dem Apfelbaum, der rief: „Ach, schüttel mich, schüttel mich, wir Äpfel sind alle miteinander reif." Sie antwortete aber: „Du kommst mir

recht, es könnte mir einer auf den Kopf fallen", und ging damit weiter. Als sie vor der Frau Holle Haus kam, fürchtete sie sich nicht, weil sie von ihren großen Zähnen schon gehört hatte, und verdingte sich gleich zu ihr. Am ersten Tag tat sie sich Gewalt an, war fleißig und folgte der Frau Holle, wenn sie ihr etwas sagte, denn sie dachte an das viele Gold, das sie ihr schenken würde. Am zweiten Tag aber fing sie schon an zu faulenzen, am dritten noch mehr, da wollte sie morgens gar nicht aufstehen. Sie machte auch der Frau Holle das Bett nicht, wie sich's gebührte, und schüttelte es nicht, dass die Federn aufflogen. Das ward die Frau Holle bald müde und sagte ihr den Dienst auf. Die Faule war das wohl zufrieden und meinte, nun würde der Goldregen kommen. Die Frau Holle führte sie auch zu dem Tor, als sie aber darunterstand, ward statt des Goldes ein großer Kessel voll Pech ausgeschüttet. „Das ist zur Belohnung deiner Dienste", sagte die Frau Holle und schloss das Tor zu. Da kam die Faule heim, aber sie war ganz mit Pech bedeckt, und der Hahn auf dem Brunnen, als er sie sah, rief:

„Kikeriki,
unsere schmutzige Jungfrau ist wieder hie."

Das Pech aber blieb fest an ihr hängen und wollte, so lange sie lebte, nicht abgehen.

Rotkäppchen

(Brüder Grimm)

Es war einmal eine kleine, süße Dirne, die hatte jedermann lieb, der sie nur ansah, am allerliebsten aber ihre Großmutter, die wusste gar nicht, was sie alles dem Kinde geben sollte. Einmal schenkte sie ihm ein Käppchen von rotem Sammet, und weil ihm da so wohl stand, und es nichts anderes mehr tragen wollte, hieß es nur das Rotkäppchen. Eines Tages sprach seine Mutter zu ihm: „Komm Rotkäppchen, da hast du ein Stück Kuchen und eine Flasche Wein, bring das der Großmutter hinaus, sie ist krank und schwach und wird sich daran laben. Mach dich auf, bevor es heiß wird, und wenn du hinauskommst, so geh' hübsch sittsam und lauf nicht vom Weg ab, sonst fällst du und zerbrichst das Glas und die Großmutter hat nichts. Und wenn du in ihre Stube kommst, so vergiss nicht, Guten Morgen zu sagen, und guck nicht erst in allen Ecken herum."

„Ich will schon alles gut machen", sagte Rotkäppchen zur Mutter und gab ihr die Hand darauf. Die Großmutter aber wohnte draußen im Wald, eine halbe Stunde vom Dorf. Wie nun Rotkäppchen in den Wald kam, begegnete ihm der Wolf. Rotkäppchen aber wusste nicht, was das für ein böses Tier war und fürchtete sich nicht vor ihm. „Guten Tag, Rotkäppchen", sprach er. „Schönen Dank, Wolf." – „Wo hinaus so früh, Rotkäppchen?" – „Zur Großmutter." – „Was trägst du unter der Schürze?" – „Kuchen und Wein – gestern haben wir gebacken, da soll sich die kranke und schwache Großmutter etwas zugut tun und sich damit stärken." – „Rotkäppchen, wo wohnt deine Großmutter?" – „Noch eine gute Viertelstunde weiter im Wald, unter den drei großen Eichbäumen, da steht ihr Haus, unten sind die Nusshecken, das wirst du ja wissen", sagte Rotkäppchen. Der Wolf dachte bei sich: Das junge, zarte Ding, das ist ein fetter Bissen, der wird noch besser schmecken als die Alte; du musst es listig anfangen, damit du beide erschnappst. Da ging er ein Weilchen neben Rotkäppchen her, dann sprach er: „Rotkäppchen, sieh einmal die schönen Blumen, die ringsumher stehen, warum guckst du dich nicht um? Ich glaube, du hörst gar nicht, wie die Vöglein so lieblich singen. Du gehst ja für dich hin, als wenn du zur Schule gingst und ist so lustig draußen in dem Wald."

Rotkäppchen schlug die Augen auf, und als es sah, wie die Sonnenstrahlen durch die Bäume hin und her tanzten und alles voll schöner Blumen stand, dachte es: Wenn ich der Großmutter einen frischen Strauß mitbringe, der wird ihr auch Freude machen; es ist so früh am Tag, dass ich doch zu rechter Zeit ankomme, lief vom Wege ab in den Wald hinein und suchte Blumen. Und wenn es eine gebrochen hatte, meinte es, weiter hinaus stände eine schönere und lief danach und geriet immer tiefer in den Wald hinein. Der Wolf aber ging geradewegs nach dem Haus der Großmutter und klopfte an die Türe. "Wer ist draußen?" – "Rotkäppchen, das bringt Kuchen und Wein, mach auf." "Drück nur auf die Klinke", rief die Großmutter, "ich bin zu schwach und kann nicht aufstehen." Der Wolf drückte auf die Klinke, die Türe ging auf, und er ging, ohne ein Wort zu sprechen, gerade zum Bett der Großmutter und verschluckte sie. Dann tat er ihre Kleider an, setzte ihre Haube auf, legte sich in ihr Bett und zog die Vorhänge vor.

Rotkäppchen aber war nach den Blumen herumgelaufen, und als es so viel zusammen hatte, dass es keine mehr tragen konnte, fiel ihm die Großmutter wieder ein, und es machte sich auf den Weg zu ihr. Es wunderte sich, dass die Türe aufstand, und wie es in die Stube trat, so kam es ihm so seltsam darin vor, dass es dachte: Ei, du mein Gott, wie ängstlich wird mir's heute zumut, und bin sonst so gerne bei der Großmutter. Es rief: "Guten Morgen", bekam aber keine Antwort.

Darauf ging es zum Bett und zog die Vorhänge zurück – da lag die Großmutter und hatte die Haube tief ins Gesicht gesetzt und sah so wunderlich aus. "Ei, Großmutter, was hast du für große Ohren!" – "Dass ich dich besser hören kann." – "Ei, Großmutter, was hast du für große Augen!" – "Dass ich dich besser sehen kann." – "Ei, Großmutter, was hast du für große Hände!" – "Dass ich dich besser packen kann." – "Aber, Großmutter, was hast du für ein entsetzlich großes Maul!" – "Dass ich dich besser fressen kann." Kaum hatte der Wolf das gesagt, so tat er einen Satz aus dem Bette und verschlang das arme Rotkäppchen.

Wie der Wolf sein Gelüsten gestillt hatte, legte er sich wieder ins Bett, schlief ein und fing an, überlaut zu schnarchen. Der Jäger ging eben an dem Haus vorbei und dachte: Wie die alte Frau schnarcht, du musst doch sehen, ob ihr etwas fehlt. Da trat er in die Stube, und wie er vor das Bette kam, so sah er, dass der Wolf darin lag. „Finde ich dich hier, du alter Sünder", sagte er, „ich habe dich lange gesucht." Nun wollte er seine Büchse anlegen, da fiel ihm ein, der Wolf könnte die Großmutter gefressen haben und sie wäre noch zu retten – schoss nicht, sondern nahm eine Schere und fing an, dem schlafenden Wolf den Bauch

aufzuschneiden. Wie er ein paar Schnitte getan hatte, da sah er das rote Käppchen leuchten, und noch ein paar Schnitte, da sprang das Mädchen heraus und rief: „Ach, wie war ich erschrocken, wie war's so dunkel in dem Wolf seinem Leib!" Und dann kam die alte Großmutter auch noch lebendig heraus und konnte kaum atmen. Rotkäppchen aber holte geschwind große Steine, damit füllten sie dem Wolf den Leib, und wie er aufwachte, wollte er fortspringen; aber die Steine waren so schwer, dass er gleich niedersank und sich totfiel.

Da waren alle drei vergnügt; der Jäger zog dem Wolf den Pelz ab und ging damit heim, die Großmutter aß den Kuchen und trank den Wein, den Rotkäppchen gebracht hatte, und erholte sich wieder, Rotkäppchen aber dachte: Du willst dein Lebtag nicht wieder allein vom Wege ab in den Wald laufen, wenn dir's die Mutter verboten hat.

Die Bremer Stadtmusikanten

(Brüder Grimm)

Es hatte ein Mensch einen Esel, der schon lange Jahre die Säcke unverdrossen zur Mühle getragen hatte, dessen Kräfte aber nun zu Ende gingen, so dass er zur Arbeit immer untauglicher ward. Da dachte der Herr daran, ihn aus dem Futter zu schaffen, aber der Esel merkte, dass kein guter Wind wehte, lief fort und machte sich auf den Weg nach Bremen. Dort, meinte er, könnte er ja Stadtmusikant werden. Als er ein Weilchen fortgegangen war, fand er einen Jagdhund auf dem Wege liegen, der japste wie einer, der sich müde gelaufen hat. „Nun, was japst du so, Packan?", fragte der Esel. „Ach", sagte der Hund, „weil ich alt bin und jeden Tag schwächer werde, auch auf der Jagd nicht mehr fort kann, hat mich mein Herr wollen totschlagen, da hab ich Reißaus genommen, aber womit soll ich nun mein Brot verdienen?" „Weißt du was", sprach der Esel, „ich gehe nach Bremen und werde Stadtmusikant, geh mit und lass dich auch bei der Musik annehmen. Ich spiele die Laute, und du schlägst die Pauken." Der Hund war's zufrieden, und sie gingen weiter. Es dauerte nicht lange, so saß da eine Katze auf dem Weg und machte ein Gesicht wie drei Tage Regenwetter. „Nun, was ist dir in die Quere gekommen, alter Bartputzer?", sprach der Esel. „Wer kann da lustig sein, wenn's einem an den Kragen geht", antwortete die Katze, „weil ich nun zu Jahren komme, meine Zähne stumpf werden, und ich lieber hinter dem Ofen sitze und spinne, als nach Mäusen herumjage, hat mich meine Frau ersäufen wollen. Ich habe mich zwar noch fortgemacht, aber nun ist guter Rat teuer: Wo soll ich hin?" „Geh mit uns nach Bremen, du verstehst dich doch auf die Nachtmusik, da kannst du ein Stadtmusikant werden." Die Katze hielt das für gut und ging mit. Darauf kamen die drei Landesflüchtigen an einem Hof vorbei, da saß auf dem Tor der Haushahn und schrie aus

Leibeskräften. „Du schreist einem durch Mark und Bein", sprach der Esel, „was hast du vor?" „Da hab ich gut Wetter prophezeit", sprach der Hahn, „weil unserer lieben Frauen Tag ist, wo sie dem Christkindlein die Hemden gewaschen hat und sie trocknen will; aber weil morgen zum Sonntag Gäste kommen, so hat die Hausfrau doch kein Erbarmen und hat der Köchin gesagt, sie wollte mich morgen in der Suppe essen, und da soll ich mir heut Abend den Kopf abschneiden lassen. Nun schrei ich aus vollem Hals, solang ich noch kann." „Ei, was, du Rotkopf", sagte der Esel, „zieh lieber mit uns fort, wir gehen nach Bremen, etwas Besseres als den Tod findest du überall. Du hast eine gute Stimme, und wenn wir zusammen musizieren, so muss es eine Art haben." Der Hahn ließ sich den Vorschlag gefallen, und sie gingen alle viere zusammen fort.

Sie konnten aber die Stadt Bremen in einem Tag nicht erreichen und kamen abends in einen Wald, wo sie übernachten wollten. Der Esel und der Hund legten sich unter einen großen Baum, die Katze und der Hahn machten sich in die Äste. Der Hahn aber flog bis in die Spitze, wo es am sichersten für ihn war. Ehe er einschlief, sah er sich noch einmal nach allen vier Winden um, da deuchte ihn, er sähe in der Ferne ein Fünkchen brennen und rief seinen Gesellen zu, es müsste nicht gar weit ein Haus sein, denn es scheine ein Licht. Sprach der Esel: „So müssen wir uns aufmachen und noch hingehen, denn hier ist die Herberge schlecht." Der Hund meinte, ein paar Knochen und etwas Fleisch dran täten ihm auch gut. Also machten sie sich auf den Weg nach der Gegend, wo das Licht war und sahen es bald heller schimmern, und es ward immer größer, bis sie vor ein hell erleuchtetes Räuberhaus kamen. Der Esel, als der Größte, näherte sich dem Fenster und schaute hinein. „Was siehst du, Grauschimmel?", fragte der Hahn. „Was ich sehe?", antwortete der Esel, „einen gedeckten Tisch mit schönem Essen und Trinken, und Räuber sitzen daran und lassen sich wohl sein." „Das wäre für uns", sprach der Hahn. „Ja, ja, ach wären wir da!", sagte der Esel. Da ratschlagten die Tiere, wie sie es anfangen müssten, um die Räuber hinauszujagen, und fanden endlich ein Mittel. Der Esel musste sich mit den Vorderfüßen auf das Fenster stellen, der Hund auf des Esels Rücken springen, die Katze auf den Hund klettern, und endlich flog der Hahn hinauf und setzte sich der Katze auf den Kopf. Wie das geschehen war, fingen sie auf ein Zeichen insgesamt an, ihre Musik zu machen: Der Esel schrie, der Hund bellte, die Katze miaute, und der Hahn krähte, dann stürzten sie durch das Fenster in die Stube hinein, dass die Scheiben klirrten. Die Räuber fuhren bei dem entsetzlichen Geschrei in die Höhe, meinten nicht anders, als ein Gespenst käme herein und flohen in größter Furcht in den Wald hinaus. Nun setzten sich die vier Gesellen an den Tisch, nahmen mit dem vorlieb, was übriggeblieben war, und aßen, als wenn sie vier Wochen hungern sollten.

Open-Air-Märchenspiel

Wie die vier Spielleute fertig waren, löschten sie das Licht aus und suchten sich eine Schlafstätte, jeder nach seiner Natur und Bequemlichkeit. Der Esel legte sich auf den Mist, der Hund hinter die Türe, die Katze auf den Herd in die warme Asche, und der Hahn setzte sich auf den Hahnenbalken, und weil sie müde waren von ihrem langen Weg, schliefen sie auch bald ein. Als Mitternacht vorbei war und die Räuber von weitem sahen, dass kein Licht mehr im Haus brannte, auch alles ruhig schien, sprach der Hauptmann:

„Wir hätten uns doch nicht sollen ins Bockshorn jagen lassen", und hieß einen hingehen und das Haus untersuchen. Der Abgeschickte fand alles still, ging in die Küche, ein Licht anzuzünden, und weil er die glühenden, feurigen Augen der Katze für lebende Kohlen ansah, hielt er ein Schwefelhölzchen daran, dass es Feuer fangen sollte. Aber die Katze verstand keinen Spaß, sprang ihm ins Gesicht, spie und kratzte. Da erschrak er gewaltig, lief und wollte zur Hintertüre hinaus, aber der Hund, der da lag, sprang auf und biss ihn ins Bein, und als er über den Hof an der Miste vorbeirannte, gab ihm der Esel noch einen tüchtigen Schlag mit dem Hinterfuß. Der Hahn aber, der vom Lärmen aus dem Schlaf geweckt und munter geworden war, rief vom Balken herab: „Kikeriki!" Da lief der Räuber, was er konnte, zu seinem Hauptmann zurück und sprach: „Ach, in dem Haus sitzt eine gräuliche Hexe, die hat mich angefaucht und mit ihren langen Fingern mir das Gesicht zerkratzt, und vor der Türe steht ein Mann mit einem Messer, der hat mich ins Bein gestochen, und auf dem Hof liegt ein schwarzes Ungetüm, das hat mit einer Holzkeule auf mich losgeschlagen, und oben auf dem Dache, da sitzt der Richter, der rief: Bringt mir den Schelm her. Da machte ich, dass ich fortkam."

Von nun an getrauten sich die Räuber nicht weiter in das Haus, den vier Bremer Stadtmusikanten gefiel's aber so wohl darin, dass sie nicht wieder herauswollten. Und der das zuletzt erzählt hat, dem ist der Mund noch warm.

Dornröschen

(Brüder Grimm)

Vor Zeiten waren ein König und eine Königin, die sprachen jeden Tag: „Ach, wenn wir doch ein Kind hätten!", und kriegten immer keins. Da trug es sich zu, als die Königin einmal im Bade saß, dass ein Frosch aus dem Wasser ans Land kroch und zu ihr sprach: „Dein Wunsch wird erfüllt werden, ehe ein Jahr vergeht, wirst du eine Tochter zur Welt bringen." Was der Frosch gesagt hatte, das geschah, und die Königin gebar ein Mädchen, das war so schön, dass der König vor Freude sich nicht zu lassen wusste und ein großes Fest anstellte. Er lud nicht bloß seine Verwandten, Freunde und Bekannten, sondern auch die weisen Frauen dazu ein, damit sie dem Kind hold und gewogen wären. Es waren ihrer dreizehn in seinem Reiche, weil er aber nur zwölf goldene Teller hatte, von welchen sie essen sollten, so musste eine von ihnen daheimbleiben. Das Fest ward mit aller Pracht gefeiert, und als es zu Ende war, beschenkten die weisen Frauen das Kind mit ihren Wundergaben: Die eine mit Tugend, die andere mit Schönheit, die Dritte mit Reichtum und so mit allem, was auf der Welt zu wünschen ist. Als elfe ihre Sprüche eben getan hatten, trat plötzlich die Dreizehnte herein. Sie wollte sich dafür rächen, dass sie nicht eingeladen war, und ohne jemand zu grüßen oder nur anzusehen, rief sie mit lauter Stimme: „Die Königstochter soll sich in ihrem fünfzehnten Jahr an einer Spindel stechen und tot hinfallen." Und ohne ein Wort weiter zu sprechen, kehrte sie sich um und verließ den Saal. Alle waren erschrocken, da trat die Zwölfte hervor, die ihren Wunsch noch übrig hatte, und weil sie den bösen Spruch nicht aufheben, sondern nur ihn mildern konnte, so sagte sie: „Es soll aber kein Tod sein, sondern ein hundertjähriger tiefer Schlaf, in welchen die Königstochter fällt."

Der König, der sein liebes Kind vor dem Unglück gern bewahren wollte, ließ den Befehl ausgehen, dass alle Spindeln im ganzen

Königreiche sollten verbrannt werden. An dem Mädchen aber wurden die Gaben der weisen Frauen sämtlich erfüllt, denn es war so schön, sittsam, freundlich und verständig, dass es jedermann, der es ansah, lieb haben musste. Es geschah, dass an dem Tage, wo es gerade fünfzehn Jahr alt ward, der König und die Königin nicht zu Haus waren, und das Mädchen ganz allein im Schloss zurückblieb. Da ging es allerorten herum, besah Stuben und Kammern, wie es Lust hatte, und kam endlich auch an einen alten Turm. Es stieg die enge Wendeltreppe hinauf und gelangte zu einer kleinen Türe. In dem Schloss steckte ein verrosteter Schlüssel, und als es umdrehte, sprang die Türe auf, und saß da in einem kleinen Stübchen eine alte Frau mit einer Spindel und spann emsig ihren Flachs. „Guten Tag, du altes Mütterchen", sprach die Königstochter, „was machst du da?" „Ich spinne", sagte die Alte und nickte mit dem Kopf. „Was ist das für ein Ding, das so lustig herumspringt?", sprach das Mädchen, nahm die Spindel und wollte auch spinnen. Kaum hatte sie aber die Spindel angerührt, so ging der Zauberspruch in Erfüllung, und sie stach sich damit in den Finger.

In dem Augenblick aber, wo sie den Stich empfand, fiel sie auf das Bett nieder, das da stand, und lag in einem tiefen Schlaf. Und dieser Schlaf verbreitete sich über das ganze Schloss: Der König und die Königin, die eben heimgekommen waren und in den Saal getreten waren, fingen an einzuschlafen, und der ganze Hofstaat mit ihnen. Da schliefen auch die Pferde im Stall, die Hunde im Hofe, die Tauben auf dem Dache, die Fliegen an der Wand, ja, das Feuer auf dem Herde flackerte, ward still und schlief ein, und der Braten hörte auf zu brutzeln, und der Koch, der den Küchenjungen, weil er etwas versehen hatte, in den Haaren ziehen wollte, ließ ihn los und schlief. Und der Wind legte sich, und auf den Bäumen vor dem Schloss regte sich kein Blättchen mehr.

Rings um das Schloss aber begann eine Dornenhecke zu wachsen, die jedes Jahr höher ward und endlich das ganze Schloss umzog und darüber hinauswuchs, dass gar nichts mehr davon zu sehen war, selbst nicht die Fahne auf dem Dach. Es ging aber die Sage in dem Land von dem schönen schlafenden Dornröschen, denn so ward die Königstochter genannt, also dass von Zeit zu Zeit Königssöhne kamen und durch die Hecke in das Schloss dringen wollten. Es war ihnen aber nicht möglich, denn die Dornen, als hätten sie Hände, hielten fest zusammen, und die Jünglinge blieben darin hängen, konnten sich nicht wieder losmachen und starben eines jämmerlichen Todes. Nach langen, langen Jahren kam wieder einmal ein Königssohn in das Land und hörte, wie ein alter Mann von der Dornenhecke erzählte, es sollte ein Schloss dahinter stehen, in welchem eine wunderschöne Königstochter, Dornröschen genannt, schon seit hundert Jahren schliefe, und mit ihr schliefen der König und die Königin und der ganze Hofstaat. Er wusste auch von seinem Großvater, dass schon viele Königssöhne gekommen wären und versucht hätten, durch die Dornenhecke zu dringen, aber sie wären darin hängen geblieben und eines traurigen Todes gestorben. Da sprach der Jüngling: „Ich fürchte mich nicht, ich will hinaus und das schöne Dornröschen sehen." Der gute Alte mochte ihm abraten, wie er wollte, er hörte nicht auf seine Worte.

Nun waren aber gerade die hundert Jahre verflossen, und der Tag war gekommen, wo Dornröschen wieder erwachen sollte. Als der Königssohn sich der Dornenhecke näherte, waren es lauter große schöne Blumen, die taten sich von selbst auseinander und ließen ihn unbeschädigt hindurch, und hinter ihm taten sie sich wieder als eine Hecke zusammen. Im Schlosshof sah er die Pferde und scheckigen Jagdhunde liegen und schlafen, auf dem Dache saßen die Tauben und hatten das Köpfchen unter den Flügel gesteckt. Und als er ins Haus kam, schliefen die Fliegen an der Wand, der Koch in der Küche hielt noch die Hand, als wollte er den Jungen anpacken, und die Magd saß vor dem schwarzen Huhn, das sollte gerupft werden. Da ging er weiter und sah im Saale den gan-

zen Hofstaat liegen und schlafen, und oben bei dem Throne lagen der König und die Königin. Da ging er noch weiter, und alles war so still, dass er seinen Atem hören konnte, und endlich kam er zu dem Turm und öffnete die Türe zu der kleinen Stube, in welcher Dornröschen schlief. Da lag es und war so schön, dass er die Augen nicht abwenden konnte, und er bückte sich und gab ihm einen Kuss. Wie er es mit dem Kuss berührt hatte, schlug Dornröschen die Augen auf, erwachte und blickte ihn ganz freundlich an. Da gingen sie zusammen herab, und der König erwachte und die Königin und der ganze Hofstaat und sahen einander mit großen Augen an. Und die Pferde im Hof standen auf und rüttelten sich, die Jagdhunde sprangen und wedelten, die Tauben auf dem Dache zogen das Köpfchen unterm Flügel hervor, sahen umher und flogen ins Feld, die Fliegen an den Wänden krochen weiter, das Feuer in der Küche erhob sich, flackerte und kochte das Essen, der Braten fing wieder an zu brutzeln, und der Koch gab dem Jungen eine Ohrfeige, dass er schrie, und die Magd rupfte das Huhn fertig. Und da wurde die Hochzeit des Königssohns mit dem Dornröschen in aller Pracht gefeiert, und sie lebten vergnügt bis an ihr Ende.

Sneewittchen

(Brüder Grimm)

Es war einmal mitten im Winter, und die Schneeflocken fielen wie Federn vom Himmel herab, da saß eine Königin an einem Fenster, das einen Rahmen von schwarzem Ebenholz hatte, und nähte. Und wie sie so nähte und nach dem Schnee aufblickte, stach sie sich mit der Nadel in den Finger, und es fielen drei Tropfen Blut in den Schnee. Und weil das Rote im weißen Schnee so schön aussah, dachte sie bei sich: Hätt ich ein Kind so weiß wie Schnee, so rot wie Blut und so schwarz wie das Holz an dem Rahmen. Bald darauf bekam sie ein Töchterlein, das war so weiß wie Schnee, so rot wie Blut und so schwarzhaarig wie Ebenholz, und ward darum das Sneewittchen (Schneeweißchen) genannt. Und wie das Kind geboren war, starb die Königin.

Über ein Jahr nahm sich der König eine andere Gemahlin. Sie war eine schöne Frau, aber sie war stolz und übermütig und konnte nicht leiden, dass sie an Schönheit von jemand sollte übertroffen werden. Sie hatte einen wunderbaren Spiegel; wenn sie vor den trat und sich darin beschaute, sprach sie:

„Spieglein, Spieglein an der Wand,
Wer ist die Schönste im ganzen Land?"

So antwortete der Spiegel:

„Frau Königin, Ihr seid die Schönste im Land."

Da war sie zufrieden, denn sie wusste, dass der Spiegel die Wahrheit sagte.

Sneewittchen aber wuchs heran und wurde immer schöner, und als es sieben Jahre alt war, war es so schön wie der klare Tag und schöner als die Königin selbst. Als diese einmal ihren Spiegel fragte:

*"Spieglein, Spieglein an der Wand,
Wer ist die Schönste im ganzen Land?"*

So antwortete er:

*"Frau Königin, Ihr seid die Schönste hier;
Aber Sneewittchen ist tausend Mal schöner als Ihr."*

Da erschrak die Königin und ward gelb und grün vor Neid. Von Stund an, wenn sie Sneewittchen erblickte, kehrte sich ihr das Herz im Leibe herum, so hasste sie das Mädchen. Und der Neid und Hochmut wuchsen wie ein Unkraut in ihrem Herzen immer höher, dass sie Tag und Nacht keine Ruhe mehr hatte. Da rief sie einen Jäger und sprach: „Bring das Kind hinaus in den Wald, ich will's nicht mehr vor meinen Augen sehen. Du sollst es töten und mir Lunge und Leber zum Wahrzeichen mitbringen." Der Jäger gehorchte und führte es hinaus, und als er den Hirschfänger gezogen hatte und Sneewittchens unschuldiges Herz durchbohren wollte, fing es an zu weinen und sprach: „Ach, lieber Jäger, lass mir mein Leben; ich will in den wilden Wald laufen und nimmermehr wieder heimkommen." Und weil es so schön war, hatte der Jäger Mitleid und sprach: „So lauf hin, du armes Kind." – Die wilden Tiere werden dich bald gefressen haben, dachte er, und doch war's ihm, als wär ein Stein von seinem Herzen gewälzt, weil er es nicht zu töten brauchte. Und als gerade ein junger Frischling dahergesprungen kam, stach er ihn ab, nahm Lunge und Leber heraus und brachte sie als Wahrzeichen der Königin mit. Der Koch musste sie in Salz kochen, und das boshafte Weib aß sie auf und meinte, sie hätte Sneewittchens Lunge und Leber gegessen.

Nun war das arme Kind in dem großen Wald mutterseelenallein, und ward ihm so angst, dass es alle Blätter an den Bäumen ansah und nicht wusste, wie es sich helfen sollte. Da fing es an zu laufen und lief über die spitzen Steine und durch die Dornen, und die wilden Tiere sprangen an ihm vorbei, aber sie taten ihm nichts. Es lief, solange nur die Füße noch fortkonnten, bis es bald Abend werden wollte; da sah es ein kleines Häuschen und ging hinein, sich zu ruhen. In dem Häuschen war alles klein, aber so zierlich und reinlich, dass es nicht zu sagen ist. Da stand ein weißgedecktes

Tischlein mit sieben kleinen Tellern, jedes Tellerlein mit seinem Löffelein, ferner sieben Messerlein und Gäblein und sieben Becherlein. An der Wand waren sieben Bettlein nebeneinander aufgestellt und schneeweiße Laken darüber gedeckt. Sneewittchen, weil es so hungrig und durstig war, aß von jedem Tellerlein ein wenig Gemüs und Brot und trank aus jedem Becherlein einen Tropfen Wein, denn es wollte nicht einem allein alles wegnehmen. Hernach, weil es so müde war, legte es sich in ein Bettchen, aber keins passte; das eine war zu lang, das andere zu kurz, bis endlich das siebente recht war, und darin blieb es liegen, befahl sich Gott und schlief ein.

Als es ganz dunkel geworden war, kamen die Herren von dem Häuslein, das waren die sieben Zwerge, die in den Bergen nach Erz hackten und gruben. Sie zündeten ihre sieben Lichtlein an, und wie es nun hell im Häuslein ward, sahen sie, dass jemand darin gewesen war, denn es stand nicht alles so in der Ordnung, wie sie es verlassen hatten. Der erste sprach: „Wer hat auf meinem Stühlchen gesessen?" Der zweite: „Wer hat von meinem Tellerchen gegessen?" Der dritte: „Wer hat von meinem Brötchen genommen?" Der vierte: „Wer hat von meinem Gemüschen gegessen?" Der fünfte: „Wer hat mit meinem Gäbelchen gestochen?" Der sechste: „Wer hat mit meinem Messerchen geschnitten?" Der siebente: „Wer hat aus meinem Bercherlein getrunken?" Dann sah sich der erste um und sah, dass auf seinem Bett eine kleine Delle war, da sprach er: „Wer hat in mein Bettchen getreten?" Die andern kamen gelaufen und riefen: „In meinem hat auch jemand gelegen." Der siebente aber, als er in sein Bett sah, erblickte Sneewittchen, das lag darin und schlief. Nun rief er die andern, die kamen herbeigelaufen und schrien vor Verwunderung, holten ihre sieben Lichtlein und beleuchteten Sneewitchen. „Ei, du mein Gott! Ei, du mein Gott!", riefen sie. „Was ist das Kind so schön!", und hatten so große Freude, dass sie es nicht aufweckten, sondern im Bettlein fortschlafen ließen. Der siebente Zwerg aber schlief bei seinen Gesellen, bei jedem eine Stunde, da war die Nacht herum.

Als es Morgen war, erwachte Sneewittchen, und wie es die sieben Zwerge sah, erschrak es. Sie waren aber freundlich und fragten: „Wie heißt du?" – „Ich heiße Sneewittchen", antwortete es. „Wie bist du in unser Haus gekommen?", sprachen weiter die Zwerge.

Da erzählte es ihnen, dass seine Stiefmutter es hätte wollen umbringen lassen, der Jäger hätte ihm aber das Leben geschenkt, und da wär es gelaufen den ganzen Tag, bis es endlich ihr Häuslein gefunden hätte. Die Zwerge sprachen: "Willst du unsern Haushalt versehen, kochen, betten, waschen, nähen und stricken, und willst du alles ordentlich und reinlich halten, so kannst du bei uns bleiben, und es soll dir an nichts fehlen." – "Ja", sagte Sneewittchen, "von Herzen gern", und blieb bei ihnen. Es hielt ihnen das Haus in Ordnung: Morgens gingen sie in die Berge und suchten Erz und Gold, abends kamen sie wieder, und da musste ihr Essen bereit sein. Den Tag über war das Mädchen allein; da warnten es die guten Zwerglein und sprachen: "Hüte dich vor deiner Stiefmutter, die wird bald wissen, dass du hier bist; lass ja niemand herein."

Die Königin aber, nachdem sie Snewittchens Lunge und Leber glaubte gegessen zu haben, dachte nicht anders, als wäre sie wieder die Erste und Allerschönste, trat vor ihren Spiegel und sprach:

"Spieglein, Spieglein an der Wand,
Wer ist die Schönste im ganzen Land?"

Da antwortete der Spiegel:

„Frau Königin, Ihr seid die Schönste hier;
Aber Sneewittchen über den Bergen
Bei den sieben Zwergen
Ist noch tausend Mal schöner als Ihr."

Da erschrak sie, denn sie wusste, dass der Spiegel keine Unwahrheit sprach und merkte, dass der Jäger sie betrogen hatte und Sneewittchen noch am Leben war. Und da sann und sann sie aufs Neue, wie sie es umbringen wollte, denn solange sie nicht die Schönste war im ganzen Land, ließ ihr der Neid keine Ruhe. Und als sie sich endlich etwas ausgedacht hatte, färbte sie sich das Gesicht und kleidete sich wie eine alte Krämerin und war ganz unkenntlich. In dieser Gestalt ging sie über die sieben Berge zu den sieben Zwergen, klopfte an die Tür und rief: „Schöne Ware feil, feil!" Sneewittchen guckte zum Fenster hinaus und rief: „Guten Tag, liebe Frau, was habt Ihr zu verkaufen?" – „Gute Ware, schöne Ware", antwortete sie, „Schnürriemen von allen Farben", und holte einen hervor, der aus bunter Seide geflochten war. Die ehrliche Frau kann ich hereinlassen, dachte Sneewittchen, riegelte die Türe auf und kaufte sich den hübschen Schnürriemen. „Kind", sprach die Alte, „wie du aussiehst! Komm, ich will dich einmal ordentlich schnüren." Sneewittchen hatte kein Arg, stellte sich vor sie und ließ sich mit dem neuen Schnürriemen schnüren; aber die Alte schnürte geschwind und schnürte so fest, dass dem Sneewittchen der Atem verging und es für tot hinfiel. „Nun bist du die Schönste gewesen", sprach sie und eilte hinaus.

Nicht lange darauf, zur Abendzeit, kamen die Zwerge nach Haus, aber wie erschraken sie, als sie ihr liebes Sneewittchen auf der Erde liegen sahen, und es regte und bewegte sich nicht, als wär es tot. Sie hoben es in die Höhe, und weil sie sahen, dass es zu fest geschnürt war, schnitten sie den Schnürriemen entzwei – da fing es an, ein wenig zu atmen, und ward nach und nach wieder lebendig.

Als die Zwerge hörten, was geschehen war, sprachen sie: „Die alte Krämerfrau war niemand als die gottlose Königin – hüte dich und lass keinen Menschen herein, wenn wir nicht bei dir sind."

Das böse Weib aber, als es nach Haus gekommen war, ging vor den Spiegel und fragte:

„Spieglein, Spieglein an der Wand,
Wer ist die Schönste im ganzen Land?"

Da antwortete er wie sonst:

„Frau Königin, Ihr seid die Schönste hier;
Aber Sneewittchen über den Bergen
Bei den sieben Zwergen,
Ist noch tausend Mal schöner als Ihr."

Als sie das hörte, lief ihr alles Blut zum Herzen, so erschrak sie, denn sie sah wohl, dass Sneewittchen wieder lebendig geworden war. „Nun aber", sprach sie, „will ich etwas aussinnen, das dich zugrunde richten soll", und mit Hexenkünsten, die sie verstand, machte sie einen giftigen Kamm. Dann verkleidete sie sich und nahm die Gestalt eines andern alten Weibes an. So ging sie hin über die sieben Berge zu den sieben Zwergen, klopfte an die Türe und rief: „Gute Ware feil, feil!" Sneewittchen schaute heraus und sprach: „Geht nur weiter, ich darf niemand hereinlassen." – „Das Ansehen wird dir doch erlaubt sein", sprach die Alte, zog den giftigen Kamm heraus und hielt ihn in die Höhe. Da gefiel er dem Kinde so gut, dass es sich betören ließ und die Tür öffnete. Als sie des Kaufs einig waren, sprach die Alte: „Nun will ich dich einmal ordentlich kämmen." Das arme Sneewittchen dachte an nichts und ließ die Alte gewähren, aber kaum hatte sie den Kamm in die Haare gesteckt, als das Gift darin wirkte und das Mädchen ohne Besinnung niederfiel. „Du Ausbund von Schönheit", sprach das boshafte Weib, „jetzt ist's um dich geschehen", und ging fort. Zum Glück aber war es bald Abend, wo die sieben Zwerglein nach Haus kamen. Als sie Sneewittchen wie tot auf der Erde liegen sahen, hatten sie gleich die Stiefmutter in Verdacht, suchten nach und fanden den giftigen Kamm, und kaum hatten sie ihn herausgezogen, so kam Sneewittchen wieder zu sich und erzählte, was vorgegangen war. Da warnten sie es noch einmal, auf seiner Hut zu sein und niemand die Türe zu öffnen.

Die Königin stellte sich daheim vor den Spiegel und sprach:

> „Spieglein, Spieglein an der Wand,
> Wer ist die Schönste im ganzen Land?"

Da antwortete er wie vorher:

> „Frau Königin, Ihr seid die Schönste hier;
> Aber Sneewittchen über den Bergen
> Bei den sieben Zwergen
> Ist noch tausend Mal schöner als Ihr."

Als sie den Spiegel so reden hörte, zitterte und bebte sie vor Zorn. „Sneewittchen soll sterben", rief sie, „und wenn es mein eigenes Leben kostet." Darauf ging sie in eine ganz verborgene Kammer, wo niemand hinkam, und machte einen giftigen, giftigen Apfel. Äußerlich sah er schön aus, weiß mit roten Backen, dass jeder, der ihn erblickte, Lust danach bekam, aber wer ein Stückchen davon aß, der musste sterben. Als der Apfel fertig war, färbte sie sich das Gesicht und verkleidete sich in eine Bauersfrau, und so ging sie über die sieben Berge zu den sieben Zwergen. Sie klopfte an,

Sneewittchen streckte den Kopf zum Fenster heraus und sprach: „Ich darf keinen Menschen einlassen, die sieben Zwerge haben's mir verboten." – „Mir auch recht", antwortete die Bäurin, „meine Äpfel will ich schon loswerden. Da, einen will ich dir schenken." – „Nein", sprach Sneewittchen, „ich darf nichts annehmen." – „Fürchtest du dich vor Gift?", sprach die Alte. „Siehst du, da schneide ich den Apfel in zwei Teile, den roten Backen iss du, den weißen will ich essen." Der Apfel war aber so künstlich gemacht, dass der rote Backen allein vergiftet war. Sneewittchen gelüstete es nach dem schönen Apfel, und als es sah, dass die Bäurin davon aß, so konnte es nicht länger widerstehen, streckte die Hand hinaus und nahm die giftige Hälfte. Kaum aber hatte es einen Bissen davon im Mund, so fiel es tot zur Erde nieder. Da betrachtete es die Königin mit grausigen Blicken und lachte überlaut und sprach: „Weiß wie Schnee, rot wie Blut, schwarz wie Ebenholz! Diesmal können dich die Zwerge nicht wieder erwecken." Und als sie daheim den Spiegel befragte:

„Spieglein, Spieglein an der Wand,
Wer ist die Schönste im ganzen Land?"

So antwortete er endlich:

„Frau Königin, Ihr seid die Schönste im Land."

Da hatte ihr neidisches Herz Ruhe, so gut ein neidisches Herz Ruhe haben kann.

Die Zwerglein, wie sie abends nach Hause kamen, fanden Sneewittchen auf der Erde liegen, und es ging kein Atem mehr aus seinem Mund, und es war tot. Sie hoben es auf, suchten, ob sie was Giftiges fänden, schnürten es auf, kämmten ihm die Haare, wuschen es mit Wasser und Wein, aber es half alles nichts; das liebe Kind war tot und blieb tot. Sie legten es auf eine Bahre und setzten sich alle siebene daran und beweinten es und weinten drei Tage lang. Da wollten sie es begraben, aber es sah noch so frisch aus wie ein lebender Mensch und hatte noch seine schönen roten Backen. Sie sprachen: „Das können wir nicht in die schwarze Erde versenken", und ließen einen durchsichtigen Sarg von Glas machen, dass man es von allen Seiten sehen konnte, legten es hinein und schrieben mit goldenen Buchstaben seinen Namen darauf und dass es eine Königstochter wäre. Dann setzten sie den Sarg hinaus auf den Berg, und einer von ihnen blieb immer dabei und bewachte ihn. Und die Tiere kamen auch und beweinten Sneewittchen, erst eine Eule, dann ein Rabe, zuletzt ein Täubchen.

Nun lag Sneewittchen lange, lange Zeit in dem Sarg und verweste nicht, sondern sah aus, als wenn es schliefe, denn es war noch so weiß als Schnee, so rot als Blut und so schwarzhaarig wie Ebenholz. Es geschah aber, dass ein Königssohn in den Wald geriet und zu dem Zwergenhaus kam, da zu übernachten. Er sah auf dem Berg den Sarg und das schöne Sneewittchen darin und las, was mit goldenen Buchstaben darauf geschrieben war. Da sprach er zu den Zwergen: „Lasst mir den Sarg, ich will euch geben, was ihr dafür haben wollt."

Aber die Zwerge antworteten: „Wir geben ihn nicht um alles Gold in der Welt." Da sprach er: „So schenkt mir ihn, denn ich kann nicht leben ohne Sneewittchen zu sehen, ich will es ehren und hochachten wie mein Liebstes." Wie er so sprach, empfanden die guten Zwerglein Mitleid mit ihm und gaben ihm den Sarg. Der Königssohn ließ ihn nun von seinen Dienern auf den Schultern forttragen. Da geschah es, dass sie über einen Strauch stolperten, und von dem Schüttern fuhr der giftige Apfelgrütz, den Sneewittchen abgebissen hatte, aus dem Hals. Und nicht lange, so öffnete es die Augen, hob den Deckel vom Sarg in die Höhe und richtete sich auf und war wieder lebendig. „Ach Gott, wo bin ich?", rief es. Der Königssohn sagte voll Freude: „Du bist bei mir", und erzählte, was sich zugetragen hatte, und sprach: „Ich habe dich lieber als alles auf der Welt, komm mit mir in meines Vaters Schloss, du sollst meine Gemahlin werden." Da war ihm Sneewittchen gut und ging mit ihm, und ihre Hochzeit ward mit großer Pracht und Herrlichkeit angeordnet.

Zu dem Fest wurde aber auch Sneewittchens gottlose Stiefmutter eingeladen. Wie sie sich nun mit schönen Kleidern angetan hatte, trat sie vor den Spiegel und sprach:

„Spieglein, Spieglein an der Wand,
Wer ist die Schönste im ganzen Land?"

Der Spiegel antwortete:

„Frau Königin, Ihr seid die Schönste hier;
Aber die junge Königin ist tausend Mal schöner als Ihr."

Da stieß das böse Weib einen Fluch aus, und ward ihr so angst, so angst, dass sie sich nicht zu lassen wusste. Sie wollte zuerst gar nicht auf die Hochzeit kommen, doch ließ es ihr keine Ruhe, sie musste fort und die junge Königin sehen. Und wie sie hineintrat, erkannte sie Sneewittchen, und vor Angst und Schrecken stand sie da und konnte sich nicht regen. Aber es waren schon eiserne Pantoffeln über Kohlenfeuer gestellt und wurden mit Zangen hereingetragen und vor sie hingestellt. Da musste sie in die rotglühenden Schuhe treten und so lange tanzen, bis sie tot zur Erde fiel.

Der Hase und der Igel

(Brüder Grimm – hochdeutsche Fassung E. M. Iba)

Diese Geschichte ist ganz lügenhaft zu erzählen, Jungens, aber wahr ist sie doch, denn mein Großvater, von dem ich sie habe, pflegte immer, wenn er sie mir vortrug, dabei zu sagen: „Wahr muss sie doch sein, mein Junge, denn sonst könnte man sie ja nicht erzählen." Die Geschichte hat sich aber so zugetragen:

Es war an einem Sonntagmorgen im Herbst, just in der Zeit, als der Buchweizen blühte. Die Sonne war hell am Himmel aufgegangen, der Morgenwind ging frisch über die Stoppeln, die Lerchen sangen in der Luft, die Bienen summten im Buchweizen, und die Leute gingen in ihren Sonntagskleidern nach der Kirche, und alle Kreatur war vergnügt, und der Igel (Swienegel) auch.

Der Igel aber stand vor seiner Türe, hatte die Arme übereinandergeschlagen, guckte dabei in den Morgenwind hinaus und trällerte ein Liedchen vor sich hin, so gut und so schlecht als nun eben am lieben Sonntagmorgen ein Igel zu singen vermag. Indem er nun noch so halbleise vor sich hinsang, fiel ihm auf einmal ein, er könne wohl, während seine Frau die Kinder wüsche und anzöge, ein bisschen im Feld spazieren gehen und sehen, wie seine Steckrüben ständen.

Die Steckrüben waren ganz nah bei seinem Hause, und er pflegte mit seiner Familie davon zu essen, deshalb sah er sie als die Seinigen an. Gesagt, getan. Der Igel machte die Haustüre hinter sich zu und schlug den Weg nach dem Felde ein. Er war noch nicht sehr weit vom Hause und wollte gerade um den Schlehenbusch, der da vor dem Felde liegt, nach dem Steckrübenacker hinaufschlendern, als ihm der Hase begegnete, der in ähnlichen Geschäften ausgegangen war, nämlich um seinen Kohl zu besehen. Als der Igel des Hasen ansichtig wurde, bot er ihm einen freundlichen guten Morgen. Der Hase aber, der nach seiner Weise ein gar vornehmer Herr war, grausam und hochfahrig dazu, erwiderte nicht des Igels Gruß, sondern sagte zum Igel, wobei er eine gewaltig höhnische Miene annahm: "Wie kommt es denn, dass du hier schon bei so frühem Morgen im Felde rumläufst?" "Ich gehe spazieren", sagte der Igel. "Spazieren?", lachte der Hase. "Mir däucht, du könntest die Beine wohl auch zu besseren Dingen gebrauchen." Diese Antwort verdross den Igel über alle Maßen, denn alles konnte er vertragen, aber auf seine Beine ließ er nichts kommen, eben weil sie von Natur aus schief waren. "Du bildest dir wohl ein", sagte nun der Igel zum Hasen, "dass du mit deinen Beinen mehr ausrichten kannst? Ich behaupte, wenn wir wettlaufen, laufe ich an dir vorbei." "Das ist zum Lachen, du mit deinen schiefen Beinen", sagte der Hase, "aber meinetwegen mag es sein, wenn du so übergroße Lust hast. Was gilt die Wette?" "Einen goldnen Louisdor und eine Buddel Branntwein", sagte der Igel. "Angenommen", sprach der Hase, "schlag ein und dann kann's gleich losgehen." "Nein, so große Eile hat es nicht", meinte der Igel, "ich bin noch ganz nüchtern; erst will ich nach Hause gehen und ein bisschen frühstücken. In einer halben Stunde bin ich wieder hier auf dem Platze."

Damit ging der Igel, denn der Hase war es zufrieden. Unterwegs dachte der Igel bei sich: "Der Hase verlässt sich auf seine langen Beine, aber ich will ihn schon kriegen. Er ist zwar ein vornehmer Herr, aber doch nur ein dummer Kerl, und bezahlen muss er doch." Als nun der Igel zu Hause ankam, sagte er zu seiner Frau: "Frau, zieh dich schnell an, du musst mit ins Feld hinaus. "Ich habe mit dem Hasen um einen goldnen Louisdor und eine Buddel Branntwein gewettet, ich will mit ihm um die Wette laufen, und du sollst mit dabei sein." "O mein Gott, Mann!", fing nun dem Igel seine Frau an zu schreien, "bist du nicht klug, hast du denn ganz den Verstand verloren? Wie kannst du mit dem Hasen um die Wette laufen wollen?" "Halt den Mund, Weib", sagte der Igel, "das ist meine Sache. Räsonier' nicht in Männergeschäfte. Marsch, zieh dich an und dann komm mit." Was sollte dem Igel seine Frau machen? Sie musste wohl folgen, sie mochte wollen oder nicht.

Als sie nun miteinander unterwegs waren, sprach der Igel zu seiner Frau:

"Nun pass auf, was ich sagen will: Sieh, auf dem langen Acker, dort wollen wir unseren Wettlauf machen. Der Hase läuft nämlich in der einen Furche und ich in der andern, und von oben fangen wir an zu laufen. Nun hast du weiter nichts zu tun, als dich hier unten in die Furche zu stellen, und wenn der Hase auf der andern Seite ankommt, so rufst du ihm entgegen: „Ich bin schon da!"

Damit waren sie beim Acker angelangt, der Igel wies seiner Frau ihren Platz an und ging den Acker hinauf. Als er oben ankam, war der Hase schon da. „Kann es losgehen?", sagte der Hase. „Jawohl", erwiderte der Igel. „Dann man zu!" Und damit stellte sich jeder in seine Furche. Der Hase zählte: „Eins, zwei, drei!", und los ging er wie ein Sturmwind den Acker hinunter. Der Igel aber lief nur ungefähr drei Schritte, dann duckte er sich in die Furche nieder und blieb ruhig sitzen.

Als nun der Hase im vollen Laufe unten im Acker ankam, rief ihm dem Igel seine Frau entgegen: „Ich bin schon da!" Der Hase stutzte und wunderte sich nicht wenig. Er meinte nicht anders, es wäre der Igel selbst, der ihm das zurufe, denn bekanntlich sieht dem Igel seine Frau gerade so aus wie ihr Mann.

Der Hase aber meinte: „Das geht nicht mit rechten Dingen zu." Er rief: „Noch einmal gelaufen, wieder herum!" Und fort ging er wieder wie ein Sturmwind, dass ihm die Ohren am Kopfe flogen. Dem Igel seine Frau aber blieb ruhig auf ihrem Platz. Als nun der Hase oben ankam, rief ihm der Igel entgegen: „Ich bin schon da!" Der Hase aber, ganz außer sich vor Eifer, schrie:

„Nochmal gelaufen, wieder herum!" „Macht mir nichts aus", antwortete der Igel, „meinetwegen sooft wie du Lust hast." So lief der Hase noch dreiundsiebzigmal, und der Igel hielt es immer mit ihm aus. Jedes Mal, wenn der Hase unten oder oben ankam, sagten der Igel oder seine Frau: „Ich bin schon da!"

Zum vierundsiebzigsten Mal aber kam der Hase nicht mehr zu Ende. Mitten auf dem Acker stürzte er zur Erde, das Blut schoss ihm aus dem Halse, und er blieb tot auf dem Platze. Der Igel aber nahm seinen gewonnenen Louisdor und die Buddel Branntwein, rief seine Frau aus der Furche ab, und beide gingen vergnügt nach Hause, und wenn sie nicht gestorben sind, leben sie noch.

So begab es sich, dass auf der Buxtehuder Heide der Igel den Hasen zu Tode gelaufen hat, und seit jener Zeit hat es sich kein Hase wieder einfallen lassen, mit einem Buxtehuder Igel um die Wette zu laufen.

Die Lehre aber aus dieser Geschichte ist erstens, dass keiner, und wenn er sich auch noch so vornehm dünkt, es sich einfallen lassen sollte, sich über einen einfachen Mann lustig zu machen, und wäre es nur ein Igel. Und zweitens, dass es geraten ist, wenn einer heiratet, dass er sich eine Frau aus seinem Stande nimmt, die genauso aussieht wie er selbst. Wer also ein Igel ist, der muss zusehen, dass seine Frau auch ein Igel ist – und so weiter.

Der Hütejunge und die Zauberin

(L. Curtze)

Ein gewisser Bettelmann, der seine Almosen vor fremden Türen suchen musste, hatten einen einzigen Sohn. Den nahm der Alte mit, um Brot zu erbitten. Da er aber sehr frech dabei war und die Menschen verspottete, so sagte der Vater zu ihm: „Junge, ich jage dich fort, damit ich als armer Mann mein Stückchen Brot doch noch bekommen kann!" Er jagte ihn fort. Der Junge ging seines Weges. Er dachte, du kannst wohl auch ohne Vater fertig werden, du willst dein Glück versuchen.

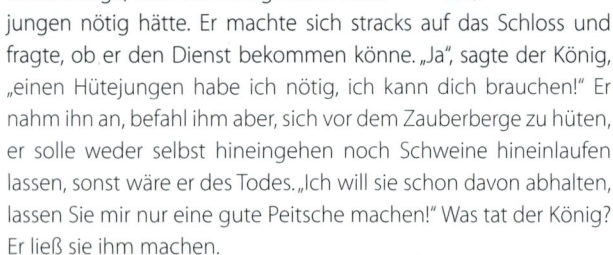

Er machte sich fort, kam in eine ganz fremde Gegend, wo er einen König antraf. Dieser König hatte einen verwünschten Berg, in welchem sich eine alte Zauberin aufhielt. Sie hatte bereits mehrere Hütejungen des Königs umgebracht. Jetzt hörte nun dieser Junge, dass der König einen Hütejungen nötig hätte. Er machte sich stracks auf das Schloss und fragte, ob er den Dienst bekommen könne. „Ja", sagte der König, „einen Hütejungen habe ich nötig, ich kann dich brauchen!" Er nahm ihn an, befahl ihm aber, sich vor dem Zauberberge zu hüten, er solle weder selbst hineingehen noch Schweine hineinlaufen lassen, sonst wäre er des Todes. „Ich will sie schon davon abhalten, lassen Sie mir nur eine gute Peitsche machen!" Was tat der König? Er ließ sie ihm machen.

Als nun der Junge die Schweine rausgelassen hatte und sie in den Zauberberg eilten, stellte er sich davor und knallte mit seiner Peitsche. Er konnte aber die Schweine doch nicht vom Zauberberge zurückhalten, sie liefen in den Wald. Dem Jungen aber war anbefohlen, abends nichts zurückzulassen. Er ging hinter den Schweinen her in den Zauberberg, aber hörte und sah nichts von ihnen. Auf einmal sah er da eine Höhle stehen. Er ging darauf zu. Als er davorkam, guckte er hinein. Er sah aber nichts darin als eine

alte Zauberin. Die rief: „Was willst du hier? Du musst augenblicklich sterben!" Der Junge aber sagte: „Komm heraus, du alte Hexe, ich will es mit dir ausmachen!" „Junge, ich sehe, du hast Courage (Mut)! Ich kann etwas mit dir anfangen. Hier hast du einen Stock, es ist ein Kommandostock. Gehe damit durch das Tal, steige den Berg hinauf, dann wirst du vor ein Schloss kommen. Bist du da, dann nimm dich in Acht! In diesem Schlosse ist eine verwünschte Prinzessin, die ein verwünschter Drache in Besitz hat. Dieser Drache hat nur einen Kopf, aber er kann ganz leise hören. Nimmst du dich nicht in Acht, so bist du des Todes. Siehe zu und gib ihm mit dem Stocke den ersten Schlag. Sobald du ihn damit berührst, dann ist er des Todes, und du hast alles gewonnen." Was tat der Junge? Er nahm den Stock und tat alles, wie ihm gesagt war. Er gab ihm den ersten Schlag, und nun lag der Drache tot an der Erde. Jetzt kam die verwünschte Prinzessin zum Vorschein und sagte: „Du bist mein Erlöser. Ich und das Schloss hier, alles gehört nun dir. Komm, mache damit, was du willst!" Er ging nun in die Schatzkammer, wo Gold und Silber genug lag, und nahm eine Kugel Gold. Dann ging er zurück zu der alten Zauberin und brachte ihr den Kommandostock wieder. Die sagte: „Hast du das richtig ausgeführt?" „Ja, der Drache ist tot, und das Schloss mit der Prinzessin hab' ich gewonnen."

Jetzt sagte die Zauberin: „Da! Hier hast du ein Pfeifchen, sobald du darauf pfeifst, kommen alle Schweine aus dem Berge gelaufen, treibe sie wieder an den Ort, wo sie hingehören und komme morgen wieder zu mir. Ich habe noch etwas mit dir in Ausführung zu bringen, da ich sehe, dass du Courage hast!" Er tat so, wie ihm gesagt war. Am andern Morgen ließ er die Schweine stracks in den Zauberberg und ging selbst zu der Hexe. „Hier hast du wieder den Kommandostock", sagte die, „geh auf den zweiten Berg, da ist auch wieder eine verwünschte Prinzessin, die ist in einen Drachen verwandelt. Er hat zwei Köpfe und kann leise hören, darum nimm dich vor ihm in Acht, auch lass ihn dir keinen Schlag beibringen, sonst bist du des Todes!" „Ich will mich wohl in Acht nehmen." Er ging und fand das Schloss. Der Drache hatte ihn bereits bemerkt, er aber kam ihm zuvor und berührte ihn mit seinem Kommandostocke. Da lag der Drache tot auf der Erde. Nun kam wieder die Prinzessin und gab ihm Gold, wie das erste Mal. Er ging zur Zauberhöhle zurück und besiegte auch zum dritten Male einen Drachen mit drei Köpfen. Darauf kam er nach Hause zum König. Der hatte Krieg mit einem fremden König bekommen, welcher ihn bald aus seinem Reiche vertrieben hatte, worüber der ganze Hof trauerte. Der Junge hörte auch davon und erzählte dies der alten Hexe. Die aber sagte: „Dein Herr soll nicht vertrieben werden, du sollst ihm helfen. Hier, nimm den Kommandostock, geh hin in das Schloss und in den Marstall. Da wird ein gelbes Pferd mit Sattelzeug und gelber Montur stehen. Diese Montur ziehe an und setze dich auf das Pferd. Ziehe vor den Marstall und dann kommandiere mit deinem Stabe so viel Kavallerie, Infanterie und Geschütze, wie du willst, und alles wird dir folgen!" Er setzte sich nun, wie ihm gesagt war, auf das Pferd, ritt vor den Marstall und kommandierte so viel Kavallerie und so viel Infanterie, und alles folgte ihm nach. Er ritt voran, alles zog mit ihm zu dem König. „Ich will für Sie fechten und den Krieg beenden!" Der König war das zufrieden. Es dauerte nicht lange, da schlug er den Feind.

Als nun eines Abends der Hütejunge mit den Schweinen nach Hause kam, war ein großes Freudenfest im königlichen Schloss, aber kein Mensch hatte den fremden Helden gekannt, der für den König den Sieg gewonnen hatte. Der Junge ließ es sich nicht anmerken, dass er der Held wäre. Es dauerte nicht lange, da wollte der geschlagene König Revanche suchen. Jetzt schlug der Hütejunge ihn auf einem weißen und zum dritten Mal auf einem schwarzen Pferde, nachdem ihm die Hexe, wie das erste Mal, den Kommandostock gegeben hatte. „Zum dritten Male," sagte aber die alte Hexe, „wirst du eine Blessur erhalten. Lass dir aber nichts anmerken!" Der Junge erhielt auch, wie ihm gesagt worden war, in der dritten Schlacht einen Schuss durch das rechte Bein. Er verband sich selbst, ritt zu dem Schlosse zurück, stellte Pferd und Montur an den gehörigen Platz wieder hin und ging darauf zur Höhle der Zauberin. Diese sagte: „Du hast Courage genug bewiesen, nun musst du auch mich erlösen oder ich breche dir doch noch den Hals!" Jetzt wurde der Junge etwas mutlos. Er fragte aber doch noch: „Wie kann ich dich erlösen?" Die Zauberin sagte: „Ich bin auch eine Verwünschte. Hier hast

du vier glatte Steine, nimm unter jeden Finger einen. Nun nimm dich sehr in Acht! Dreimal werde ich mit einem Blick vor der Höhle erscheinen, jedes Mal in einer größeren Gestalt. Das erste Mal als Hase, das zweite Mal als Reh, das dritte Mal als Hirsch. Wenn mich ein Stein von diesen trifft, dann bin ich erlöst und du mit mir." Der Junge gab sehr Acht! Das erste Mal kam sie, da war sie ihm zu klein, er schmiss nicht. Das zweite Mal, als sie als Reh kam, schmiss er wieder nicht. Als sie aber zum dritten Male kam, da schmiss er, und glücklich traf ein Stein den Hirsch. Da wurde aus der alten Hexe eine schöne Prinzessin. Die sagte nun wie die andern drei gesagt hatten: „Du bist mein Erlöser, alles was ich hier habe und besitze, gehört dir und ich ans Ende."

Sababurg im Reinhardswald

Eberhard Michael Iba

wurde am 6. Mai 1948 im nordhessischen Obermeiser bei Hofgeismar geboren. 1950 zogen seine Eltern nach Hofgeismar, wo er seine Kinder- und Jugendjahre verbrachte.

Nach bestandenem Abitur und anschließendem Wehrdienst studierte Eberhard Michael Iba von 1969 bis 1975 Anglistik und Romanistik in Marburg, Poitiers (F), Exeter (GB), Bordeaux (F) sowie in Trier (dort zusätzlich Grundstudium der Germanistik, Schwerpunkt Deutsch als Fremdsprache). Von 1976 bis 1994 war er in Bremerhaven – zunächst als Referendar, später als Oberstudienrat – im Schuldienst tätig. Von 1994 bis 2003 arbeitete er an der École Européenne in Luxemburg, seit dem Schuljahr 2003/2004 unterrichtet er an einem traditionellen Gymnasium in Völklingen (Saarland).

Seine Liebe zum deutschen Sagen- und Märchenschatz bewog Eberhard Michael Iba nicht nur, sich ein umfangreiches Sagen- und Märchenarchiv (Quellentexte aus dem 19. und 20. Jahrhundert) mit dem Sammlungsschwerpunkt „Deutsche Märchenstraße" aufzubauen; als Autor möchte er darüber hinaus dieses überlieferte, traditionelle Erzählgut erneut einem breiten Lesepublikum nahebringen.

Veröffentlichungen

- 1974 Sagen und Geschichten aus Nordhessen (7. Auflage 1998), ISBN 978-3-8271-9134-2
- 1978 Auf den Spuren der Brüder Grimm von Hanau nach Bremen (2. Auflage 1981), ISBN 3-7917-0536-9
- 1981 Die Grüne Küstenstraße von Emden nach Westerland ISBN 3-7917069-5-0
- 1984 Der Klabautermann und andere Sagen und Geschichten in und um Bremerhaven, (3. Auflage 2010) ISBN 978-3-9811503-4-6
- 1987 Aus der Schatzkammer der Deutschen Märchenstraße, Teil I: Sagen, Geschichten, Märchen, Erzählungen, Gedichte und Lieder aus Bremen, Bremerhaven, Verden und Nienburg, ISBN 3-7961-1784-8
- 1988 Hake Betken siene Duven. Das große Sagenbuch an Elb- und Wesermündung (3.Auflage 1999), ISBN 3-931771-16-4
- 1993 Aus der Schatzkammer der Deutschen Märchenstraße, Teil II: Nördliches Weserbergland, ISBN 978-3-8271-9135-9
- 2000 Auf den Spuren der Brüder Grimm, Teil I: Eine literarische Reise von Hanau nach Höxter, ISBN 2-9599793-0-3
- 2006 Zusammen mit Thomas L. Johnson: The German Fairy Tale Landscape – The storied world of the Brothers Grimm, ISBN 3-9808714-8-7

Wasserfall im Bergpark Wilhelmshöhe (Kassel)

Literatur

Baedeker, Karl
  Baedekers Bremen-Bremerhaven, Freiburg 1974

Bechstein, Ludwig
  Deutsches Märchenbuch, 6. Auflage Leipzig 1896

Bechstein, Ludwig
  Deutsches Sagenbuch, Leipzig 1853

Bindewald, Theodor
  Oberhessisches Sagenbuch, Frankfurt/M. 1873

Boette, Ludwig Friedrich Werner
  Volksdichtung in Hessen. Nach Märchen, Sage und Lied, dargestellt von L. F. W. Boette. Aus dem Nachlass herausgegeben und bearbeitet von Charlotte Oberfeld / Siegfried Becker und Andreas C. Bimmer, Frankfurt/M. 1993

Brockhaus
  Enzyklopädie in zwanzig Bänden, 17. Auflage Wiesbaden 1966

Brommer, Brigitte
  Die Blaue Blume und der Hirt am Odenberg, Manuskript Stadt Gudensberg 2010

Brüder Grimm
  Deutsche Sagen, Leipzig 1911

Brüder Grimm
  Deutsche Sagen, Band 3, herausgegeben von Barbara Kindermann-Bieri, München 1993

Brüder Grimm
  Kinder- und Hausmärchen, Berlin 1812/15

Brüder Grimm
  Kinder- und Hausmärchen. Große Ausgabe, 7. Auflage Göttingen 1857

Brüder Grimm Gedenken
  Herausgegeben von Ludwig Denecke u.a., Marburg 1963 ff. (10 Bände)

Brüder Grimm Journal
  Herausgegeben von Bernhard Lauer im Auftrag des Vorstandes der Brüder Grimm-Gesellschaft e.V., Kassel, 2006 ff.

Bülte, Ralf / Everz, Holger / Pesch, Franz
  Stadtgeschichte erleben, Spaziergänge durch 10 historische Stadtkerne in Ostwestfalen-Lippe, Herdecke 1999

Busch, Wilhelm
　Gesammelte Werke, Band I, 85. Auflage München 1922

Curtze, Louis
　Volksüberlieferungen aus dem Fürstentum Waldeck. Märchen, Sagen, Volksreime, Rätsel, Sprichwörter, Aberglauben, Sitten und Gebräuche, nebst einem Idiotikon, Arolsen 1860

Dehio, Georg
　Handbuch der Deutschen Kunstdenkmäler:
　Bremen/Niedersachsen, München/Berlin 1977

Dehio, Georg
　Handbuch der Deutschen Kunstdenkmäler: Hessen, München/Berlin 1975

Denecke, Ludwig
　Jacob Grimm und sein Bruder Wilhelm, Stuttgart 1971

Falckenheiner, Carl Bernhard Nicolaus
　Geschichte hessischer Städte und Stifter. Band II, Kassel 1842

Flaskamp, Franz
　Missionsgeschichte der deutschen Stämme und Landschaften. Heft 1: Das hessische Missionswerk des heiligen Bonifatius,
　2. Auflage Duderstadt 1926

Görmar, Karl Heinz
　Auf den Spuren Otto Ubbelohdes durch Goßfelden, Lahntal 2009

Grimm, Jacob
　Deutsche Mythologie, 2. Auflage Göttingen 1844

Großmann, G. Ulrich
　Östliches Westfalen, Köln 1983

HB Kunstführer
　Hildesheim, Weserbergland, Hamburg 1992

Henniger, Karl / von Harten, Johann
　Niedersachsens Sagenborn, Hildesheim, Bd. I 1907, Bd. II 1909,

Heßler, Carl
　Hessischer Sagenkranz. Sagen aus Kurhessen, 4. Auflage Kassel 1928

Hildebrandt, Irma
　Es waren ihrer Fünf. Die Brüder Grimm und ihre Familie, Köln 1984

Literaturverzeichnis

Hoffmeister, Philipp
Hessische Volksdichtung in Sagen und Märchen, Schwänken und Schnurren, Marburg 1869

Iba, Eberhard Michael
Auf den Spuren der Brüder Grimm: Eine literarische Reise entlang der Deutschen Märchenstraße mit Märchen, Sagen und Liedern. Band I : Von Hanau nach Höxter, 3. Auflage Hofgeismar/Strassen 2000

Iba, Eberhard Michael
Aus der Schatzkammer der Deutschen Märchenstraße, Band II: Nördliches Weserbergland, Hameln 1993

Iba, Eberhard Michael
Der Klabautermann und andere Sagen und Geschichten in und um Bremerhaven, 3. Auflage Bremerhaven 2010

Iba, Walter/Meibert, Hildegard
Neue Kindermärchen, 2. Auflage, Hofgeismar 1955

Jahrbuch der Brüder Grimm-Gesellschaft
Herausgegeben von Hartmut Kugler/Bernhard Lauer u.a., Kassel 1991 ff.

Koenig, Oswald,
Sagenkranz aus dem Waldecker Land, Korbach 1911

Lauer, Bernhard/Mayer, Andrea
Auf den Spuren der Märchenfrau. Wegweiser zu authentischen Orten in Kassel und Baunatal, Kassel 2009

Linge, Rudolf
Der Hahn auf dem Kirchturm – Die schönsten Sagen, Legenden und Geschichten vom Eichsfeld, St. Benno Verlag, Leipzig, 1978, S. 25 ff

Lyncker, Karl
Deutsche Sagen und Sitten in hessischen Gauen, Kassel 1854

Martus, Steffen
Die Brüder Grimm. Eine Biographie,
2. Auflage, Berlin 2010

Meyers Großes
Taschenlexikon in 24 Bänden, 6. Auflage Mannheim 1998

National Geographic
Hüter der Märchen: Die Brüder Grimm, Deutschland Dezember 1999, S. 150–181

Oberhauser, Fred/ Kahrs, Axel
   Literarischer Führer Deutschland, Frankfurt/M. und Leipzig 2008

Praesent, Wilhelm
   Bergwinkel-Geschichten. Sagen, Volksglaube, Legenden, Märchen,
   Schwänke und Anekdoten aus der Schlüchterner Gegend, 2. Auflage
   Schlüchtern 1954

Pfister, Hermann von
   Sagen und Aberglaube aus Hessen und Nassau, Marburg 1885

Reclams Kunstführer
   Deutschland IV: Hessen, 5. Auflage Stuttgart 1978

Reclams Kunstführer
   Deutschland V: Niedersachsen, Hansestädte, Schleswig-Holstein,
   5. Auflage Stuttgart 1976

Rölleke, Heinz
   Die Märchen der Brüder Grimm. Eine Einführung, München/Zürich 1985

Rölleke, Heinz (Hg.)
   Die wahren Märchen der Brüder Grimm, Frankfurt/M. 1989

Rohde, Heinrich
   Weserwellen, 4. Auflage Hofgeismar o. J.

Ruppel, Heinrich/Häger, Adolf
   Der Schelm im Volk. Einige Schock Schwänke, Schnurren und Schelmereien
   dem Volksmund nacherzählt, 3. Auflage Kassel 1952

Sante, Georg W.
   Handbuch der Historischen Stätten Deutschlands: Hessen,
   3. Auflage, Stuttgart 1976

Schneider, Emil
   Hessisches Sagenbüchlein, 2. Auflage Marburg 1905

Schoof, Wilhelm
   Zur Entstehungsgeschichte der Grimm'schen Märchen,
   Frankfurt/M. 1931

Schwalm, Johann Heinrich
   Aus Sagas Schloss. Lustige Geschichten und Sagen aus dem Hessenlande,
   Leipzig 1919

Seitz, Gabriele
   Die Brüder Grimm. Leben – Werk – Zeit, 2. Auflage München 1985

Steinau, Philipp von (Pseudonym für Ferdinand Grimm)
Volkssagen der Deutschen, Zeitz 1838

Utermöhlen, Bernd
Warum in Buxtehude die Hunde mit dem Schwanz bellen, Manuskript, Buxtehude 2011

Vonjahr, Heinz
Grimm'sche Märchen aus Hoof, in: Jahrbuch 1985 Landkreis Kassel, S. 155 ff.

Vonjahr, Heinz
Marie Hassenpflug und Friedrich von Dalwigk, in: Jahrbuch 1990 Landkreis Kassel, S. 37 ff.

Wagenfeld, Fried(e)rich
Bremens Volkssagen, Bremen 1845

Wehrhan, Karl
Sagen aus Hessen und Nassau, Leipzig 1922

Weichelt, Hermann
Hannoversche Geschichten und Sagen, 2. Auflage Leipzig 1908

Weishaupt, Jürgen
Die Märchenbrüder. Jacob und Wilhelm Grimm – ihr Leben und Wirken, 2. Auflage Kassel 1986

Wikimedia Foundation Inc:
Wikipedia, die freie Enzyklopädie

Winkelmann, Johann Justus
Beschreibung der Fürstentümer Hessen und Hersfeld, Bremen 1697

Wüstefeld, Karl
Obereichsfeldischer Sagenschatz Heiligenstadt, 2. Auflage, 1924

Zaunert, Paul
Hessen-Nassauische Sagen, Jena 1929, S. 89 ff.

Ziegler, Hermann
Ich bin die kleine Nienburgerin, Manuskript: Hermann Ziegler, Nienburg, 1975

Der Abdruck der Legende *Die heilige Elisabeth in Marburg* erfolgte mit freundlicher Genehmigung von Frau Ulrike Mörschel (Enkelin von Paul Zaunert); der Abdruck der Sage *Warum die Heiligenstädter die Möhrenkönige heißen* (Rudolf Linge) mit freundlicher Genehmigung des St. Benno Verlages, Leipzig.

Ausblick von der Burg Waldeck auf den Edersee

Verlag und Autor danken allen Personen, Organisationen, Institutionen etc. für ihre freundliche Unterstützung beim Bildmaterial.

Einleitung: S. 8 ff.
Paavo Blåfield.

Die Brüder Grimm: S. 14 ff.
a) Paavo Blåfield. b) Brüder Grimm-Nationaldenkmal Hanau: Stadt Hanau.
c) Brüder Grimm-Denkmal Kassel: Deutsche Märchenstraße e.V.

Hanau: S. 20 ff.
a) Stadt Hanau: Martin Hoppe. b) Hanauer Geschichtsverein 1844 e.V.:
Doppelporträt von L. E. Grimm (1843), Stadtansicht (1735), Geburtshaus
Brüder Grimm (um 1910).

Steinau: S. 26 ff.
Verkehrsbüro der Stadt Steinau an der Straße.

Schlüchtern: S. 31 ff.
Stadt Schlüchtern.

Freiensteinau: S. 37 ff.
Gemeinde Freiensteinau.

Herbstein: S. 40 ff.
a) N. Ruhl: Eulenturm, Jakobsfigur, Kreuzkapelle. b) C. Marx: Radfahrer.
c) S. Wienold: Stadtmauer. d) N.N. Kirchplatz.

Alsfeld: S. 43 ff.
Tourist Center Alsfeld.

Marburg: S. 50 ff.
a) Rainer Kieselbach. b) Erhart Dettmering: Kunst am Marktplatz und
hl. Elisabeth.

Lahntal: S. 60 ff.
a) Karl Heinz Görmar. b) Helge Neubauer, Grafikdesign & Illustration,
Marburg: Rundwegtafel 8.

Willingshausen: S. 65 ff.
Willingshausen Touristik Betriebsgesellschaft mbH.

Schwalmstadt: S 68 ff.
Schwalm-Touristik e.V., Schwalmstadt.

Schrecksbach: S. 75 ff.
Gemeinde Schrecksbach.

Oberaula: S. 78 f.
a) Gemeinde Oberaula. b) Kirchen: E. M. Iba

Knüllwald: S. 80 f.
a) Knülltouristik. b) Sandra Fischer: Knottenmühle.

Homberg (Efze): S. 82 ff.
Touristinfo Homberg: a) Bülter: St. Marienkirche, Rathaus, Marktplatz, Weiße Frau. b) Dittmer: Landgraf. c) Mielimonka: Pförtchen.

Fritzlar: S. 87 ff.
a) Stadtmarketing Fritzlar e.V. b) Reinhard Berger: Altes Rathaus.

Bad Wildungen: S. 94 ff.
Staatsbad Bad Wildungen GmbH.

Waldeck: S. 98 ff.
a) Schloss Waldeck: Hotelbetriebs GmbH + Co KG. b) Stadt Waldeck, die anderen Motive.

Wolfhagen: S. 105 ff.
a) Stadt Wolfhagen: Werner Stübe. b) Märchenbrunnen und Wegweiser Märchenlandweg: Region Kassel-Land e.V.

Schauenburg: S. 110 ff.
Gemeinde Schauenburg: Rolf Jungermann.

Niedenstein: S. 114 ff.
Stadt Niedenstein.

Gudensberg: S. 118 ff.
a) Stadt Gudensberg. b) Jürgen Preuß: Hospital + Blick auf die Stadt vom Panoramaweg am Kammerberg aus gesehen. c) Ute Jahn: Odenberg im Winter. d) Paavo Blåfield: Freilichtbühne.

Baunatal: S. 123 ff.
a) Stadt Baunatal: Märchenbrunnen, Hünstein, Stadtmuseum, Hessenstube. b) Brauhaus Knallhütte – Hütt Gastro Bettenhäuser KG Baunatal: Brauhaus, Viehmann-Brunnen. c) Brüder Grimm-Museum Kassel: Radierung von L. E. Grimm: Märchenfrau D. Viehmann. d) Paavo Blåfield: Brauhaus Knallhütte.

Kassel: S. 126 ff.
a) Paavo Blåfield: Bergpark Wilhelmshöhe, Löwenburg, Schloss Wilhelmshöhe, Himmelstürmer, Staatspark Karlsaue, Herkules, Fridericianum, Teufelsbrücke, Ballhaus. b) Brüder Grimm-Museum, Deutsche Märchenstraße. c) Frau Sasaki, Tokio: Märchenhaus in Niederzwehren.

Nieste: S. 138 ff.
Gemeinde Nieste: Helmut Lippert.

Kaufungen: S. 141 ff.
Gemeinde Kaufungen.

Helsa: S. 144 f.
Gemeinde Helsa.

Großalmerode: S. 146 f.
Magistrat der Stadt Großalmerode.

Bildnachweis 325

Hessisch Lichtenau: S. 148 ff.
Stadt Hessisch Lichtenau.

Bad Sooden-Allendorf: S. 152 ff.
Stadtmarketing Bad Sooden-Allendorf.

Witzenhausen: S. 155 ff.
a) Pro Witzenhausen GmbH b) Paavo Blåfield: Kirschenkönigin.

Heilbad Heiligenstadt: S. 160 ff.
a) Stadtverwaltung Heilbad Heiligenstadt. b) Verwaltungsgemeinschaft Uder: Märchenpark Mackenrode.

Ebergötzen: S. 167 ff.
a) Förderkreis Wilhelm-Busch-Stätten: Mühlenhofgelände und Mühle.
b) Europäisches Brotmuseum: Bockwindmühle, Hauptgebäude Europäisches Brotmuseum.

Bovenden: S. 171 ff.
Flecken Bovenden: a) Hempel: Blick ins Leinetal und Luftbild. b) Lies: Burghof. c) Heller: Ehem. Forstamt.

Hann. Münden: S. 174 ff.
a) Touristik Naturpark Münden e.V. b) Paavo Blåfield: Doktor Eisenbart mit Lupe.

Immenhausen: S. 180 ff.
a) Stadt Immenhausen. b) E. M. Iba: Frz. Inschrift Mariendorf.

Hofgeismar: S. 183 ff.
a) Stadt Hofgeismar. b) Paavo Blåfield: Großaufnahme Sababurg, Dornröschen. c) Margitta Hofmann: Ritter Dietrich im Urwald. d) E. M. Iba: Marktplatz mit Fachwerkhäusern, Schlösschen Schönburg.

Trendelburg: S. 190 ff.
a) Harald Schmidt, Trendelburg: Burg Trendelburg, Rapunzel. b) Paavo Blåfield: Treffen der Märchenfiguren.

Oberweser: S. 193 ff.
Gemeinde Oberweser.

Wahlsburg: S. 196 ff.
Gemeinde Wahlsburg.

Fürstenberg: S. 199 ff.
a) Porzellanmanufaktur FÜRSTENBERG GmbH. b) Gemeinde Fürstenberg: Wohnstallhaus Bokenrode.

Polle: S. 202 ff.
Heinz Heil, Polle.

Bodenwerder: S. 205 ff.
a) Stadt Bodenwerder. b) Paavo Blåfield: Baron Münchhausen.

Hameln: S. 213 ff.
a) Hameln Marketing und Tourismus GmbH. b) Salzmann: Schlosshotel Münchhausen, Aerzen. c) CW Niemeyer Buchverlage, Hameln (CH).

Hessisch Oldendorf: S. 222 ff.
Stadt Hessisch Oldendorf.

Bad Oeynhausen: S. 231 ff.
a) Stadt Bad Oeynhausen. b) Ernst-Udo Hartmann: Jordansprudel. c) Dieter Obermeyer, Bad Oeynhausen: Paul Baehr-Villa (Deutsches Märchen- und Wesersagenmuseum).

Nienburg (Weser): S. 236 ff.
Mittelweser-Touristik GmbH, Nienburg.

Buxtehude: S. 242 ff.
Stadtmarketing Buxtehude e.V.

Freie Hansestadt Bremen: S. 247 ff.
a) Bremer Touristik-Zentrale (BTZ): St. Petri Dom, Schnoorviertel: Manuela Gangl; Schütting: Hans-Joachim Harbeck; Museum Weserburg, Focke-Museum: Carsten Heidemann; Rathaushalle: immidea; Marktplatz: Ingrid Krause; Universum Bremen: Jochen Mönch; Sieben Faulen: plan B; Böttcherstraße: Torsten Krüger. b) Senatspressestelle: Bremer Roland, Denkmal Bremer Stadtmusikanten.

Seestadt Bremerhaven: S. 256 ff.
a) BIS Bremerhaven Touristik: Auswandererhaus, Nationalmuseum Deutsches Schiffahrtsmuseum, Seute Deern, Klabautermannbrunnen. b) Jan Rathke: Klimahaus® Bremerhaven 8° Ost. c) Dieter Albers: Havenwelten, Alter Hafen mit Museumsschiffen, Container-Terminal, Thieles Garten, Freilichtmuseum, Gesundheitspark Speckenbüttel.

Markus Lefrançois: Vignetten
Marionetten, Rotkäppchen, Der Hütejunge und die Zauberin, Der Wolf und die sieben jungen Geißlein, Frau Holle, Max und Moritz, Dornröschen, Der Würfelturm, Rapunzel, Sneewittchen, Aschenputtel, Baron Münchhausen, Der Rattenfänger von Hameln, Baxmann, Ich bin die kleine Nienburgerin, Der Hase und der Igel, Die Bremer Stadtmusikanten, Der Klabautermann.

Paavo Blåfield: Märchen- und Stimmungsbilder
Aschenputtel, Aschenputtelensemble, Der Hütejunge und die Zauberin (Prinzessin), Der Wolf und die sieben jungen Geißlein, Dornröschen, Dornröschen und Prinz, Frau Holle, Rapunzel, Rotkäppchen, Sneewittchen, Sababurg, Wasserfall, Edersee.

Alle abgebildeten Märchenfiguren sind Darsteller und Akteure der Deutschen Märchenstraße.

Alphabetisches Ortsregister

Alsfeld	43
Bad Oeynhausen	231
Bad Sooden-Allendorf	152
Bad Wildungen	94
Baunatal	123
Bodenwerder	205
Bovenden	171
Bremen, Freie Hansestadt	247
Bremerhaven, Seestadt	256
Buxtehude	242
Ebergötzen	167
Freiensteinau	37
Fritzlar	87
Fürstenberg	199
Gudensberg	118
Großalmerode	146
Hameln	213
Hanau, Brüder-Grimm-Stadt	20
Hann. Münden	174
Heilbad Heiligenstadt	160
Helsa	144
Herbstein	40
Hessisch Lichtenau	148
Hessisch Oldendorf	222
Hofgeismar	183
Homberg (Efze)	82
Immenhausen	180
Kassel	126
Kaufungen	141
Knüllwald	80
Lahntal	60
Marburg	50
Niedenstein	114
Nienburg (Weser)	236
Nieste	138
Oberaula	78
Oberweser	193
Polle	202
Schauenburg	110
Schlüchtern	31
Schrecksbach	75
Schwalmstadt	68
Steinau an der Straße, Brüder-Grimm-Stadt	26
Trendelburg	190
Wahlsburg	196
Waldeck	98
Willingshausen	65
Witzenhausen	155
Wolfhagen	105

Reisenotizen